ANDREA WEIDLICH

DER
GEILE
SCHEISS
VOM
GLÜCKLICHSEIN

ANDREA WEIDLICH

DER GEILE SCHEISS VOM GLÜCKLICHSEIN

WIE MAN DAS GLÜCK NICHT SUCHT UND TROTZDEM FINDET

ohne Filter · Herz geprüft · kreisverkehrt · Vollzeit mutig · einfach weil · Dosis Wow · es steht dir zu · gusch, baby

mvgverlag

Bibliografische Information der Deutschen Nationalbibliothek
Die Deutsche Nationalbibliothek verzeichnet diese Publikation in der Deutschen Nationalbibliografie. Detaillierte bibliografische Daten sind im Internet über https://dnb.de abrufbar.

Für Fragen und Anregungen:
info@m-vg.de

Originalausgabe
14. Auflage 2025
© 2019 by mvg Verlag, ein Imprint der Münchner Verlagsgruppe GmbH
Türkenstraße 89
80799 München
Tel.: 089 651285-0

Alle Rechte, insbesondere das Recht der Vervielfältigung und Verbreitung sowie der Übersetzung, vorbehalten. Kein Teil des Werkes darf in irgendeiner Form (durch Fotokopie, Mikrofilm oder ein anderes Verfahren) ohne schriftliche Geneh-migung des Verlages reproduziert oder unter Verwendung elektronischer Systeme gespeichert, verarbeitet, vervielfältigt oder verbreitet werden. Wir behalten uns die Nutzung unserer Inhalte für Text und Data Mining im Sinne von § 44b UrhG ausdrücklich vor.

Redaktion: Desirée Šimeg, Stadtbergen
Umschlaggestaltung: Isabella Dorsch, München
Abbildungen Umschlag und Innenteil: www.guschbaby.com
Layout und Satz: inpunkt[w]o, Haiger (www.inpunktwo.de)
Druck: CPI
Printed in the EU

ISBN Print 978-3-7474-0053-1
ISBN E-Book (EPUB, Mobi) 978-3-96121-380-1

—— Weitere Informationen zum Verlag finden Sie unter ——
www.mvg-verlag.de
Beachten Sie auch unsere weiteren Verlage unter www.m-vg.de

INHALT

1. RUNDE NULL: WIE ALLES BEGANN 8
2. DER GEILE SCHEISS VOM GLÜCKLICHSEIN 12
3. GEH MIR NICHT AM HASHTAG 13
4. ALLES AUSSER IRDISCH 16
5. DIEGO-HERBERT UND DAS GLÜCK 20
6. IM OPFERLAND 27
7. KREISVERKEHR 40
8. AM ENDE PARIS 46
9. SINGLE, KANN MAN DAS HEILEN? 60
10. PRINZENROLLE 68
11. GOLDEN GIRLS UND DIE GANZ GROSSE LIEBE 76
12. DER BÖSE STEIN 80
13. GRAPEFRUITBALLETT 82
14. GLÜCK GEHABT 87
15. DIE ZAHNPASTATHEORIE 97
16. DAS SCHWEIGEN DER MÄNNER 107

17. WENN SICH DER MÜLL VON SELBST RAUSTRÄGT 116

18. ES HAT SICH AUSGE-YOLO-T 121

19. DIE LILA LÖSUNG 127

20. SCHMETTERLINGE IM SCHLAUCH 135

21. WARUM VERLIEBTSEIN EINE ENTSCHEIDUNG IST 150

22. MHHMM, BOB 159

23. AMOR FATI 168

24. AUF DEM WEG IST EIN ZIEL 180

25. REISE NACH VERBLÖDISTAN 188

26. HERZLICH WILLKOMMEN IM FALSCHEN FILM 193

27. GIBT ES DIE REALITÄT WIRKLICH? 205

28. DA HAB ICH DOCH DIE WAHL, NUSS 210

29. VÖGEL DESSELBEN GEFIEDERS 217

30. NULL IST WENIG 223

31. DER ROTE PUNKT 236

32. MARGARINEN-TSUNAMI 239

33. AHA IST EIN ERLEBNIS 244

ÜBER DIE AUTORIN 251

Für meine Eltern, meine Familie,
die mich von klein auf Schreiben gesehen und immer darin bestärkt haben,

meine Freundin Samira, die gar nicht mehr aufhören konnte zu weinen, als sie von diesem Buch erfahren hat (vor Freude, falls sich jemand fragt),

für das Mädchen, das uns schrieb, dass sie durch uns die Motivation fand, endlich aus dem Krankenhaus zu kommen,

für die Krankenschwester, die ihr unseren Podcast empfohlen hat,

für jede und jeden da draußen, all die wundervollen Menschen, die uns täglich schreiben und uns mit Liebe überhäufen –

hier ist ein wenig Liebe für euch zurück.

Und natürlich für Anna,
dein Herz, deinen Halt
und deine schöne Seele.

Euch allen von Herzen:
Danke.

1.
RUNDE NULL: WIE ALLES BEGANN

Als kleines Mädchen war ich überzeugt davon, geheime Superkräfte zu besitzen. Ich erinnere mich, wie ich auf der Rückbank im Auto meiner Eltern saß, zum Fenster hinaus starrte und mir plötzlich durch den Kopf schoss: »Meine Gedanken sind geheim! Keiner kann sie sehen, schmecken, riechen oder fühlen. Niemand weiß Bescheid. Ich kann denken, *was* ich möchte, *wann* ich möchte und *wie* ich möchte. Das ist meine geheime Superkraft!«

Würde man mich heute dazu befragen, ich würde dem kleinen Mädchen immer noch Recht geben. Unsere Gedanken sind frei und manchmal auch geheim. Wenn wir sie für uns behalten, kann sie niemand zerstören. Im Kopf zaubern wir kleine und große Episoden, bunte Abenteuer und atemberaubende Szenen, die nur darauf warten, zum Leben erweckt zu werden. Wir schreiben gedanklich Geschichten über uns, das Leben und den Menschen, der wir sein wollen. Vielleicht haben wir unser Glück also nicht nur in der Hand, sondern auch im Kopf, und können von da aus weit mehr ins Leben rufen, als wir je zu träumen wagen.

Was wäre, wenn alles, was wir sehen, doch nur eine Illusion und alles, was wir träumen, die Wahrheit ist? Im Kindesalter verschwimmen die Grenzen.

1. RUNDE NULL: WIE ALLES BEGANN

Das Mädchen von damals malte sich die buntesten Gedanken aus, formte sie zu Worten und daraus zu Geschichten. Es gab keinen Unterschied zwischen dem sonnigen Tag an Deck und den aufregenden Erlebnissen in meinem Geist. All das, was ich erleben wollte, entstand in meinem Kopf und wurde auf dem Papier zum Leben erweckt. Meine Eltern besaßen damals ein kleines Boot, auf dem wir die Hälfte des Sommers barfuß und glücklich, eingecremt mit Lichtschutzfaktor 5 und trotzdem ohne Sonnenbrand, verbrachten. Entlang der weiten Küste Kroatiens steuerten wir, begleitet vom lauten Zirpen der Zikaden, aus kleinen, malerischen Häfen direkt hinaus aufs offene Meer, weiter zu den entlegenen Buchten Dalmatiens, wo wir uns das Salz auf die Haut und nicht mal aus den Haaren spülten. Es brauchte nicht viel mehr als ein paar Badehosen (Bikinitops waren nicht nötig), mein aufblasbares Krokodil, saftige Gurken und Tomaten vom Markt, Stifte und jede Menge Papier. Sobald ich aus dem Wasser kam, tappte ich auch schon mit meinen nassen Füßen die kleine Holzstiege im Boot hinunter und schnappte mir Stift und Block. Da saß ich oft stundenlang in meiner kleinen Kajüte und schrieb. Ich schrieb für niemanden außer mich selbst. Es gab kein Ziel, keinen Anfang und kein Ende. Wenn ich schrieb, war ich glücklich. Und so ist es immer noch.

Wer jetzt verzweifelt nach einem Stift sucht, um endlich dieses beschissene Glück zu finden, oder ungefähr so große Lust darauf hat, wie sich astreines Japanisch in einem Crashkurs in die Synapsen zu klopfen, kann ich schon mal beruhigen: Es gibt gar nicht sonderlich viel zu tun. Keiner muss hier schreiben (außer ihr wollt, dann macht es bitte!). Es geht eher darum, sich nach ein paar Runden im Kreisverkehr die Ausfahrt Richtung geiler Scheiß zu gönnen. Man kann sich nämlich für sein Glück entscheiden. Genau mit diesem Thema beschäftigen wir uns in unserem Podcast

1. RUNDE NULL: WIE ALLES BEGANN

»*gusch, baby*«. Da unterhalten Anna und ich uns über den geilen Scheiß vom Glücklichsein. Anna ist meine Cousine und gemeinsam befassen wir uns wöchentlich damit, wie man das Glück nicht sucht und trotzdem findet. Und darum geht es auch in diesem Buch. Dazu muss man übrigens alles andere als perfekt sein. Glaubt es uns, denn wir sind es nicht.

In fünfhundert Metern die linke Ausfahrt im Kreisverkehr nehmen, danach dem Straßenverlauf folgen. Der geile Scheiß vom Glücklichsein befindet sich direkt hinter der etwas trüben, vom Schmutz des Fahrtwinds beschlagenen Scheibe. Reinigen wir sie ein bisschen für bessere Sicht. Und das Gefühl, auf dem richtigen Weg zu sein.

Im Herzen: Sonne
Im Regen: *Schirm.*

(guschbaby)

2.

DER GEILE SCHEISS VOM GLÜCKLICHSEIN

»In einer Welt, in der wir alles sein können, sollten wir vor allem glücklich sein.«

Mit dem Glück ist es so eine Sache. Wir jagen ihm hinterher, wir machen uns auf die Suche, wir bleiben stehen, wir stolpern und manchmal stürzen wir auch. Dann stehen wir wieder auf, mit wundem, aufgeschürftem Herzen, hoffend, dass uns das Glück endlich findet und, verdammt noch mal, auch bleibt. Beinahe zornig rufen wir ihm zu: »Komm und bleib für immer!«

Glücklich sollte man sein. Man liest es überall. Aber, da brennt sie förmlich auf den Lippen, die unerbittliche Frage: »Ja, wie denn nur?«

Wie sieht es denn aus, das Glück? Hat es schon jemand gesehen? Wie fühlt es sich an? Zerbrechlich oder fest? Zaghaft oder wild? Ist es leise oder laut? Wie ist es denn und wo bleibt es nur?

Höchste Zeit das herauszufinden.

3.
GEH MIR NICHT AM HASHTAG

Und? Hast du ihn schon, den blauen Haken, hast du heute schon »geinfluenced«? Falls nicht, stell dein Leben bitte ordentlich infrage. Eventuell lebst du in einer Parallelwelt, von der noch nicht geklärt ist, ob du überhaupt am Leben bist. Man ist nämlich sehr glücklich auf Instagräääm. Vor allem aber sehr natürlich und hauptsächlich im Urlaub. Und die ganze Welt sieht aufgeregt zu, beim nächsten Klick der Instastory. Wie bei einem Unfall, bei dem man nicht wegschauen kann. Also schauen wir hin, wie damals bei Reich und Schön oder als Barbapapa lief. Auf Instagram verbiegen wir uns gerne und werfen ein paar Filter drüber. Denn wir stehen verdammt noch mal glücklich da: an glücklichen Orten, in glücklichen Schuhen, vor glücklichen Kindern. Deshalb zaubern wir mal eben im Handumdrehen eine vegane, achtstöckige Geburtstagstorte in blassrosa Marzipanglasur und beweisen der Welt, dass wir auf die Kokosblütenzuckerseite des Lebens gefallen sind. Auf jeden Fall stehen wir da, wo man gerne steht. Nicht im Büro oder in der Schlange im Supermarkt. Nicht vor vollgekackten Windeln oder dem Scheidungsrichter. Man hat jetzt schließlich Insta-Husbands. Das sind die neuen Kens und das hält ewig.

3. GEH MIR NICHT AM HASHTAG

Und manchmal – ganz heimlich – lassen wir das alles hinter uns. Dann essen wir den verdammten Kuchen, gehen raus und sehen uns den Regenbogen an. Vielleicht auch einfach mal ganz ohne Filter vor der Linse. Man sieht eben einfach mehr.

Wer nicht weiß, was ein Hashtag oder dieser verdammte blaue Haken ist, dem möchte ich an dieser Stelle ganz herzlich gratulieren. Es besteht noch Hoffnung auf ein echtes Leben! Eines, in dem wir nicht gefangen sind, uns nicht ständig mit anderen vergleichen und nicht versuchen, noch glücklicher, noch schöner oder noch erfolgreicher zu sein. Zwischen den hohen Kerkermauern der sozialen Medien bekennen wir uns vielleicht dazu, hin und wieder diese verdammt miesen Tage zu haben, die sich leider nicht durch Contouring wegblenden oder verwischen lassen. Vielleicht gestehen wir uns sogar zu, auch mal traurig zu sein, nicht weiterzuwissen, so einige Fehler gemacht zu haben und immer noch zu machen, jemanden zu vermissen – manchmal sogar uns selbst, weil wir nicht mehr wissen, wer das sein soll.

Es ist schon ein großer Druck, die perfekte Version seiner selbst zu sein. Wann haben wir denn damit begonnen, uns und der Instagram-Welt Vollkommenheit vorzugaukeln, obwohl sich doch alles so unvollkommen anfühlt? Braucht uns die Welt perfekt, wenn sie es doch selbst nicht ist? Überlegt sich die Amsel auf dem Ast vor unserem Fenster, ob ihr linker Flügel heute genügend glänzt, oder zwitschert sie einfach vor sich hin? Haben wir etwa einen Vogel oder sollten wir mehr wie einer sein? Den Vogel jedenfalls kümmert es nicht. Die Amsel fragt sich nicht, warum der Specht so laut klopft und sie nicht, oder warum ihr der edle rote Fleck am Bauch nicht vergönnt ist. Würde die Amsel anfangen, sich diesen Fleck auf den Bauch zu malen, wir würden sie für verrückt erklären. Vielleicht braucht es uns, genau wie die Amsel oder den Specht, in unserer ehrlichsten Version: ungeschminkt, ohne Filter, echt und genau so, wie wir gedacht sind. An guten wie an schlechten Tagen, an denen wir am liebsten davonlaufen wollen oder das Glück in weiter Ferne scheint. Was, wenn es mit offenen Armen auf uns wartet und uns zuruft: »Ich bin hier. Genau hier!«

> *Kann mal wer den Filter abstellen? Das Glück will sich zeigen.*

4.

ALLES AUSSER IRDISCH

Ich verrate es euch nur ungern, aber Menschen sind komisch. Also, so richtig! Es gibt tatsächlich keine Gattung auf dieser Welt, die es schafft, sich so konsequent selbst im Weg zu stehen wie wir. Man nehme nur all die Kriege oder die Zerstörung unserer eigenen Umwelt. Mischen wir noch ein paar selbst inszenierte Dramen, die Flucht vor unseren Gefühlen und sämtliche Ängste wie Bindungsangst, Versagensangst, Verlustangst (die Angstpalette ist bunter als jeder Malkasten) dazu und vermengen wir sie mit all den Beschränkungen, die wir uns selbst auferlegen. Mit großer Sorge blicken wir in unsere Zukunft und verpassen dabei das Hier und Jetzt. Wir beschweren uns über dies und das – oder über alles – und in Wahrheit steht unserem Glück rein gar nichts im Weg, außer wir uns selbst.

Selbstsabotage scheint unser allerliebstes Hobby zu sein. Manchmal frage ich mich, ob uns ab und zu jemand von außen betrachtet und dann sehr verstört ist. Vielleicht Außerirdische oder, sehr viel banaler, ein paar Goldfische, Kaulquappen oder gutmütige Golden Retriever, die sich alle die Haare raufen (außer Goldfische und Kaulquappen, die haben keine) und sich fragen, was wir da tun. Eventuell schütteln sie auch wild den Kopf, weil – ich habe es bereits erwähnt – wir Menschen sehr komisch sind. Nicht

4. ALLES AUSSERIRDISCH

auf eine erheiternde Weise, sondern eher auf diese sehr schräge, seltsame Art, die man als Außenstehender schwer nachvollziehen kann. Manchmal tue ich mir damit sogar als quasi Innenstehende schwer.

Wir haben alles und doch ist nichts genug. Wir beklagen uns in Bausch und Bogen. Das Leben ist hart – vor allem zu uns.

Aber vielleicht geht es uns manchmal einfach *zu gut* und wir fühlen uns deshalb so schlecht dabei.

Solltet ihr euch an dieser Stelle über das »Wir«, also die Verallgemeinerung im großem Stil beschweren, bitten wir um Nachsicht. Das »Wir« dient zur Vereinfachung eines allgemeinen Phänomens, bei dem sich der eine mehr, der andere weniger betroffen oder zugehörig fühlt. Solltet ihr euch so ganz und gar nicht angesprochen, ja sogar übel auf den Schlips getreten fühlen, dann gratulieren und warnen wir euch zugleich. Einerseits freuen wir uns für euch, wenn ihr bereits rundum glücklich seid und mit Selbstsabotage so gar nichts am Hut habt. Andererseits warnen wir euch, nicht in die größten aller Selbstsabotagefallen zu tappen, nämlich die Ach-bei-mir-ist-das-ganz-anders-Verdrängung oder die Nein-so-bin-ich-gar-nicht-Heiligsprechung. Damit wollen wir uns vielleicht aber selbst versichern, etwas ganz Besonderes zu sein und ganz sicher nichts mit der breiten Masse gemein zu haben. Okay, das verstehen wir. In Wahrheit sind wir alle etwas ganz Besonderes – und das meinen wir ganz ohne Sarkasmus –, aber alleine das macht uns eben wieder zu einer recht kongruenten Einheit. Sollten wir nicht gerade deswegen zusammenhalten, statt ständig gegeneinander zu sein? Vielleicht sollten wir beginnen, alle am selben Strang zu ziehen – dem Glücksstrang sozusagen. Wir finden, wir sollten!

Anna und ich sind uns diesbezüglich einig. Anna ist, wie bereits erwähnt, meine Cousine. Sie redet gerne, was einmal mehr demonstriert, dass sich genetisch oft dieselben Dinge innerhalb einer Familie durchsetzen, auch wenn man das gerne mal abstreitet. In diesem Fall ist es aber durchaus schlüssig und auch hilfreich, da wir gemeinsam jede Woche einen Podcast aufnehmen. Für alle, die nicht wissen, was ein Podcast ist: Bitte augenblicklich googeln und mindestens fünfundvierzig Minuten wöchentlich reinhören. In *unseren*,* versteht sich, weil der sehr glücklich macht. Man erspart sich dann das Fernsehen, Beten oder lästige Aufschreiben von Glaubenssätzen. Amen.

Eventuell auch nicht. Erfreulicherweise gibt es ja verschiedene Wege zum Glück und jeder darf seine ganz persönliche Auswahl treffen.

Anna und ich sind jedenfalls davon überzeugt, dass uns alle die eine oder andere Frage des Lebens beschäftigt und wir schon deshalb irgendwie alle im selben Boot sitzen. Gehen wir mal davon aus, dass Herr Huber von nebenan, Frau Meier aus dem Büro und selbst die Geißens auf ihrer Jacht vor Mallorca in Wahrheit ganz ähnlich ticken wie wir und alle ihre kleinen und großen Probleme haben (die Geißens im Übrigen wahrscheinlich größere als Frau Meier und Herr Huber). Wenn wir das erkannt haben, liegt der Gedanke nahe, dass wir genau genommen auch alle denselben Wunsch teilen, nämlich einfach nur glücklich zu sein. Würden wir die Theorie etwas erweitern, käme noch der Wunsch hinzu, zu lieben und geliebt zu werden, was allerdings auch wieder in die Kategorie »Glücklichsein« fällt. Bleiben wir also der Einfachheit halber beim Glück und widmen wir uns ein wenig später der Liebe, sozusagen als Baustein oder Molekül des Glücks.

Jetzt ist das Glück ja schon von seiner Definition her gar keine klare Sache. Da kann es nämlich einerseits ein sehr oder relativ günstiges Ereignis sein, das einem einfach mal so zufällt. Oder es

---

* www.guschbaby.com

4. ALLES AUSSER IRDISCH

handelt sich um einen Zustand des Seins, der uns erfüllt. Wenn wir hier von Glück sprechen, dann immer von Letzterem. Wir sind davon überzeugt, dass das Glück nicht etwa passiv ist, sondern dass wir es selbst gestalten können, wenn wir es wollen oder zumindest probieren. Es wäre ja sonst so, als müssten wir immer darauf *hoffen*, irgendwann glücklich zu sein, und könnten nichts dafür (oder auch dagegen) tun. Das wäre unserer Meinung nach doch ziemlich verkehrt. Wir gehen also davon aus, dass Menschen die Gabe besitzen, ihr Glück selbst in die Hand zu nehmen, aber auch die Fähigkeit haben, es mit Füßen zu treten. Der aufmerksame Leser vermutet bereits, worin wir geübter sind.

> *Das Glück lieber in die Hand nehmen, statt es mit Füßen zu treten.*

5.

DIEGO-HERBERT UND DAS GLÜCK

Man sollte glauben, das mit dem Glück sei eine große Sache. Dass es nicht ganz so groß sein kann, erklärt sich aber schon daran, dass Anna es letztens auf dem Rücksitz ihrer Uber-Fahrt gefunden hat. Dabei behauptet sie felsenfest, niemals ein Gespräch mit Uber-Fahrern zu beginnen. Wirklich niemals. Unerklärlicherweise findet sie sich trotzdem immer in tiefgreifenden Lebensfragen fremder Menschen wieder, in diesem Fall im kosmischen Fragenkatalog von Diego-Herbert. Möglicherweise war das nicht exakt sein Name. Aber als Anna mir die Geschichte erzählte, war sie überzeugt davon, dass er ein Herbert sein musste. Alles in ihm und an seiner Lebenseinstellung schrie förmlich Herbert. (Nichts gegen Herberts!) Da der Name aber so gar nicht zu ihrer Beschreibung eines südländischen Schnauzbartträgers mit übertrieben exponierter Brustbehaarung passte, einigten wir uns auf einen selbst kreierten, interkulturellen Doppelnamen – nämlich: Diego-Herbert.

Falls nun jemand aufgrund dieser Geschichte vorhat, seinen ersten Sohn, womöglich auch seinen zweiten oder gar dritten, so zu nennen, wären wir gerne darüber informiert. Wir wären dann immerhin namensgebende Tanten und hätten diesen jungen Geschöpfen das Glück sozusagen bereits in die Wiege gelegt. Das

5. DIEGO-HERBERT UND DAS GLÜCK

halten wir für eine schöne Sache und würden dann gerne gratulieren. Also, sagt uns Bescheid, sollten ein paar Diego-Herberts das Licht der Welt erblicken. Und an alle Diego-Herberts: Verklagt uns nicht – eure Eltern wollten es so.

Beim Einladen ihres Koffers fragte Diego-Herbert, aufmerksam wie er war, woher Anna denn gereist käme. »Berlin«, antwortete sie knapp, da sie eigentlich vorhatte, während der Fahrt ein paar E-Mails und Social-Media-Nachrichten zu beantworten. Doch Diego-Herbert stand der Sinn nach einer gepflegten Konversation über die verpasste Chance seines Lebens und er ließ sich keineswegs beirren.

»Berlin!«, rief er entzückt. »Ich habe früher mal in Deutschland gelebt.«

Das war er, der Beginn einer Konversation, aus der Anna so schnell nicht wieder rauskam. »Mhm.« Anna blickte nach wie vor auf den leuchtenden Bildschirm ihres Mobiltelefons, hoffend, sie könne der Konversation entkommen. Doch der Stolz in seiner Stimme ließ wenig Raum für Hoffnung.

»Das war eine schöne Zeit«, fuhr er fort. »Meine Familie und ich haben da gleich neben einem Gutshof in der Nähe von Heidelberg gelebt.«

Und so fand sich Anna mitten in Diego-Herberts Lebensgeschichte wieder. Es war an der Zeit, den Kopf zu heben, sich zu ergeben und einfach nur zu lauschen.

Diego-Herbert wohnte mit seiner Familie gleich neben dem Besitzer des Gutshofs, der gleichzeitig auch ihr Vermieter war. Sein Name war Olaf. Diego-Herbert schätzte ihn auf etwa Mitte siebzig. Er war ein sehr freundlicher, aber auch zurückhaltender Mann, der den Hof ganz alleine bewirtschaftete. Da Diego-Herbert jeden Tag am Hof vorbeispazierte, kamen die beiden eines Tages ins Gespräch und Diego-Herbert bot Olaf an, ihm zu helfen, ein

5. DIEGO-HERBERT UND DAS GLÜCK

paar Dinge auf dem Hof zu verrichten. Schon nach kurzer Zeit einigten sich die beiden darauf, dass Diego-Herbert von nun an, selbstverständlich gegen Bezahlung, für Olaf arbeiten würde, und darüber hinaus noch zur Hälfte des Mietpreises mit seiner Familie im Nebenhaus des Gutes wohnen durfte.

Das Verhältnis der beiden Männer wuchs schon innerhalb kürzester Zeit über das eines Arbeitsverhältnisses hinaus. Es entstand eine tiefe Freundschaft. Endlich war auch für Olaf das Glück eingekehrt. Er, der zuvor ganz alleine auf dem Hof gelebt hatte, durfte erleben, wie sich Kinderlachen in den Gängen, gemeinsame Abendessen mit Freunden und die damit einhergehende Wärme und Verbundenheit in seinem Herzen anfühlten. Er blühte auf. Er hatte wieder Freude am Leben. Diego-Herbert ging es ähnlich. Die beiden Männer hatten eine gute Zeit.

Doch Mariah, Diego-Herberts Frau, konnte das Glück in Heidelberg nicht finden. Nicht auf dem Land, nicht auf dem Hof und nicht ohne ihre Familie. Sie hatte Heimweh und wollte zurück nach Wien, wo sie den Rest ihrer Familie zurückgelassen hatte. Damit machte sie Olafs und am Ende auch Diego-Herberts Glück einen gehörigen Strich durch die Rechnung.

Diego-Herbert war innerlich zerrissen. Er musste wählen. Irgendwo zwischen Olafs und Mariahs Glück befände sich seines, so dachte er, und er war sich sicher, er müsse sich entscheiden. Er musste wählen und das fiel ihm ganz und gar nicht leicht. Als er sich letztlich dazu entschloss, mit seiner Frau und seinen Kindern nach Wien zu ziehen, fühlte er einen tiefen Schmerz, gepaart mit der Gewissheit, dass er sein Glück in Heidelberg zurückließ, und das nicht etwa nur kurz, sondern auf unbestimmte Zeit. Sein Glück wäre nun für immer in Deutschland und er in Wien – so dachte er zumindest, und während er Anna seine Geschichte erzählte, sah sie ihm an, wie traurig er war, so ganz ohne sein Glück.

5. DIEGO-HERBERT UND DAS GLÜCK

»Olaf war ganz alleine«, erzählte er mit gepresster Stimme. »Er war reich, aber auch alt und sehr einsam, und er hatte niemanden, mit dem er sein Geld teilen konnte. Er wollte, dass wir den Hof und alles, was er besaß, eines Tages übernehmen. Er wollte, dass wir bleiben. Tja, man hat eben nur ein Mal im Leben Glück.« Die Wehmut packte ihn und Anna fuhr erschrocken hoch.

»Aber nein!«, rief sie. Nicht laut, aber doch merklich kräftiger und auch sehr viel wacher als noch beim Einstieg in diese vermeintliche Unglücksfahrt. Sie konnte es nicht fassen, was sie da gerade aus Diego-Herberts Mund vernommen hatte. »Man hat doch *nicht nur ein Mal* im Leben Glück!«

»Doch«, erwiderte Diego-Herbert mit trauriger Stimme. »Es war meine Chance und sie kommt nie wieder.«

Wie so oft im Leben passieren Dinge nicht umsonst. Vielleicht war es kein Zufall, dass Anna an diesem Abend ausgerechnet in Diego-Herberts Wagen gelandet war. Denn dass seine Schlussfolgerung nicht ganz stimmen kann, darin sind Anna und ich uns einig. Und wir haben dafür sogar mehrere, durchaus berechtigte Gründe. Was wäre denn beispielsweise, wenn man im zarten Alter von fünf Jahren eventuell mal Glück gehabt hätte? Kehrt das Glück danach nie wieder zurück? Man hätte bereits mit fünf Jahren sein gesamtes Glückspensum verpasst oder verbraucht? So kann das Leben doch nicht gemeint sein. Wäre es tatsächlich sein Glück gewesen, auf dem Gutshof bei Olaf zu bleiben? Hätte ihn das Leben auf dem Gutshof mit oder gar ohne Olaf tatsächlich glücklich gemacht? Oder wäre vielleicht seine Ehe zerbrochen, weil Mariah nicht auf dem Land leben wollte, oder die Abgase des Traktors hätten sich später auf seine empfindliche Lunge geschlagen und Diego-Herbert wäre sehr reich, aber am Ende möglicherweise sehr krank geworden? Eventuell wären seine Kinder in einem naheliegenden Fluss beim Spielen beinahe ums Leben

5. DIEGO-HERBERT UND DAS GLÜCK

gekommen und das ganze Geld wäre für endlose Therapiesitzungen der daraufhin notwendigen Angstbewältigung vor Wildflüssen draufgegangen? Und vor allem: Hat Diego-Herbert die seit mehreren Jahrzehnten überbrachte Vermutung berücksichtigt, dass Geld alleine womöglich gar nicht glücklich macht? Was hätte das ganze Geld genutzt, wenn er nach der Scheidung alleine in Heidelberg auf diesem riesigen Haufen Geld gesessen hätte, ohne Frau und Kinder – denn sie wären vermutlich gemeinsam mit ihrer Mutter nach Wien gegangen.

Diego-Herbert, wir fordern dich dazu auf, das alles noch mal gründlich zu überlegen! Vielleicht hast du hier einen klitzekleinen, aber doch entscheidenden Denkfehler gemacht, der dich inmitten deines gesamten Glückspotenzials eben genau dieses kostet. Ein hoher Preis!

Ein ebenso riskantes Unterfangen ist es, sein Glück von anderen Menschen abhängig zu machen. Das trifft natürlich sowohl auf Diego-Herbert als auch auf Olaf zu – im weiteren Sinne aber auch auf Mariah und die Kinder. An dieser Stelle werden einige Leser die Ellenbogen entrüstet in die Seiten stemmen. Denn, natürlich, wir haben es schon oft gehört oder zumindest mal gelesen: Kein Mensch ist eine Insel. Selbstverständlich möchte Diego-Herbert seine Frau und Kinder gerne an seiner Seite haben, im besten Fall auch Olaf gleich dazu. Wir kennen alle das Gefühl, einen oder mehrere Menschen im Leben nicht missen zu wollen. Das ist verständlich und durchaus legitim. Riskant wird es unserer Meinung nach dann, wenn wir beginnen, diese Menschen für unser eigenes Glück verantwortlich zu machen. »Wenn Olaf nicht mehr da ist, darf ich nicht mehr glücklich sein.« So ähnlich lauteten wohl seine Gedanken. Ganz schön trüb, oder? Das würde ja bedeuten, Olaf hätte Diego-Herberts Glück in seinen Händen. Ließe er es los oder fallen, es wäre vorbei und das ganze Glück mit einem Mal

5. DIEGO-HERBERT UND DAS GLÜCK

zerbrochen. Wir alle hatten vermutlich schon mal das Gefühl, dass nichts mehr im Leben Sinn ergibt, wenn ein bestimmter Mensch plötzlich nicht mehr da ist. Nicht nur wenn jemand gestorben ist, sondern auch wenn sich jemand einfach nur aus dem Staub gemacht hat – was interessanterweise sogar eine ganze Spur schmerzhafter sein kann. Man denkt dann nämlich, man wäre selbst dafür verantwortlich. Wir sprechen vom kleinen Tod, auch Trennung genannt. Plötzlich schwebt eine dunkle Wolke über uns und ein grauer Schleier legt sich uns eng um den Lebensmantel, schnürt uns fest die Kehle zu und lässt uns mit der dringenden Vermutung alleine, kein einziger positiver Lebensstrahl würde sich je wieder den Weg in unser tristes Leben bahnen. Bis wir dann, nach einiger, leider oftmals wirklich verdammt langer Zeit darauf kommen, dass sich die Welt in der Zwischenzeit einfach weitergedreht hat, die andere Person vielleicht doch nicht so perfekt war und wir sie daher von dem hohen Podest getrost wieder zurück auf den Boden der Realität setzen könnten und es dann auch endlich tun.

»Zurücksetzen« passt in diesem Zusammenhang ganz gut, denn auf gewisse Art wird das innere Betriebssystem neu gestartet und ein paar verloren geglaubte Apps wie Zuversicht, Lebensfreude oder Begeisterung für das eigene Spiel des Lebens erscheinen wieder auf dem Bildschirm. Ob es Diego-Herbert mit Olaf so ergangen ist und ob er den kleinen Tod einer Trennung erlebt hat, ob es ihm auch oder vielleicht sogar nur um die Chance auf Reichtum gegangen ist – wir werden es wohl nie erfahren. Die Tatsache, dass er Annas Frage, ob er und Olaf heute noch Kontakt hätten, mit Nein beantwortete, lässt allerdings vermuten, dass die Liebe nicht unendlich war und es doch auch um Eitelkeit oder verletzten Stolz gegangen sein muss. Was dann auch wieder an die bekannten Gefühlswelten eines Beziehungsendes erinnert.

5. DIEGO-HERBERT UND DAS GLÜCK

Sollte Geld ausschlaggebend für das Empfinden eines dauerhaften Verlusts des eigenen Glücks gewesen sein, so können wir Diego-Herbert beruhigen. Die Liste prominenter verlorener Seelen, denen es in Sachen Reichtum an nichts gemangelt hat, ist so lang wie das Leben selbst. Es mag kitschig klingen, aber wer das Glück nicht in sich selbst findet, dem wird es auch nicht auf Geldscheinen entgegen rutschen. Natürlich kann so eine eigene Insel, ein Haus, ein Garten (gerne auch mit einer Hängematte) und ganz generell ein Leben ohne Geldsorgen durchaus seinen Reiz haben und sehr befriedigend sein, das wollen wir gar nicht bestreiten. Hockt man aber auf dieser Insel und pickt sich ein paar Dinge heraus, die einem missfallen könnten – und darin sind wir Menschen sehr einfallsreich –, kann einem schon mal die missratene Kokosnuss, die einem unverhofft auf den Schädel fällt, so sehr aufs Gemüt schlagen, dass man sein ganzes Glück am Ende doch wieder infrage stellt. Es scheint, als hätten wir Menschen genau das perfektioniert: die Fähigkeit, uns auf das zu konzentrieren, was uns gar nicht glücklich macht. So geht es also nicht! Aber wie geht es denn dann? Dazu kommen wir noch. Ungeduld, ihr Lieben, ist eine dieser hinderlichen menschlichen Eigenschaften, die sich so gerne zwischen uns und unser Glück stellen.

6.
IM OPFERLAND

Es gibt tatsächlich Menschen (und gar nicht mal so wenige) die denken, das Leben spiele ihnen übelst mit. Wenn eine dunkle Wolke beharrlich über dem eigenen Haupt schwebt, gelangt man nach dem Verlassen der Ortstafel »Zuversicht« und dem beschwerlichen Weg »Zum Leid« ins mürrische Hochgebirge. Hinter den sieben Lamentierbergen, nach dem fernen Ort »Klagen«, ist es dann endlich in Sicht: das »Opferland«. Im Grunde waren wir alle schon mal da, oder kennen zumindest jemanden, der sich in diesem tiefen Jammertal niedergelassen oder es sich dort – zumindest für eine Zeit – gemütlich gemacht hat.

Im Opferland tragen alle Menschen riesige Hüte aus Wut und Zorn, die so groß sind, dass sie ihnen immerzu die Sicht versperren. Die Krempe tief ins Gesicht gezogen, laufen alle Bürger blind durchs Leben und wundern sich, warum sie sich überall stoßen. Das wiederum macht sie noch zorniger, sodass ihre Hüte noch größer und schwerer werden und die wütenden Hutträger stets aus dem Gleichgewicht geraten. Das ist der Grund, warum Menschen im Opferland eher wanken als gehen – und das nicht mal aufrecht, sondern stets vom Leid gebückt. Sie stürzen häufig und brechen nicht selten unter der Last ihrer riesigen Wuthüte zusammen.

Die Bevölkerung hat es wahrlich nicht leicht im Opferland und die Dunkelheit schlägt allen aufs Gemüt. Das liegt aber nicht etwa am schlechten Wetter, sondern an den gigantischen Hutkrempen,

6. IM OPFERLAND

die das helle Sonnenlicht zuverlässig von allen Hutträgern fernhalten. Sie laufen im Schatten ihrer selbst. Dazu muss man allerdings wissen, dass Opferlandbürger ihre Hüte selbst gar nicht sehen können. Sonst würden sie diese nämlich einfach abnehmen und sich nicht unentwegt beschweren, dass irgendetwas nicht stimmt. Und es stimmt tatsächlich etwas ganz und gar nicht. Könnten sie doch nur – zumindest hin und wieder – ihren Wuthut ablegen, der ihnen nicht nur die Sicht, sondern auch den Weg erschwert! Aber wie sollten sie das tun, wenn sie ihn gar nicht sehen? Ganz schön verzwickt!

So kommt es, dass ein Opferlandbewohner dem anderen sein Leid klagt, aber keiner so recht zuhört, weil jeder mehr mit seinem eigenen Elend beschäftigt ist. Dabei zieht ein lautes, kollektives Jammern durch das Land, das nur nachts für ein paar Stunden verstummt, wenn alle vor Erschöpfung eingeschlafen sind. Zorn und Klagen sind eben sehr ermüdend.

DAS PAULA-PROBLEM

»Kannst du schlafen?«, schrieb Paula über WhatsApp.

Ich verstand die Frage nicht.

»Weiß ich noch nicht«, antwortete ich, da ich noch nicht schlief. Hätte ich bereits geschlafen, hätte ich ihre Nachricht schließlich nicht lesen können. Opferlandbürgern mangelt es oft an Logik. Eigentlich klar, weil Leid auch nicht ganz logisch, sondern ganz oft eben einfach hausgemacht ist.

»Ich kann nämlich nicht schlafen«, textete Paula mich weiter zu und ich verfluchte die zwei blauen Haken, an denen ich wohl nicht mehr vorbeikam. Vermutlich wäre es eher unrealistisch gewesen,

6. IM OPFERLAND

wäre ich noch in derselben Sekunde eingeschlafen und hätte alle weiteren Nachrichten erst am nächsten Morgen beantwortet. Also, Pech für mich.

Es war klar, dass es hier nicht etwa um *mein* Wohlbefinden, sondern um das meiner Freundin Paula ging, und dass sie mit ihrem Satz eine Reaktion (»Echt? Warum denn nicht, du Arme?«) einforderte, auch wenn mich die Antwort in dem Moment nicht *so* brennend interessierte. Man muss dazu sagen, Paula ist keine gute Freundin, eher eine Bekannte und mehr so eine, deren Nachrichten man gerne mal wegwischt, weil sie einen im Handumdrehen in eine ungewollte, dreistündige Unterhaltung verstrickt, deren Inhalt sich in einem einfachen Satz zusammenfassen ließe: Das Leben ist schrecklich!

»Es ist schrecklich«, schrieb sie prompt. Was sonst … Ich fand es schrecklich, wie vorhersehbar diese Konversation ihren Lauf nahm.

»Was ist denn los?«, schrieb ich, weil das als höflicher und mitfühlender Mensch, der ich in dem Moment war und generell zu häufig in meinem Leben bin, die einzig zulässige Antwortmöglichkeit war.

»Vielleicht möchtest du noch eine Nacht darüber schlafen und schauen, ob es morgen noch genauso schlimm ist, bevor wir jedes Detail in seinen kleinsten Bestandteil exzerpieren, um dann zu dem Schluss zu kommen, dass das Leben schrecklich ist, was wir im Grunde ohnehin schon wissen, weil du es gerade geschrieben hast.« Ich wollte das schreiben. Ehrlich.

Und dann noch: »Bist du dir absolut sicher, dass du das dir und mir wirklich antun möchtest? Wollen wir uns jetzt zwei bis drei Stunden im Kreis drehen, bis uns beiden schwindlig ist und wir absolut nirgends angekommen sind?«

6. IM OPFERLAND

Am allerliebsten hätte ich allerdings geschrieben: »Es tut mir leid, aber es interessiert mich einfach nicht.« Oder nein, besser noch: »Es tut mir *nicht* leid, aber es interessiert mich einfach nicht.«

Warum wollen wir nur immer so höflich sein? Warum wollte *ich* das in dem Moment? Ich sage es euch. Es gibt ein eigenes Syndrom dafür. Da hat sich jemand tatsächlich die Mühe gegeben, diese Tatsache in einen schicken Begriff zu verpacken und uns alarmierend realitätsnah vor unser demaskiertes geistiges Auge zu werfen: das Brave-Mädchen-Syndrom. Hört sich gut an, meint ihr? Nein! Brave Mädchen ziehen Opferlandbürger nämlich magnetisch an und werden schließlich selbst zu einem. Sie lauschen dem endlosen Leid der Wuthutträger, stehen wacker an ihrer Seite, begleiten sie geduldig durch jedes selbst gemachte Elend und helfen ihnen auf, wenn sie ins Jammertal gefallen sind und nicht wieder aufstehen wollen. Immer und immer wieder. Brave Mädchen suchen einen Ausweg aus dem Opferland und übersehen dabei, dass sie selbst schon längst in dessen Labyrinth gefangen sind. Hinzu kommt, dass Opferlandbürger gar nicht auswandern möchten. Sie fühlen sich durchaus wohl im Land des ewigen Leidens. Wie auch meine Bekannte Paula.

Ich sah sie tippen. *Paula schreibt ... Paula schreibt ...* Paula schrieb immer noch.

Ich stellte mich auf einen handgetippten, eher langatmigen Roman ein und zwar nicht von der Bestsellersorte, sondern eher von jener, die man in Supermärkten kauft und mit denen man den Kamin anheizt oder die man zum Fensterputzen verwendet.

Doch es kam noch schlimmer. Während ich die Punkte beobachtete und mich währenddessen fragte, wie ich aus der Nummer halbwegs elegant rauskommen könnte, fing mein Handy in meinen Händen an zu vibrieren. Paula rief an. Da stand ihr Name, in monströsen Lettern direkt auf meinem Bildschirm. Ich fing an zu

6. IM OPFERLAND

zittern und es lag nicht an der Vibration. Konnte ich das Klingeln ignorieren? Konnte ich so tun, als wären mein Handy und ich aus unbekannten Gründen nicht mehr auffindbar? Eventuell auf unbestimmte Zeit? Ihr vermutet es bereits: Ich konnte nicht. Ich war ein braves Mädchen.

»Du weißt nicht, was mir heute passiert ist!«, ertönte Paulas um einen Tick zu hohe und einen weiteren zu schrille Stimme am anderen Ende der Leitung. Sie war aufgebracht, wer hätte das gedacht. Bevor ich noch einen tiefen Atemzug holen oder auch nur antworten konnte, ging es schon weiter.

»Alles! Einfach alles! Und nichts Gutes!«

Gespräche mit Paula sind wie holprige Zugfahrten, bei denen der Zug mit hoher Geschwindigkeit auf den Gleisen rattert und man von dem monotonen Geräusch sehr müde wird, während sich in unregelmäßigen Abständen ein unangenehmes Quietschen auf den Gleisen unterschiebt, das einen darin hindert, wirklich einzuschlafen. Versteht mich nicht falsch, ich liebe Zugfahrten. Da sieht man aus dem Fenster, beobachtet die Landschaft und entwickelt diese gewisse innere Ruhe, weil man weiß, dass es noch ewig dauert, bis man ans Ziel gelangt und es deshalb sinnvoller ist, die Reise einfach zu genießen. Ich versuchte, auch Paulas Anruf wie eine solche Zugfahrt zu sehen und mich innerlich zu entspannen. Schließlich musste ich mich keineswegs einbringen, weil Paula ganz von alleine redete. Eine Sprachnachricht hätte es im Grunde auch getan. Ich hätte mein Handy auch einfach beiseite legen und währenddessen ein spannendes Buch lesen können. Nach jeder zehnten Seite hätte ich ein murmelndes »Mhm« und »Ahh« und jede fünfzehnte ein ergriffenes »Wirklich?!« einwerfen können und wäre fein raus gewesen. Natürlich tat ich das nicht. Ich war schließlich ein braves Mädchen. Ich hörte ihr zu.

»Stell dir vor. Heute in der Früh ist Manfred zu mir gekommen und meinte, es täte ihm leid, aber wir hätten die nächsten drei Monate Urlaubssperre. Ich meine dreeeeiiii Monateeee! Und überhaupt, was soll denn das?! Bin ich etwa dafür verantwortlich, dass die Umsätze nicht so laufen, wie sie sollten? Ja, wohl wirklich nicht! Was kann *ich* denn dafür! Immer auf die Kleinen! Also wirklich ... es ist schrecklich! Ich will das alles so nicht mehr. Und dann! Nicht dass das genug gewesen wäre. Dann schreit mich auf der Heimfahrt auch noch dieses dumme Gesicht in diesem noch dümmeren VW an, obwohl er mir die Vorfahrt genommen hat. ER! Verstehst du?! ER!! Überhaupt, was ist nur los mit den Männern?! Einer schlimmer als der andere. Sind die denn alle gegen Pfosten gelaufen?! Haben sie Schmerzen? So viel Dummheit muss doch wehtun! Die sind doch nicht ganz dicht in der Birne! Weil dann – und bitte sitzt du, weil das glaubt mir niemand – dann hat nämlich Timo geschrieben. Er müsste mir absagen fürs Wochenende. Seine Frau wäre jetzt doch in der Stadt und sie fahren aufs Land! Aufs Laaaaand! Verstehst du?! Da lachen ja die Hühner und was es sonst noch so auf dem Land gibt. Aber nein, ich lache nicht! Wirklich nicht. Das ist doch alles komplett irre!«

DIE BEVORZUGTE AUSKOTZSTELLE

Ich atmete tief durch. Ich versuchte, mit meinem inneren Yogi Kontakt aufzunehmen und mein Basis-Chakra zu schließen, um mich von der negativen Energie abzuschirmen und gleichzeitig über den Scheitel irgendeine höhere Quelle in mein Innerstes zu verlegen, die mir Licht und Liebe schickte. Das liest man doch überall. Dazu gibt es auch jede Menge Übungen. Da war sie, die beste Gelegenheit zu üben. Ich konnte es mir aussuchen:

6. IM OPFERLAND

Entweder stimmte ich in das Drama ein und verrieb die Kotze, die Paula mir gerade über den Hörer in mein wertes Gesicht reiherte, genüsslich über den ganzen Körper, oder ich stoppte sie und legte mein triefendes Gesicht frei, um wieder klar sehen zu können. Genau so verhält es sich nämlich, wenn sich Menschen bei anderen auskotzen. Sie werfen dann wild mit Kotze um sich – und wenn man nicht rasch aus dem Weg springt, duscht man vom Kopf bis zu den Zehen in diesem elendig stinkenden Strahl. Danach strahlt keiner, glaubt es mir. Ich auch nicht. Ich wischte.

»Aber Paula«, sagte ich. »Du weißt, er wird sie nicht verlassen! Er hat es die letzten drei Jahre nicht getan. Er wird es auch die nächsten drei nicht tun. Das weißt du, oder?«

»Ja, aber ...«, stammelte Paula, und ich wusste was jetzt folgen würde. Ja-aber-Litaneien sind gefährlich. Man verstrickt sich und andere so lange in sinnlose Rechtfertigungstheorien, die rein gar nichts erklären, sondern nur wahllos Gründe auflisten, warum man unbedingt im Opferland verweilen muss. Natürlich war es Paula unmöglich, Timo zu verlassen. Nicht etwa weil sie in Wahrheit nie mit ihm zusammen gewesen war und man schon deshalb nicht von »verlassen« sprechen konnte. Sondern vielmehr weil es am Ende des Sehnsuchtshorizonts diesen blassen Hoffnungsschimmer gab, den allerdings nur Paula sehen konnte. Wie eine Verdurstende in der Sahara, war Timo der letzte Strohhalm zum Glück. Der sprudelnde Zaubertrank, der ihr Leben für wenige Momente zum Prickeln brachte. Leider war er eher wie eine Fata Morgana, daher nicht sonderlich erfrischend.

Paula würde nicht loslassen. Weder Timo noch Manfred oder ihren Job, den sie eigentlich noch nie gemocht hatte. Vielleicht weil es von gefühlten vierhunderttausend möglichen anderen Jobs (und auch Manfreds oder Timos) womöglich keinen Einzigen gibt, bei dem Paula sicherer leiden kann. Und dann noch all

6. IM OPFERLAND

die bösen Autofahrer da draußen, die sie aus dem Nichts anschrien und beschimpften – ganz sicher nicht, weil Paula schon vorher aggressiv gewesen war und es alle um sie herum hatte spüren lassen, sondern weil sich die ganze Welt auf unerklärliche Weise gegen sie verschworen hatte. Paulas Wuthut wuchs ins Unermessliche.

Bei genauerer Betrachtung finden sich in der Geschichte gleich mehrere Opferlandbewohner wieder:

Manfred, der Chef, der zu Hause nichts zu melden hat und seine schlechte Laune deshalb gerne an seinen Mitarbeitern auslässt.

Timo, der zu schwach ist, an seiner Beziehung zu arbeiten und sich dann und wann ein wenig Aufregung mit Paula gönnt, weil er sich im Grunde selbst nicht spürt.

Paula, deren Welt schrecklich ist. Einfach so. Und sie so gar nichts dafür kann.

Ich, die immer die erste Auskotzstelle für Paulas Erbrochenes sein würde, wenn ich diesen Kreislauf nicht endlich durchbrach.

»Stopp!«, rief ich also mitten in die Litanei. So laut, dass ich selbst erschrak. Paula stoppte wirklich. Stille.

»Paula, du musst damit aufhören. JETZT!«, stieß es förmlich aus mir heraus.

»Aber, ...«, stammelte Paula.

»Nein!«, rief ich. »Kein aber ich kann nicht, aber ich will nicht, aber ich muss doch, aber er könnte, aber *ich* könnte, aber es sollte ... einfach kein *Aber* mehr!«

»Du verstehst es einfach nicht ...«, murmelte Paula bestürzt. Ihre Stimme verwandelte sich kurz darauf in ein weinerliches Wimmern, die verbreitete Umgangssprache im Opferland.

»Nein, *du* verstehst nicht«, erwiderte ich. »Es ist, wie es ist! Und du wirst es nicht ändern, wenn du dich nur darüber beschwerst. Wenn du es so nicht willst, dann ändere etwas. Nimm es in die Hand! Such dir einen neuen Job, dann bekommst du vielleicht einen freundlicheren Manfred! Schick Timo in die Wüste und gib jemandem eine Chance, der wirklich an deiner Seite sein will! Lass den VW-Fahrer VW-Fahrer sein, wechsle den Sender und sing so laut mit, dass Mariah Carey eifersüchtig und irritiert zugleich wäre! Hab verdammt noch mal Spaß! Geh raus, verbring Zeit mit Menschen, die dich zum Lachen bringen und du sie! Hab die Zeit deines Lebens, weil – weißt du was – du hast nur diese eine! Diese eine Zeit hier, in diesem, deinem Leben! Fang an, endlich glücklich zu sein! Genau jetzt! Hörst du? JETZT!«

Ich hatte irgendwie das Gefühl, dass ich gar nicht mehr mit Paula, sondern vielmehr mit mir selbst sprach, und dass ich nur so laut rief, damit ich mich auch wirklich hören und verstehen konnte.

»Wir sollten jetzt schlafen«, sagte Paula und legte auf. Es war das kürzeste Telefonat, das wir je geführt hatten. Sie rief danach nie wieder an. Sie war offenbar nicht sonderlich entzückt darüber, dass ich ganz ohne Vorwarnung aus dem Opferland ausgezogen war und sie dort zurückgelassen hatte. Sie fühlte sich im Stich gelassen.

»Das Leben ist schrecklich«, meinte Paula zu ihrer Freundin Ilse am nächsten Tag.

»Ja«, sagte sie und zog mit ein.

AUS DEM RAHMEN

Ich konnte an diesem Abend tatsächlich sehr lange nicht schlafen. Paula hatte etwas in mir ausgelöst. Bei genauerer Betrachtung sah ich sie genau: diese verunsicherte Frau, die so viel Schönes in ihrem Leben hatte und es doch nicht sehen konnte. Dieses Mädchen,

6. IM OPFERLAND

das vergessen hatte zu staunen und ihr Herz verschlossen hielt, damit es niemand mehr verletzen konnte. Sie gab sich mit wenig zufrieden, weil sie sich nicht mehr gestattete. Da blieb sie lieber im Opferland, weil es einfacher war, unglücklich zu sein als glücklich. Wie hätte sie sich auch auf den Weg machen können, wenn sie es sich doch in all den Jahren mit all den Bürden so mühevoll eingerichtet und am Ende doch recht gemütlich gemacht hatte?

Vielleicht befindet sich das Opferland ja mitten in unserer Komfortzone, wo sich alles sehr vertraut anfühlt. Auch der Schmerz. Wo wir festsitzen, gefangen in der Vorstellung, wie das Leben sein sollte und was noch fehlt zu unserem Glück. Inmitten der hohen Mauern der Selbstbegrenzung, der Angst, nicht zu genügen, und dem Zweifel, das Glück am Ende vielleicht gar nicht verdient zu haben. Vielleicht wartet das Glück aber genau da, hinter den Mauern und dieser Tür, die sich mitten im Gefängnis des Opferlands verbirgt. Vielleicht fragt sich das Glück immer wieder, warum wir nicht einfach durch die Tür spazieren.

Vielleicht hat das Mädchen aber Angst, durch diese Tür zu gehen, weil es nicht weiß, was es dahinter erwartet. Weil es glaubt, all den Möglichkeiten nicht gewachsen zu sein. Die eigene Erwartung nicht erfüllen zu können. Dabei wissen wir doch: Das Glück hat keine Erwartungen. Erwartungen stellen immer nur wir, die allerhöchsten an uns selbst.

Es mag ein wenig eigenartig klingen, aber was zwischen uns und dem Glück steht, sind meistens nur wir selbst. Wir stehen oft sehr hartnäckig mit einem Fuß in der Tür und werfen sie uns munter gegen den kleinen Zeh, klemmen uns die Finger ein oder hauen mit dem Kopf dagegen. Alles, was wir tun müssten, ist, einfach diese verdammte Tür zu öffnen und den Weg freizumachen. Doch statt das Glück zu uns hereinzubitten oder zu ihm rüberzugehen, warten wir im Türbogen und blockieren den gesamten

6. IM OPFERLAND

Glücksverkehr. Manchmal ist es nämlich auch ein Glück, wenn etwas aus unserem Leben hinaus möchte (die ein oder andere Angst oder auch ein Opferlandbürger), aber solange wir im Weg stehen, kann nichts Altes raus und auch nichts Neues rein. Der Grund ist übrigens meistens gar nicht, wie häufig vermutet, die Angst zu versagen, sondern – bitte greifen wir uns kollektiv an den Kopf – die Angst vor der eigenen Größe. Ja, richtig gelesen. Habe ich schon erwähnt, dass Menschen komisch sind?

Es gibt unzählige Gründe, die uns daran hindern, unsere Ziele endlich anzupacken und zu erreichen. Viele Menschen lieben es, andere bei ihrem Erfolg zu beobachten, um sich dann mit einer gigantischen Portion Neid und Frust, vergleichbar mit diesen übergroßen Kübeln Chickenwings, die sich einzelne Personen in den USA einverleiben, selbst zu bemitleiden. Nach dieser in altem Öl triefenden Runde Selbstmitleid fragen sie sich, warum sie denn nicht auch dieses unendliche Glück im Leben hätten, während sie sich an diese Riesenpackung negativer Gefühle klammern und im Türrahmen stehen bleiben.

OPFERLANDBÜRGER
erkennt man an:

- Opferlandbürger wirken auf den ersten Blick: ganz unverdächtig und harmlos.
- Bei genauerer Betrachtung erkennt man sie an: ihren riesigen Hüten aus Wut und Zorn.

Solltest du einen ihrer Hüte gesehen haben, Gratulation! Denn für die meisten sind sie unsichtbar. Vor allem für Opferlandbürger selbst. Sie würden dann ihr Leid erkennen, den Hut einfach abnehmen und mit Leichtigkeit durchs Leben marschieren. Selbstverständlich wollen das Opferlandbürger auf gar keinen Fall. Hätten sie kein Leid, wüssten sie nicht woran sie sich klammern sollten.

- Sie tragen: Leid und Klage.
- Sie beschweren sich.

Das ist nicht nur schwer, es macht sie auch schwer. So kommt es, dass sie (ganz leicht!) ihr Gleichgewicht verlieren. Opferlandbürger fallen leicht um. Sie liegen dann stundenlang am Boden und beschweren sich. Aufstehen wollen sie nicht, das wäre zu leicht. Es würde eventuell auch etwas an ihrer Lage ändern.

- Ihr liebstes Hobby ist: das Schwarzmalen.
  Darin sind sie äußerst talentiert.

Wie verhalte ich mich im Fall der Begegnung mit einem Opferlandbürger?

Es empfiehlt sich ausreichend Sicherheitsabstand von Opferbürgern einzunehmen, da sie:

- sich gerne mit ihrem ganzen Gewicht an andere heften, sie zu Boden reißen und zielstrebig (oft an den Haaren herbei) ins Opferland ziehen
- häufig im Strahl kotzen und man im Nu in fremder Kotze duscht
- hohe Ansteckungsgefahr besteht

weiters empfohlen wird daher:

- selbst das Jammern einzustellen.

Opferlandbürger erkennen andere Opfer nämlich sofort und nehmen sie mit ins Opferland. Von einem Dauerwohnsitz im Opferland ist jedoch dringend abzuraten. Es handelt sich um einen tristen Ort, der einem Gefängnis gleicht. Wer würde denn freiwillig ins Gefängnis wollen?

- Keinen direkten Blickkontakt oder regen Konversationsaustausch mit Opferlandbürgern aufzunehmen und sich rechtzeitig abzugrenzen. Grund: hohe Ansteckungsgefahr!
- Laut und deutlich NEIN zu sagen. Opferlandbürger ziehen dann entrüstet von Dannen.
- Ausgelassen, gut gelaunt und fröhlich zu sein. Gute Gefühle zählen zu den natürlichen Abwehrmitteln gegen jegliche Form von Opferlandbürgern. Sie riechen gut Laune bereits aus der Ferne, sind abgeschreckt und suchen das Weite.

Wie verlasse ich selbst das Opferland?

Man nimmt den Hut einfach ab, hört auf sich zu beschweren, verlässt das Jammertal, schreitet Richtung Zuversicht und schon ist man draußen. Eigentlich ganz leicht, wenn man nicht alles so schwer nimmt.

7.
KREISVERKEHRT

Vor ein paar Jahren kündigte ich von einem Tag auf den anderen meinen Job und erschütterte damit das Leben meiner Mitmenschen zutiefst. Alle um mich fragten sich, ob ich verrückt, kurz durchgedreht oder einfach nur bescheuert sei. Ich war Marketingleiterin eines großen, internationalen Luxusmarkenartikelkonzerns, ging jeden Tag gerne zur Arbeit, liebte das Team, und mein Job machte mir zwar nicht riesige, aber zumindest mittelgroße Freude. Es gab von außen betrachtet also keinen guten Grund, warum ich nicht glücklich sein sollte.

Und irgendwie stimmte das ja auch. Ich war nicht *un*glücklich. Ich verstand auch, dass ich – ebenfalls von außen betrachtet – endlich damit anfangen sollte, glücklich zu sein. Ziemlich sicher ging es mir einfach zu gut, aber ich hatte trotzdem das Gefühl, dass irgendetwas fehlte. Gleichzeitig wusste ich, dass mir dieses Gefühl – wieder von außen betrachtet – gar nicht zustand. Was sollte auch fehlen? Es konnte nichts Materielles sein: Der Job war gut bezahlt, ich reiste beruflich an die schönsten Orte der Welt, nächtigte in den luxuriösesten Hotels, aß in den teuersten Restaurants, umgab mich mit beeindruckenden Persönlichkeiten und den edelsten Produkten. Es ist schon fast untertrieben, wenn ich hier von Luxusproblemen spreche. Mein Leben war dicht bepackt mit eindrucksvollen Ereignissen, auch wenn sie mich so ganz und gar nicht beeindruckten. Alles um mich strahlte, aber da war kein

7. KREISVERKEHR

Strahlen in mir. Irgendwo musste es doch zu finden sein, mein Glück!

Zwischen dem lärmenden Kreisverkehr am Arc de Triomphe und dem prachtvollen Glanz der Pariser Oper wurde es mir einmal mehr klar: Inmitten dieser glamourösen Scheinwelt würde ich es bestimmt nicht finden.

Ich durchsuchte gerade meine Tasche nach der Agenda, die mir meine Assistentin vor dem Abflug ausgedruckt hatte. Nach dem Empfang um 9.30 Uhr jagte ein Vortrag den nächsten. Ich langweilte mich jetzt schon. Auf der Fahrt vom Flughafen ins Zentrum sprach ich kein Wort. Ich starrte nur aus dem Fenster und fragte mich, warum mir mein glamouröses Leben keine Freude mehr machte. Warum ich zwar nicht unglücklich aber auch nicht glücklich war.

Dabei war doch alles irgendwie beeindruckend. Paris war faszinierend, genau wie die distanzierte Arroganz der Franzosen und ihre Gabe, dabei immer noch sehr elegant zu wirken. Ich beobachtete die unzähligen Autos im ungeregelten Kreisverkehr, die stanken und hupten und sich gegenseitig ihrer Freiheit beraubten. Sie nahmen sich den Vorrang und bahnten sich gewaltsam den Weg durch die lärmende Stadt. Fahrer schrien und fluchten, Autos fuhren nur wenige Millimeter voneinander entfernt aneinander vorbei. Inmitten des Geschehens stand ein Mann, der völlig unberührt, ja fast apathisch, in den Himmel starrte. Er trug seinen Blick ebenso elegant wie seinen Nadelstreifanzug und kaum jemand schenkte ihm Beachtung. Er stand einfach da und starrte in den dunklen, wolkenverhangenen Himmel. Beinahe im selben Moment ergoss sich ein heftiger Platzregen wie ein berstender Strahl über seiner Stirn. Innerhalb weniger Sekunden prasselte der Regen so heftig auf den Pariser Asphalt, dass die Tropfen vom Rinnsal zurück Richtung Himmel sprangen und wie in Zeitlupe

7. KREISVERKEHR

durch die Luft tanzten, bis sie wieder auf dem Kopfsteinpflaster landeten und dort zerbrachen.

Der Mann stand immer noch regungslos da. Er lächelte. Während eine ganze Schar aufgebrachter Franzosen ihre Zeitungen schützend über ihre Köpfe hielten und rannten, als liefen sie um ihr Leben, schien er vollkommen in sich gekehrt den Augenblick zu genießen. Als hätte er es gewusst.

Ich sah ebenfalls in den Himmel und entdeckte dort einen zarten Lichtstrahl im Regen, der eine Spur Zufriedenheit hinterließ, die ich im Lächeln des Mannes wiederfand. Als wäre es möglich mitten im Regen glücklich zu sein. Gedanken strömten wie ein innerlicher Schauer durch meinen Körper. Warum konnte ich es nicht mehr?

Überwältigt von der Dramatik des Augenblicks, spürte ich einen kurzen Schmerz, als sich der Wagen wieder in Bewegung setzte. Der Regen prasselte unaufhörlich gegen die Scheiben. So stark, dass der Fahrer das Radio lauter drehte.

GRÜN WIE DIE HOFFNUNG

Wir hielten kurz nach dem Place Vendôme vor dem Grand Hotel Intercontinental. Der Page öffnete die Tür, noch bevor ich gezahlt hatte, und er sah so aus, als hätte er Freude an dem, was er tat. Er erschien mir trotz der aktuellen Wetterlage recht heiter. So übernahm er mein Gepäck, was ich ein wenig übertrieben fand – es war ja nur ein kleiner Trolley. Aber er ließ sich nicht davon abhalten. Ich folgte ihm über den rotgold bestickten Teppich in den prunkvollen Eingangsbereich. Das war eines der teuersten Hotels der Stadt und trotzdem konnte ich mich nicht so recht

7. KREISVERKEHR

dafür begeistern. Die übertriebene Opulenz schmerzte schon fast in den Augen. Wohin man auch sah, erschlug einen der Anblick prunkvoller Wandstiche und schwerer, ausladender Sitzmöbel mit blutroten Samtbezügen, umringt von unzähligen, cremefarbenen Rosenbouquets. Alles wirkte künstlich und überladen. Neben der Rezeption standen zwei junge französische Mädchen in dunklen Faltenröcken und blütenweißen T-Shirts, auf denen das Konzernlogo gedruckt war. Eine von ihnen hielt eine Namensliste, die andere einige große weiße Geschenktüten in der Hand.

»And your name is, ...?«, fragte mich das Mädchen mit der Liste nach meinem Namen, das andere überreichte mir strahlend mein Geschenk – es hätte nur noch gefehlt, dass sie einen Knicks dazu machte.

Am Empfang überreichte man mir die Karte für meine Suite. Dort angekommen, fand ich einen handgeschriebenen Willkommensgruß in einem edlen Briefumschlag, der hingebungsvoll am Kopfkissen meines gediegenen, mit unzähligen Plüschkissen und besticktem Überwurf drapierten Doppelbetts lag.

»Liebe Andrea«, stand da mit schwarzer Tinte auf elfenbeinfarbenem Karton. »Wir freuen uns, Sie als unseren Gast in Paris willkommen zu heißen und die kommenden Tage mit Ihnen verbringen zu dürfen.«

Ich öffnete die Tüte mit meinem Geschenk. Es befand sich ein teurer Gürtel eines bekannten französischen Designers darin.

Mein Zimmer war klein, grün und dunkel und es kostete satte siebenhundert Euro die Nacht. Verrückt, wenn man bedachte, dass Grün doch beruhigen sollte. Diese überteuerte Räumlichkeit, die mehr einem Kabinett als einem Zimmer glich, glänzte schon allein aufgrund des Preises nicht gerade durch Leichtigkeit. Ich atmete kurz die schwere Luft ein und wieder aus und warf die Tür hinter mir ins Schloss.

WIE VERLASSE ICH
den Kreisverkehr?

Sich im Kreis drehen ist eine schöne Sache. Beim Tanzen zum Beispiel. Man stemmt dann seine Arme ausgelassen in die Hüfte und dreht sich, bis es einem zu rund oder in manchen Fall auch auch ein bisschen übel wird.

Handelt es sich bei dem Kreis allerdings um ein Hamsterrad empfiehlt es sich aus dem Rad zu treten, zielstrebig den Weg zur Käfigtüre zu suchen (Hinweis: sie befindet sich sehr oft genau vor der eigenen Nase) und mutig durchzumarschieren. Das macht glücklich. Und frei. Kein Mensch hat nämlich je behauptet wir müssten unser Leben lang im selben Käfig verbringen und im selben Rad treten. Das wäre nämlich in etwa so, als säßen wir lebenslang am Crosstrainer und wunderten uns, warum wir nicht weiter kämen.

Handelt es sich bei dem Kreis um einen Kreisverkehr und zieht man schon seit ein paar Jahren munter dieselben Runden, kann man in Erwägung ziehen auch mal eine Ausfahrt zu nehmen. Hauptsache man fährt nicht Richtung Opferland. In jedem Fall gibt es mehr Möglichkeiten als in dem öden Kreis, den man ja mittlerweile schon auswendig kennt , zu bleiben. Es macht also Sinn auch mal andere Wege auszuprobieren, wenn man sich anders fühlen möchte als schwindlig vom ewigen Kreise ziehen.

Selber Kreis = selbes Gefühl

Eine Ausfahrt nehmen: Oh schau, neuer Weg, neues Gefühl! Ein neuer Baum da drüben, oh da, eine Blume! Die habe ich noch nie gesehen. Zack, glücklich. Wie jetzt? Da sind ja andere Stolpersteine! Auch gut. Mal was Neues gelernt! Neue Fehler, neue Lösungen. Und ganz nebenbei auch weiterentwickelt.

Zum Glück: Das Licht am Ende des Tunnels gibt es ja wirklich! War ganz schön wolkig über dem Kreisverkehr. Mächtig viel Regen auch. Ahhh da vorne: ein Regenbogen.

8.
AM ENDE PARIS

»Andrrrrrea, Andrrrrreeeeea!« Ich hörte eine schrille, aber vertraute Stimme hinter mir, als ich mich langsam vom Aufzug in Richtung Präsentationsraum bewegte. Ich drehte mich langsam um.

»Elena«, sagte ich und lächelte. Es war mir nicht allzu sehr nach Lächeln zumute, aber für sie machte ich eine Ausnahme. Elena ist Russin und ihre Position im Konzern entsprach meiner, nur war sie für den osteuropäischen Raum verantwortlich. Sie war etwa einen Meter vierundachtzig groß und schlank, durchaus attraktiv, aber aufgrund ihrer etwas ungeschickten Art und der ungewöhnlich großen Statur mangelte es ihr ein wenig an Grazie. Auch jetzt stolperte sie, während sie auf mich zustürzte, beinahe über die Kante des Teppichs und verknotete sich in ihren eigenen Beinen. Es wunderte mich, dass sie mich überhaupt erkannte, denn Elena ist kurzsichtig, aber zu eitel, um eine Brille zu tragen. Nichtsdestotrotz – ich mochte sie irgendwie. Und Elena mochte mich.

»Andrrrrreeeaaaa!«, rief sie nochmals, obwohl sie bereits dicht vor mir stand und ihre Stimme nicht zu überhören war. »Wie geht es dir? Seit wann bist du schon da? Sind wir zu spät?« Sie war wie immer völlig überfordert mit sich und der Gesamtsituation und verbreitete schon durch ihre bloße Anwesenheit eine übertriebene und irrationale Hektik.

Sie war zwar engagiert und durchaus freundlich, hatte eine schnelle Auffassungsgabe und war kein bisschen zickig. Gleich-

8. AM ENDE PARIS

zeitig war sie aber auch sehr chaotisch und zerstreut – was einerseits entzückend war, aber andererseits auch sehr anstrengend sein konnte.

»Ganz ruhig, Elena. Es ist alles gut. Wir sind nicht zu spät. Wir haben jede Menge Zeit«, beruhigte ich sie, während ich ihr links und rechts einen Kuss auf die Wange drückte, wie es in Frankreich so üblich war. Sie war ganz blass und völlig außer Atem und reagierte weder auf meine Küsse noch auf meine freundliche Begrüßung. Sie blickte unablässig auf ihre Uhr und fiel mir aufgeregt ins Wort: »Zwei Minuten, Andrrrea! Wir haben zwei Minuten!! Nicht jede Menge Zeit! Welcher Raum? Wo müssen wir hin?!« Sie fächerte mit ihrer ausgedruckten Agenda wild in der Luft herum, während sie gleichzeitig nach einem anderen Gegenstand in ihrer Tasche suchte.

Ich wusste, dass meine Ruhe sie noch mehr in Aufruhr versetzte, weil sie ihr so ganz und gar nicht traute. Weder der Ruhe und schon gar nicht mir. Sie wusste, dass ich dem Zeitdruck, den sie wie einen voll bepackten Rucksack mit sich umher trug, weder Beachtung noch Bedeutung schenkte, und das machte ihre Last noch schwerer, verstärkte aber ihre Überzeugung, ihn für uns beide tragen zu müssen. Elena war zutiefst davon überzeugt, dass ich es ohne sie nicht schaffen konnte, pünktlich an einem Ort zu sein. Ich fragte mich, wie sie sich je darauf verlassen hatte, dass ich den Flug hierher ganz ohne ihre Hilfe geschafft hatte. Elena hatte etwas Mütterliches, wenn auch eher maskulin mütterlich. Ich beobachtete sie von der Seite und folgte ihr eiligen Schrittes, während sie sich mit einem Kamm durch die Haare strich, den sie aus ihrer Tasche hervorgeholt hatte, und dabei die Reihenfolge der Vorträge in ihrer Agenda nachlas. Elena musste immer mindestens drei Dinge gleichzeitig tun. Als wir eintraten, versicherten sich bereits alle Personen im Saal gegenseitig, wie wundervoll sie doch waren und wie viel wundervoller es außerdem war, für ein so wundervolles

8. AM ENDE PARIS

Unternehmen wie dieses arbeiten zu dürfen. Wir durften stolz und dankbar sein, ein Teil des aufregenden Ganzen, des Wunders in Reinkultur, zu sein. Ich konnte mich dem zwar nicht anschließen, war aber dennoch erstaunt, man könnte auch sagen verwundert, über das enorme Budget für diese Darbietung, mit dem man vermutlich ein ganzes Dorf in einem Entwicklungsland fünf Jahre lang hätte ernähren können: Der Boden des Raums war bis in den letzten Winkel mit echtem, frischem, vielleicht sogar französischem Rasen ausgelegt. Man hätte ihn ohne Weiteres als Fußballfeld nutzen können, was wahrscheinlich ähnlich sinnlos und entartet gewesen wäre wie jenes kreative Unterfangen, das sich zu unseren Füßen offenbarte. Elena warf mir einen fragenden Blick zu, während sie mit ihren High Heels über den Boden stöckelte und bei jedem Schritt ein Stück tiefer in der Erde versank. Der Anblick des Rasens erinnerte bei näherer Betrachtung eher an den eines Poloturniers der elitären Oberschicht als an ein ordinäres Fußballfeld. Wer auch immer sich diese kreative Glanzleistung mühsam aus der Nase gepopelt hatte, hatte sich dabei mächtig ins Zeug gelegt.

Während ich in meinen modisch durchaus vertretbaren und dazu sehr bequemen Sneakern entspannt über den Rasen stapfte, beobachtete ich die angsterfüllten Blicke all jener schönen und intelligenten Frauen, die plötzlich kein anderes Problem in ihrem Leben zu haben schienen, als die gigantische Sorge um ihre teuren Schuhe, die sie für diesen besonderen Anlass ausgewählt, vielleicht sogar extra gekauft hatten. Um das Spektakel auf eine noch kuriosere Spitze zu treiben, standen auf dem frisch verlegten Rasen mal eben kühl und dekadent mindestens dreihundert transparente Philippe-Starck-Stühle, die bereits sämtliche Innenarchitekturpreise gewonnen hatten. Die postmoderne Kälte eines Glasthrons inmitten saftig grüner Wiesen bot einen durchaus dekadenten, wenn auch sehr bizarren Kontrast. Es wunderte mich

8. AM ENDE PARIS

nicht, dass man sich für französisches Design zeitgenössischen Chics entschieden hatte, hielten sich doch einige Personen im Raum ebenfalls für überdurchschnittlich graziös, nobel und äußerst geschmackvoll. Am vorderen Ende des Saals war eine weiße, große Bühne aufgebaut, die von hell erleuchteten Scheinwerfern bestrahlt wurde und den Schriftzug des Unternehmens in riesigen Lettern trug. Der Klang eines sanft plätschernden Flusses, den man – wahrscheinlich aus technischen Gründen – nicht durch den Raum verlegt hatte, und ausgelassenes Gezwitscher fast neurotisch glücklich klingender Vögel, ertönte aus den Lautsprechern.

»Was soll all das Gras?«, fragte Elena mich auf ihre trockene, russische Art, als wir uns in der zweiten Reihe niederließen, damit sie auch ohne ihre Brille etwas sehen konnte, und zog dabei ihren Stöckel aus der feuchten Erde.

»Echter französischer Rasen. Den trägt man jetzt unter purpurroten Stilettos«, erwiderte ich amüsiert.

Elena lachte. Sie lachte immer über meine Witze, auch wenn sie schlecht und alles andere als witzig waren. Dabei war sie es selbst, die andere zum Lachen brachte. Meistens unabsichtlich.

Ich erinnerte mich an eine Begebenheit kurz vor der Markteinführung eines neuen Produkts, für das Elena verantwortlich war. Ich war für ein Meeting zu ihr geflogen, um Strategien zu besprechen und von ihr zu lernen. Obwohl Elena an diesem Tag beachtliche neununddreißig Grad Fieber hatte, hielt sie das nicht davon ab, die halbe Abteilung nervös zu machen. Wer Elena kannte, wusste, dass ihre Körpertemperatur auch an Tagen ohne grippalen Infekt mindestens sechzig Prozent über dem durchschnittlichen Normbereich lag. Es wäre einen medizinischen Versuch wert gewesen, Elenas Gesamtzustand als dauerhaft gefährdeten Grenzwert wissenschaftlich zu belegen. An jenem Tag hätte ich allerdings am liebsten die Rettung gerufen.

8. AM ENDE PARIS

Es wurde dunkel im Raum und die Stimmen verstummten allmählich. Gespannte Aufmerksamkeit mischte sich mit den letzten belanglosen Gesprächen im Saal. Sergej Rachmaninovs Liebesleid ertönte aus den Lautsprechern. Die Dramatik war nicht zu überhören. Ich musste Elena nicht ansehen, um ihren Stolz und die Aufregung zu spüren. Russisches Blut floss immer stärker durch russische Adern, wenn russische Musik sie dazu begleitete. Ich vermutete, dass sie es liebte. Grelle Spots kreisten durch die Menge. Der CEO betrat die Bühne, stellte sich selbstsicher hinter das Rednerpult und nickte mit dem Kopf. Die Musik wurde leiser, bis sie gänzlich verstummte. Er wirkte wie ein Kaiser vor dem Feldzug. Und wir wie das Volk, das unermüdlich kämpfte, um seinem Herrscher die Ehre zu erweisen.

»Wir sind heute hier versammelt, um diesen großen Moment miteinander zu teilen«, begann er feierlich.

»Welchen Moment?«, fragte ich mich unweigerlich und wusste, dass niemand außer mir die Größe des Augenblicks infrage stellte. Alle anderen lauschten ehrfürchtig der Predigt des Herrn. Es hatte beinahe etwas Heiliges.

»Wir haben lange darauf hingearbeitet. Unser Haus, unsere Marke, all unsere Kraft steht hinter diesem Produkt. Nur durch Sie und Ihren Einsatz ist es gelungen – das Werk ist vollbracht. Wir schlagen ein neues Kapitel in der Geschichte unseres Unternehmens auf und ich bin stolz darauf, es mit Ihnen teilen zu können. Ich lege es in Ihre Hände. Denn nur da wird es wachsen und gedeihen, bis wir den Erfolg ernten, den wir gemeinsam säen. Ich überreiche Ihnen den Samen und vertraue auf die Kraft Ihrer Pflege, bis zu dem Tag, an dem es Blüten regnen wird.«

Ich stieß Elena sanft in die Seite.

»Sie brauchen Gärtner, nicht uns«, sagte ich leise. Elena gluckste entzückt. Im selben Moment ertönte das Rauschen eines sanften

8. AM ENDE PARIS

Windes zu lieblichen Klavierklängen aus den Boxen neben uns. Es hörte sich an, als hätte sich der Frühling aufgemacht, um uns zu finden. So gerne ich mich auch versteckt hätte, ich wusste, es gab kein Entkommen. Ein leuchtendes Spektakel aus zartem Altrosa, saftigem Zitronengelb und erfrischendem Minzgrün vermengte sich im Auftakt der Musik und erhellte die Szene wie das Farbenspiel der Natur an einem leuchtenden Frühlingstag. Tausend weiße Blüten schwebten auf uns herab, wiegten sich im Licht und legten sich sanft auf den Rasen, als schliefen sie dort, bis der Frühling erwachte.

Ich musste gähnen. Die Frühjahrsmüdigkeit hatte mich eiskalt erwischt. Die Gärtnerin war müde. Irgendetwas hier schien mir einen Hauch zu übertrieben. Ich blickte zu Elena. Ihre Augen waren ein wenig feucht. Ich reichte ihr ein Taschentuch.

»Das ist die Pollenallergie«, fügte ich hinzu. Sie neigte den Kopf zur Seite und lächelte verlegen.

Ich für meinen Teil konnte nicht lächeln. Stattdessen fragte ich mich, wozu wir diese ganze Dramatik benötigten und ob wir nicht diese abertausenden Euros, die sich gerade im Blütenwind verloren, besser investieren und am allerbesten auch noch spenden hätten können. Im nächsten Moment fielen weiße Laken von der Decke, an denen halbnackte Frauen in engelsgleichen Frühlingsgewändern und Herren in knappen, weißen Satinhosen und nackt geschwellter Brust hingen, ihre durchtrainierten Beine zum Himmel streckten und dort elegante Kreise durch die Lüfte zogen. Sie tanzten mit den Blüten um die Wette, als gäbe es kein Morgen. Ich gebe zu, es war schön anzusehen, aber ich kam nicht umhin mich zu fragen: Wofür der ganze Tanz?

Beim nächsten Takt startete eine ganze Schar von Tänzern, und zwar mindestens dreißig an der Zahl, aus den hintersten Reihen des Saals. Sie hielten ein riesiges, weißes Tuch über ihre Köpfe gespannt, das sie über den Gästen durch den Raum schweben ließen, während sie grazil zur Bühne sprangen. Ich hätte es eher hopsen genannt, auch wenn es sich mit Sicherheit um ein sehr professionelles Hopsen handelte. Das Tuch hinterließ den unverkennbaren Duft von frühlingshaften Blüten. Schnell war klar, es war nicht etwa irgendein Duft – es war der eine, der unverkennbare, der nie da gewesene, unglaubliche Duft der Stunde Null. Der fruchtbare Samen, den wir pflanzen und säen sollten. Ob wir wollten oder nicht. Er war der Star am Frühlingshimmel.

»Im Rausch der Gefühle«, hauchte eine Stimme in allen europäischen Sprachen durch die Lautsprecher, während der Flakon des französischen Designers an die Decke, die Wände und selbst auf den Rasen projiziert wurde. Man wollte wohl ganz sicher gehen, dass ihn auch wirklich niemand übersah.

WAHN UND SINN

Da war er also, der Samen kurz vor der Befruchtung. Ich fand, dass er stank wie ein plumper Strauß Lilien, gemischt mit dem herben Duft von frischem Heu und einem Hauch von Stallmist in der Basisnote. Nicht besonders frühlingshaft für meinen Geschmack. Das sollte der neue Unisex-Aromaduft sein, der jeden unserer Sinne betörte, hieß es. Ich war umso gespannter auf die Verkaufsargumente, obwohl ich wusste, dass die beste Strategie nicht viel nutzte, wenn der Duft nach Kuhscheiße stinkt. Und dennoch, Entzückung machte sich breit. Es schien, als traute sich niemand zu bemerken, was für einen elenden Mist man uns da unter die Nase hielt. Durchwegs strahlende Gesichter glänzten durch die Reihen.

Und dann merkst
du irgendwann,
es gibt nur
zwei Zeiten.
Jetzt oder nie.

8. AM ENDE PARIS

»Er stinkt«, stellte ich fest und drehte mich zu Elena.

»Andrrrrrea!!!«, sie stieß mich empört mit dem Ellenbogen in die Rippen und schüttelte energisch den Kopf. »Das kannst du so nicht sagen!«

»Wie soll ich es denn sonst sagen, Elena?«, fragte ich nach. »Ich bin entzückt von dem Mist, der riecht, als hätte eine Landkuh ihr Geschäft verrichtet?« Ich hielt mir demonstrativ die Nase zu. Der Gestank war kaum auszuhalten. »Es riecht nach Urlaub auf dem Bauernhof.«

»Im Rausch der Gefühle«, ermahnte mich Elena.

»Wir brauchen Wodka, Andrrrea. Viel Wodka.« Sie traute es sich vielleicht nicht auszusprechen, aber sie war offensichtlich ganz meiner Meinung.

Nachdem ein Vizepräsident nach dem anderen seine Hymne an die Originalität und noch nie da gewesene Innovationskraft des neuen Stars am Produkthimmel zelebriert hatte, wetzte ich meine müden Pobacken vom linken bis zum rechten Ende des Philippe-Starck-Throns und wieder zurück. Mein Hinterteil war bereits tauber als meine armen, überbeanspruchten Ohren und sehnte sich, wie all meine anderen Körperteile, nach Erlösung.

Danach war alles wie immer. Wir aßen so dekadent wie die Präsentation gewesen war, unterhielten uns über Umsätze, Wachstum und das Wetter und gratulierten uns im Vorhinein zu dem bevorstehenden Erfolg. Spätabends flog ich mit schmerzendem Kopf und irritierter Nase nach Hause, zog meinen Trolley um Mitternacht über den glänzenden Boden der kahlen Gänge des Flughafens, der um diese Uhrzeit genauso einsam und leer schien, wie ich mich fühlte. Hatte sich das Glück etwa verflogen?

Mein Handy meldete sich mit einem nervigen Piepton, der laut in den verlassenen Gängen nachhallte. Es war Elena. »Mein

8. AM ENDE PARIS

Flug wurde überbucht. Morgen um 4.30 Uhr geht der nächste. Im Rausch der Gefühle möchte ich sagen, dass ich es hasse.«

Ich habe Elena danach nie wiedergesehen. Hin und wieder tauschten wir ein paar Nachrichten aus. Ich hoffe, dass sie ein bisschen Ruhe finden konnte. Ob sie glücklich ist? Ich hoffe es.

Nach dieser Reise wusste ich eines – ich war es nicht. Mir fehlte der Sinn in dem, was wir hier taten. Ich konnte mir nicht mehr schönreden, dass es eine berechtigte Aufgabe im Leben sei, jedes Jahr noch mehr Flakons zu verkaufen als im Vorjahr. Versteht mich nicht falsch: Natürlich kann man dabei glücklich sein; ich war es ja auch einige Zeit gewesen. Im Grunde ist es egal, was wir tun, solange wir einen Sinn darin erkennen. Aber das tat ich nicht mehr. Ich weiß nicht, ob es am Rasen lag, aber am nächsten Tag sprach ich meine Kündigung aus. Ich hatte es nicht geplant. Vielmehr hatte ich das spontane Gefühl nach einem scheinbar sehr inspirierenden Matcha Tee und all den Gedanken in meinem Matcha Kopf, dass es Zeit war zu gehen und etwas Neues zu beginnen.

Die meisten Menschen sahen mich nach meiner Entscheidung an, als wäre ich völlig verrückt geworden, aber fast alle sagten: »Ich wünschte, ich könnte das auch.«

Wer sagt denn, dass wir das nicht können? Wer legt die Grenzen fest in unserem Kopf? Natürlich gibt es immer Milliarden Ausreden und jede Menge guter Gründe, warum wir gerade heute nicht damit anfangen, glücklich zu sein. Vielleicht ist der erste Schritt in Richtung Glück, endlich damit aufzuhören, Dinge zu tun, die sich nicht richtig anfühlen. Ich hatte eine leise Ahnung und ein Gefühl, aber in Wahrheit keinen blassen Schimmer, wohin mich meine Reise führen würde. Aber so viel kann ich sagen: Ich habe es keine Sekunde bereut.

8. AM ENDE PARIS

Was danach kam, kann man größtenteils in dem autobiografischen Roman *Eat, pray, love* nachlesen. Es mag euch vielleicht überraschen, aber es handelt sich dabei nicht um meine Autobiografie. Ich weiß, das ist etwas enttäuschend. Das finde ich auch und ich finde es ganz nebenbei doch ganz schön dreist, dass jemand ziemlich exakt meine Reise beschrieben und noch dazu verfilmt hatte, ohne mich an den Rechten zu beteiligen. (Für die Verfilmung meiner Lebensgeschichte würde ich übrigens nicht Julia Roberts, sondern January Jones oder die blonde Version von Emma Stone wählen, einfach weil ich großer Fan bin.) Bis auf die Tatsache, dass ich noch nie verheiratet war und auch am Ende nicht mit Javier Bardem in den Sonnenuntergang gesegelt bin, ist das meiste aber doch verblüffend ähnlich, deshalb erspare ich euch die Details.

Wie viele Frauen – einschließlich Anna und mir – haben damals das Buch gelesen oder den Film gesehen und davon geträumt, auch endlich »ihren Felipe« zu finden, mit dem die Liebe für immer hält? Sehr viele wahrscheinlich. Irgendwie hat uns Hollywood das versprochen. Aber da Hollywood auch gerne mal am Höhepunkt der Geschichte endet, ließ man uns lediglich mit der Hoffnung alleine, ihre Liebe würde für immer halten. Doch wie man in den Medien nachlesen kann, war das Happy End von Liz mit ihrem Felipe im echten Leben nicht von Dauer. Elizabeth Gilbert hat nach dieser Beziehung aus Liebe ihre beste Freundin geheiratet, die mittlerweile verstorben ist. Nur wenige recherchieren genauer, und ich bin sicher, es gibt immer noch einige Menschen, die das Buch lesen und sich fragen, warum sie nicht so viel Glück im Leben haben. Vielleicht machen sie sich auch auf die Reise und erwarten dabei ihren Seelenverwandten zu finden. Nun, ich bin das beste Beispiel dafür, dass der einem nicht immer auf den Reisfeldern von Bali entgegencruised, und vielleicht ist das auch

8. AM ENDE PARIS

gar nicht nötig. Ohne Liebesgeschichte ist so eine Reise nämlich einfach eine gute Gelegenheit, neugierig die Welt und vielleicht auch sich selbst zu entdecken, interessanten Menschen zu begegnen und wertvolle Eindrücke zu gewinnen. Ganz ohne Hollywood.

Ich hatte nicht einmal diese berühmte Sinnkrise, von der alle ausgehen, dass man sie haben müsste, wenn man eine längere Reise unternimmt. Ich hatte nur meinen Job gekündigt, ein bisschen Geld gespart und war der Meinung, es könnte in meinem persönlichen Horizont eventuell noch ein wenig mehr geben als Wien und Umgebung. Ich wusste, dass ich etwas für mich Sinnvolles tun wollte. Und ich begann einfach damit. Immer wieder hörte ich dieselben Worte: »Du hast es gut. So etwas wollte ich auch immer schon mal machen.«

»Und warum machst du es nicht?«, fragte ich jedes Mal nach.

»Weil das nicht geht.«

»Und warum geht es nicht?«

»Du hast leicht reden. Es geht einfach nicht!«

Ich bekam immer dieselbe Antwort. Wenn ich nachhakte, dann hieß es: »Ich habe doch einen Job und Verpflichtungen.« Die hatte ich auch und trotzdem habe ich es gemacht. Aber solange man noch keine Kinder hat, ist so ziemlich alles möglich – und selbst mit Kindern, wie abenteuerliche Bloggerfamilien es uns auf zahlreichen Instagram-Seiten beweisen. Niemand hat also behauptet, man müsse in demselben Dorf, in dem man geboren wurde, später auch ins Gras beißen und dazwischen lebenslang in denselben Supermarkt, zum selben Postamt und zum selben Schuster gehen. Das bedeutet nicht, dass jeder gleich auswandern sollte. Kann man machen, muss man aber nicht. Ich habe es nicht getan. Und einschlägige Fernsehformate beweisen eindrucksvoll, dass viele Menschen offenbar vergessen, dass sie ihre Probleme auch ins Ausland mitnehmen und dass so ein bisschen Vitamin

D alleine nicht ausreicht für das große Glück. Alles, was ich sagen möchte, ist, dass es möglich ist, seine Grenzen im Kopf zu öffnen. Vielleicht ist es eine längere oder auch kürzere Reise, ein Umzug in die nächstgrößere Stadt, ein neuer Job, die Ausbildung, die man schon immer mal machen oder das Hobby, mit dem man schon vor Jahren beginnen wollte.

Vielleicht ist einfach mehr möglich, als wir uns im Kopf zusammen schustern. Warum sollten wir die *einzige* Person auf dieser Welt sein, für die solche Dinge *nicht* möglich sind? Hört man den Menschen aber aufmerksam zu (und am besten auch sich selbst), dann hört es sich oftmals genau danach an. Wir trauen anderen so viel mehr zu als uns selbst. Wir beobachten sie wehmütig dabei, wie sie ihr Glück in die Hand nehmen, und wünschten, wir könnten das auch.

Man muss selbstverständlich nicht immer ein ganzes Buch schreiben oder eine lange Reise machen, um einen Schritt in seine persönliche Glücksrichtung zu nehmen. Oft reicht auch ein kleiner, innerer Ausflug, vielleicht sogar nur ein intimes Gespräch mit sich selbst, in dem man sich ein paar kluge Fragen stellt. Dann hören wir vielleicht auf mit dem Wünschen und fangen endlich an. Die einzige Person, die uns aufhält, sind nämlich wir selbst.

Ich höre schon förmlich das Aber, das sich beim Lesen dieser Zeilen in so manchem eurer hübschen Köpfe windet und ganz aufgeregt gehört werden will. Wie wäre es mit folgendem Vorschlag: Verbannen wir ein paar Abers aus unserem Leben und gönnen uns ein Weil!

Ja, es hat mich glücklich gemacht, meinen Job zu kündigen und nicht zu wissen, wie es weitergeht. Wer hätte damals gedacht, dass ich mich selbstständig machen, mit meiner Leidenschaft, dem Schreiben, Geld verdienen, Kampagnen und Konzepte entwickeln, mein eigenes Label gründen, einen Podcast starten oder

8. AM ENDE PARIS

dieses Buch schreiben würde? Also, *ich* nicht. Als ich mich damals mit meinem Rucksack aufmachte, wollte ich nichts finden. Oft finden uns die Dinge aber, wenn wir gar nicht danach suchen. Möglicherweise gerade dann, wenn wir unserem Herzen folgen.

Mit Beziehungen ist es nicht anders – und trotzdem bin ich noch Single. Was uns zu der Frage bringt: Darf man eigentlich Single und trotzdem glücklich sein? Oder braucht es zum Glück immer zwei?

*weniger aber,
mehr weil*

9.
SINGLE, KANN MAN DAS HEILEN?

S I N G L E - SONNTAG. »Sei glücklich, Liebes«, haben sie gesagt. »Dann kommt das Glück von selbst.« Aufwachen. Aufstehen, weil Liegenbleiben keine Option ist. Dem Regen zusehen und sich fragen, wie viele Optionen zu viele sind. Vielleicht zu viele haben und deshalb keine mögen. Kaffee machen, kein Frühstück, weil es einsam ist im Kühlschrank. Glückliche Paare auf Instagram anstarren. Jetzt wissen, wo das ganze Glück hin ist. In Betracht ziehen, laufen zu gehen. Nicht laufen gehen und es auf den Regen schieben. Kühlschrank auf, Kühlschrank zu. Es wird nicht mehr. Ein bisschen arbeiten, Essen bestellen, den netten Herrn vom Lieferservice anlächeln. Lächeln ist wichtig. Da trickst man sein Gehirn aus. Es glaubt dann, man lächelt wirklich. Ziemlich dumm, das Gehirn. Essen anlächeln. Diesmal ist es echt. Arbeiten, netflixen, E-Mails checken, telefonieren. Noch mal auf Instagram nachsehen, ob alle noch glücklich sind. Ja. Ja, es gibt sie, die Instagram-tauglichen Single-Sonntage, an denen man zu lauter Musik tanzt und es egal ist, ob alleine oder zu zweit, weil man die ganze Welt und jeden Einzelnen innerlich umarmt. Das sind viele. Und ziemlich viel Glück. Aber es gibt auch Sonntage im Regen. Die inneren Tropfen. Wenn man mutig ist, umarmt man sie auch. Oder man lächelt sie an, bis das Gehirn sie mag, weil es dumm ist. Und

9. SINGLE, KANN MAN DAS HEILEN?

das Glück kopflos sehr viel besser funktioniert. Weil Selbstmitleid meistens nicht hilft, aber manchmal eben auch befreiend ist. Weil alles okay ist. Morgen ist ein neuer Tag. Vielleicht ein Glückstag.

Als Single fragt man sich, oder besser: frage *ich* mich, so hartnäckig wie in der Dauerschleife nerviger Telekommunikationsanbieter, ob das Leben wirklich so gedacht ist. Ist es richtig, ständig alleine aufzuwachen und auch alleine wieder einzuschlafen? Alleine heißt ja nicht einsam. Zumindest nicht unbedingt. Es fühlt sich manchmal aber trotzdem nicht richtig an, aber oft so, als würde es für immer so bleiben. Das ist statistisch gesehen nicht unbedingt realistisch, weil man doch in den meisten Fällen noch eine ganze Menge Zeit vor sich hat und mit hoher Wahrscheinlichkeit nicht für immer alleine bleiben wird. Trotzdem verstricken wir uns in diesen unendlichen Fragenkatalog, der oft schwerer als jedes Telefonbuch und ähnlich sinnvoll und lösbar ist. Es gesellen sich gerne auch weitere Lebensfragen dazu, wie: »Bin ich denn eigentlich normal – was oder wer ist schon normal?« Das kann man selbst schlecht von sich behaupten oder widerlegen, und tun es andere, muss man sich erst wieder fragen: Sind sie normal? Ihr seht schon, dieses Thema ist komplex und es ließe sich ein eigenes Buch darüber schreiben mit der wahrscheinlich naheliegenden Zusammenfassung: Niemand ist normal. Es gibt nämlich keine Norm für Menschen.

Ich für meinen Teil stelle mich immer wieder allumfassend infrage und werfe mir die heitere Frage zu, was denn da schiefgegangen ist in meinem kleinen, verdrehten Kreisverkehr der Liebe, und ob eventuell die eine oder andere kleine oder große Sache nicht mit mir stimmt. Ich nehme an, ich bin nicht der einzige Single, der härter mit sich ins Gericht geht als jede Strafanstalt. Aber was soll ich sagen, die Diskriminierung ist nicht nur in Eigenregie möglich, sie lauert förmlich überall. Selbst Wissenschaftler

9. SINGLE, KANN MAN DAS HEILEN?

belegen in sehr single-unfreundlichen Studien immer wieder, dass Menschen in Beziehungen glücklicher sind und sogar eine höhere Lebenserwartung haben sollen. Im Klartext heißt das: Singles sterben früher. Da soll ich mich jetzt gut fühlen? Soll das etwa meine positive Ausstrahlung zum Glowen bringen oder meine innere Glücksschwingung erhöhen, mit der ich dann meinen ebenfalls sehr glücklichen Traumpartner anziehe? Wohl eher nicht! Höchstwahrscheinlich stürzt es mich in den nächsten Sonntags-Blues, bei dem ich die Chance, jemanden kennenzulernen, drastisch minimiere. Ganz normale Single-Romantik. Ihr kennt das.

Mein bester Freund sagt immer wieder: »Andrea, jeder hat genau die Beziehung, die er gerne haben möchte.« Ich hake dann jedes Mal nach: »Jeder? Wirklich jeder? Auch die Menschen, die keine haben? Oder solche, die keine gute haben?« Er wiederholt es dann immer wieder gerne für mich: »Ja, jeder.« Und obwohl ich weiß, dass er wahrscheinlich Recht hat, finde ich die Tatsache wenig befriedigend. Sind wir wirklich ganz alleine für unser Glück verantwortlich? Sind wir also selbst daran schuld, wenn es nicht so läuft mit dem Beziehungsglück? Ich halte das für wahrscheinlich, aber auch recht ungerecht. Das macht doch niemand absichtlich! Man sucht sich ja nicht absichtlich den falschen Partner aus oder wird absichtlich verlassen, und schon gar nicht wird man absichtlich gerne schräg von der Seite angeschaut, weil man gerade Single ist. Jetzt soll man also auch noch selbst daran schuld sein? Dafür gibt es kein Like von mir. Dennoch scheint mir diese eng mit der Eigenverantwortung verknüpfte Theorie irgendwie vernünftig und plausibel.

Und trotzdem frage ich mich: Waren diese befragten Paare denn *alle* in glücklichen Beziehungen und lässt sich das auch auf wirklich *alle* Paare der Welt umlegen? Stehen Beziehung und Glück etwa in einer untrennbaren Verbindung zueinander und

9. SINGLE, KANN MAN DAS HEILEN?

haben paradoxerweise dann auch so etwas wie eine Beziehung? Als absolute Befürworterin von Beziehungen – und das obwohl ich derzeit Single bin – möchte ich hier einen dezenten Warnhinweis anbringen: Eine Beziehung alleine macht eventuell gar nicht automatisch glücklich. Nur weil wir gerade mit jemandem liiert sind, heißt das noch lange nicht, dass uns das Glück in der Beziehung dann munter hinterherläuft oder gar dauerhaft begleitet. Es bedeutet aber auch nicht, dass es uns davonläuft, nur weil wir Single sind.

Wo läuft das Glück denn nun hin? Und wo findet man es?

Sehen wir uns das mal genauer an und beleuchten dafür zwei relativ naheliegende Fallbeispiele, nämlich Anna und mich.

Anna ist verheiratet. Sie hat Glück gehabt, denn verheiratet zu sein ist gesellschaftlich sehr anerkannt. Sie hatte immer schon eine übernatürliche Verbindung zu Hollywood (Gott wäre möglicherweise blasphemisch) und konnte ein Happy End einläuten. Halleluja! Sie muss sehr glücklich sein.

Ich dagegen hatte nicht ganz so viel Glück. Zum Leidwesen der Gesellschaft trage ich das schwere Los des Singledaseins und – ihr vermutet es bereits – meine Umgebung bangt mit der Frage: Kann man das heilen? Bitte jetzt keine voreilige Entrüstung, Panikanfälle oder böse Diskriminierungsunterstellungen. Natürlich diskriminieren wir hier niemanden, sonst müssten wir uns ja selbst diskriminieren. Anna war einige Zeit Single und ich bin es noch. Also nehmen wir uns hier nicht aus. Überhaupt halten wir Ausgrenzung für einen im Ursprung sehr dummen Gedanken. Nichts liegt uns also ferner. Tatsache ist aber, dass Singles häufig sehr mitleidig von ihrem Umfeld betrachtet werden. Beinahe so, als hätten sie eine schwere Last zu tragen oder als wäre irgendetwas grundlegend falsch mit ihnen. Nicht selten stößt man als Single auf Mitmenschen, deren Kopf sich ein wenig schräg zur Seite neigt, während sie die dringliche, wenn auch etwas aufdringliche

9. SINGLE, KANN MAN DAS HEILEN?

Frage stellen: »Wie kann das denn nur sein? Warum bist gerade *du* Single?«

Warum leben wir in einer Gesellschaft, in der Singles mit einer XXL-Portion Mitleid angesehen werden, als litten sie unter einer höchst komplizierten, irreversiblen Seuche, die womöglich ansteckend, in jedem Fall aber sehr ungesund ist? Ist Single-sein das neue Rauchen, ein mittelgroßes Geschwür oder mindestens ein lästiges Ekzem? Ist es etwa gefährlich, Single zu sein? Gibt es ein Rezept dafür oder dagegen? Warum haben so viele Menschen die grenzenlose Panik, am Ende alleine dazustehen? Wir kommen doch auch ganz alleine auf die Welt und im Normalfall gehen wir auch alleine. Also ja, vielleicht gibt es jemanden an unserer Seite, aber durch den Kanal, den Himmel oder das Licht – wie auch immer man das sehen möchte – müssen wir vermutlich trotzdem ganz allein. Empfiehlt es sich nicht in der Zwischenzeit, vor allem eine gute Beziehung mit sich selbst zu führen? Warum gratulieren wir allen zur Verlobung, zur Hochzeit oder zum ersten Kind, aber Singles nicht? Warum klopft man ihnen nicht auch mal anerkennend auf die Schulter (oder nimmt sie in den Arm, weil das eines der wenigen Dinge ist, die sie alleine nicht so gut hinbekommen) und sagt: »Gratuliere, dass du nicht diesen spießigen Langweiler geheiratet hast, der wollte, dass du für ihn deinen Beruf und dich selbst aufgibst, oder den, der dich immer wieder betrogen hat und dein Herz jedes Mal ein Stück mehr zerbrochen ist. Gratuliere, wie du mutig deinen eigenen Weg gegangen bist, ohne von jemand anderem zu erwarten, dass er deine innere Leere füllt. Gratuliere, dass du dein Leben alleine meisterst und dir selbst treu bist, bis dass der Tod dich scheidet.«

Ich will damit nicht sagen, dass Heiraten keine gute Sache ist. Anna hat es gemacht und würde es weiterempfehlen. Ich für meinen Teil hebe es mir für jemanden auf, bei dem es sich richtig

9. SINGLE, KANN MAN DAS HEILEN?

anfühlt. Das halte ich für eine wichtige Sache. Und wenn es nicht passiert, dann eben nicht. Heiraten macht einen ja nicht per se zu einem besseren Menschen. Man wird nicht etwa heilig gesprochen und für immer von allen Sünden befreit. Natürlich ist eine Hochzeit etwas Schönes, aber sie ist eben auch – Überraschung! – kein Garant für lebenslanges Glück, auch wenn uns das schon von frühester Kindheit an in dicken Märchenbänden, später in beinahe jeder, mindestens aber jeder zweiten Hollywood-Verfilmung, hoch und heilig mit doppeltem Schwur und Ehrenwort auf den ewigen Gral der Liebe versprochen wurde. Und weil wir es selbst so gerne glauben *wollen*, gehen wir auch im echten Leben davon aus, dass uns da draußen irgendwann ein gutaussehender Jüngling entgegengaloppiert, uns leidenschaftlich wachküsst und uns seine ewige Liebe schwört – die natürlich für immer hält. Kann uns das jemand verübeln?

SINGLEFAHRT ODER
Beziehungshafen?

Prinzipiell sind wir Menschen sehr lustige Wesen. Manchmal auch gar nicht. Gerne auch ein bisschen komisch. Meistens wollen wir nämlich das, was wir gerade nicht haben. Singles eine Beziehung, Affären mehr Commitment, Freiheit in der Beziehung, das Abenteuer im Alltag, keine Reibung, mehr Feuer, unsere Ruhe, viel Aufregung, ein wenig Zurückhaltung, mehr Spannung, reichlich Harmonie – also alles und am besten immer.

Was wäre aber, wenn wirklich alles dazu gehört? Der Streit, die Versöhnung, der Sturm, die Stille, die Ausfahrt, der Hafen, die Ebbe, die Flut. Was, wenn wir das Boot sind und das Steuer selbst in der Hand haben, ob wir nun im Hafen liegen, auf der Welle gleiten, die Segel hissen, die Richtung ändern oder den Anker setzen?

Hören wir dann endlich auf wie zwei Blinde im Boot zu sitzen und den anderen nach dem Weg zu fragen? Und, jetzt kommt es ganz schön dick, – was, wenn es gar keinen Unterschied macht, ob wir Single oder in Beziehung sind, weil das Glück in der Gleichung ohnehin nur eine Konstante hat? Nämlich uns selbst.

Das kleine Wunder Glück möchte bitte abgeholt werden, das kleine Wunder Glück bitte. Da steht sie also, die Schatzkiste. Mitten im Boot. Und mit den passenden Schlüsselsätzen öffnen wir uns für das Glück.

Wieder weit gekommen.
Gestern, heute, immer.
Auch dann, wenn nicht.
Es bringt mich weiter.
Ich finde Dinge,
die ich gut finde.
An mir.
An dir.
Jeden Tag. Ein paar mehr.
Ich sage klar, was ich möchte.
und klar, was nicht.
Ich höre zu.
Dir und mir.
Ich fange an, all das zu sein,
was ich von anderen erwarte.
Ich liebe das Leben.
Mich.
Dich.
Alles.
Wie es ist.
Auch dann, wenn es nicht ist.
Weil es sein kann,
dass es schon wird.

Das »Du«, »Dir« und »Wir« ist übrigens auch Single-fähig. Es gilt für alle Herzensmenschen. Familie, Freunde, also all jene, die uns am Herzen liegen, mit denen wir verbunden sind. Jede Verbindung ist eine Beziehung und jeder von uns hat eine oder ganz viele. Auch dann, wenn wir Single sind. Es lohnt sich übrigens die beste aller Beziehungen mit sich selbst zu führen. Von da aus lässt sich das Glück nämlich wie Konfetti verstreuen.

10.
PRINZENROLLE

Damals mit fünf war alles so logisch. »Und sie lebten glücklich und zufrieden bis an ihr Lebensende.« In Märchen sieht man den Prinzen und die Prinzessin nach Überwindung einiger Hürden (zumindest hier wollte man ein bisschen realistisch bleiben) treffsicher vor dem Altar. Danach ist alles gut. Nehmen wir zumindest an. Irgendwie enden Märchen immer im Hochzeitskleid, dann steht da »Ende«. Uns begegnet das ach so glückliche Paar ja nie wieder nach einem anstrengenden Arbeitstag. Arbeiten Prinzen eigentlich irgendwas, bevor sie König werden, und wie sieht es mit den Prinzessinnen aus? Wie dem auch sei, jedenfalls fehlt in Märchen der Teil, wo sie einfach müde sind von einem kräftezehrenden Tag, sich gereizt aus dem Weg gehen und es dann doch zum Streit kommt, weil der Prinz den Müll in der Früh schon wieder nicht rausgetragen hat. Der Prinz streitet das beharrlich ab, obwohl der große Sack so schwer wegzudiskutieren ist, wenn er mitten in der Küche steht. Diese Probleme scheint es in Märchen einfach nicht zu geben. Selten ploppen hier Themen auf wie: Geben sich eigentlich noch beide Mühe? Sprechen sie auch über andere Themen als »Was essen wir denn heute Abend?« und »Wer bringt heute die Kinder ins Bett?« Und wenn es keine Kinder gibt, reicht die Kommunikation dann noch über »Welche Serie sehen wir uns heute an?« hinaus oder bleibt es bei der Wir-dimmen-das-Licht-für-Netflix-Romantik? Flackert im Ehe- oder Beziehungsbett

10. PRINZENROLLE

noch so etwas wie Leidenschaft auf, oder ist sie irgendwo zwischen dicken Wollsocken und zwei Menschen eingeschlummert, die lieber mit ihrem Handy als mit ihrem Partner ins Bett gehen? Unzählige ungeklärte Märchenfragen.

Betrachten wir Märchen also ein wenig genauer. Wonach sehnen wir uns denn hinter dem Umschlag dieser traumhaften Geschichten? Welche Träume klappen wir hier auf und im echten Leben vielleicht zu? Warten wir darauf, dass uns der Prinz oder die Prinzessin aus unserem Turm hinter der Festung rettet und wir *endlich* glücklich werden? Geben wir unser Glück (so wie Diego-Herbert) in die Obhut eines Fremden und hoffen, dass er uns das bringt, wonach wir uns so sehr sehnen? Und da sind wir gleich beim nächsten Thema: Macht eine Beziehung glücklich? Immer? Manchmal? Meistens? Und wann nicht? Die leichten Fragen hier in der Märchenrunde. (Achtung, Sarkasmus-Schild.)

Was ist, wenn uns, wie in den meisten Märchen, ein paar riesige Stolpersteine in der Kindheit entgegenrollen, ja manchmal förmlich überrollen? Wenn wir uns diese fabelhaften Geschichten ansehen, hatten Schneewittchen, Aschenputtel, die Schneekönigin oder Dornröschen nicht die locker-flockigste Kindheit. Da sterben Eltern und böse Stiefmütter boykottieren die Idylle. Warum sind Stiefmütter in Märchen eigentlich immer das schlimmste Übel? Überhaupt hat die Bezeichnung »Stiefmutter« aufgrund der Märchenhistorie einen äußerst bitteren, unliebsamen Beigeschmack. Eine in der heutigen Zeit und Hochblüte der Patchworkfamilien sehr zu überdenkende Darlegung einer Familienvariante, die durchaus funktionieren und natürlich auch liebevoll sein kann, wenn sich alle ein wenig Mühe geben. Eine gute Voraussetzung für Liebe übrigens: sich Mühe zu geben. Vor allem wenn man erwachsen ist. Alles in allem kann man sagen, es läuft anfangs nicht besonders rund im Märchenglück. Bis – und hier kommen wir zum

10. PRINZENROLLE

entscheidenden Punkt – der berühmte Prinz kommt, uns wachküsst und der Fluch schlagartig ein Ende hat. Aha.

Die Übersetzung für uns Märchenleserinnen wäre also: Dein Leben ist schwierig. Such den Prinzen, lass dich (passiv) wachküssen, reite mit ihm in den Sonnenuntergang (da ist das Schloss, man wohnt sehr mondän in Märchen) und schreite unmittelbar darauf mit ihm vor den Altar. Dann wird alles gut. Für immer.

Was recht realistisch, nämlich mit einigen Problemen beginnt, endet irgendwo zwischen dem hundertjährigen Schlaf und ein paar wilden Kreaturen in einem völlig absurden Traum, dem wir zeitweise, manche sogar für immer, hinterherjagen und uns fragen, warum er nicht endlich wahr wird.

Starten wir also lieber mal mit der Realität. Wir alle haben unser Päckchen zu tragen. So wie in Märchen gibt es den ein oder anderen kleinen Stein, zwischendurch auch ein paar riesige Felsen, die sich uns unverschämt in den Weg stellen. Manchmal hüpfen wir drüber, manchmal stolpern wir und ab und zu haut es uns richtig um. Letztlich stehen wir aber immer wieder auf. Dabei packen wir jeden dieser lästigen Brocken in unseren emotionalen Rucksack und nehmen ihn mit auf unsere Lebensreise. Das Leben ist übrigens sehr kreativ und bietet uns jede Menge lustige Erfahrungen, um die wir gar nicht gebeten haben. Es kann dann schon mal sein, dass uns alles richtig schwer vorkommt. So haben wir uns das nicht vorgestellt mit unserem Glück! Das hat sich schon mal leichter angefühlt. Wir suchen nach etwas, wissen aber noch nicht so recht wonach. Und dann erinnern wir uns an die fabelhafte Welt der Märchen und fragen uns: Wo ist denn jetzt eigentlich dieser Prinz, der uns retten soll? Könnten wir ihm nicht vielleicht unseren Rucksack umschnallen? Der ist alleine doch nicht zu (er)tragen! Wann kommt er denn endlich?

WARUM PRINZEN VÖLLIG
überbewertet sind

Bei der Optik handelt es sich, wie wir wissen, nur um die Oberfläche und die ist bekanntlich gar nicht so wichtig. Aber: Männer in Blouson Hosen? Wirklich? Auch Schulterpolster und Föhnwelle gehen eigentlich seit David Bowie in den 80ern nicht mehr. Damals ein legitimer Trend. Heute eher fraglich.

Jetzt mal ganz ehrlich; Prinzen kommen auf dem Pferd geritten. Frauen lieben Pferde (ob das umgekehrt genauso ist?). Aber, und das ist nicht unerheblich; sollte es sich um ein Date handeln – wo parkt man es und brauchen wir einen Helm? Unpraktisch.

Was passiert nach dem ersten Kuss? In Märchen werden Prinzen nach dem ersten engeren Lippenkontakt in der Regel sofort geheiratet. Eher seltsam. Wie sieht es denn dann mit den eigenen Träumen aus? Job schmeißen und Königin werden? Entschuldigung, aber Königinnen seid ihr längst.

Prince Charming ist bei genauerer Betrachtung ein ziemlicher Narzisst und nein danke, als Partner können wir davon nur abraten.

Wer jetzt argumentiert... aaaber: Prinz Harry! Der ist ganz anders! Ja. Vielleicht. Aber Prinz Harry ist verheiratet. Und nicht verfügbare Männer laufen da draußen zu Scharen herum. Wie wär's mit einem Realitätsmann? Einem echten, verfügbaren, netten Exemplar. So einem, der da ist, wenn man ihn braucht. Einen Bob sozusagen. (siehe Kapitel 22)

In Luftschlössern wohnt es sich am Ende nämlich recht einsam.

10. PRINZENROLLE

Wenn nicht gerade einer auf der Matte steht, der uns ohnehin schon den Hof macht, und wir ihm hoffnungsvoll den innerlichen Ritterschlag verleihen, fangen wir an zu suchen. Da werfen wir unser Prinzenradar im unmittelbaren Umfeld an und scannen das potenzielle Glücksmaterial. Diverse Dating-Apps erhöhen heutzutage die Auswahl und vereinfachen den Scan. Warum wischen wir uns nicht einfach unseren Prinzen ins Leben? Das klingt doch ganz märchenhaft! Sollte man die Romantik beim Verwenden solcher Dating-Apps vermissen, kann man später immer noch behaupten, man habe sich ganz zufällig im Supermarkt kennengelernt. Im Grunde kein wesentlicher Unterschied. Stehen wir beim Online-Daten nicht auch an der Fleischtheke und suchen die perfekte Wurst? Den Hanswurst sozusagen? Innere Werte lassen sich aber so schlecht auf Fotos einfangen! Dafür gibt es dann ein paar schlaue Texte, die man ganz weise ins eigene Profil knallen kann. Hier beteuern Menschen ernsthaft, dass sie sehr viel Humor besäßen und obendrein auch sehr treu und liebenswert seien. Also, wenn es dasteht, muss es stimmen. *Zack,* ein Match!

Am Ende ist es aber wie im echten Leben. Wir begegnen vielen Menschen: auf der Straße, in der U-Bahn und manchmal eben auch auf unserem Handy. Wer uns warum verzaubert, ist dabei oft nur schwer zu erklären. Logisch, denn in »verzaubert« steckt ja der Zauber schon drin. Romantiker sprechen von Liebe auf den ersten Blick. Solide Realisten von Zügen, die uns an jemanden erinnern. Vielleicht an Vater, Mutter, Bruder, Schwester oder eine sonstige Bezugsperson – auf jeden Fall aber jemanden, der uns vertraut vorkommt und dem wir uns sofort nahe und verbunden fühlen. Nicht immer ist das die beste Wahl und eben meistens kein Zufall. Das ist übrigens auch die Erklärung dafür, warum Menschen, deren Eltern wenig liebevoll waren, sich später genau solche Partner suchen. Wir suchen im Leben das, was wir bereits kennen. Das

10. PRINZENROLLE

haben wir schon erlebt, hier fühlen wir uns zu Hause. Egal, ob es uns guttut oder nicht. Es gibt Therapeuten, die behaupten, wer als Kind nicht die Liebe erfahren konnte, nach der wir uns alle von klein auf sehnen (und im Idealfall auch bekommen), suche sich später oft unbewusst ganz ähnliche Erfahrungen. Sollte dann jemand daherkommen (im seltensten Fall auf einem Pferd), der es tatsächlich ernst meint, kommt es zum innerlichen Stress. Es könne sogar dazu führen, dass sie andere Menschen von sich wegstoßen, gerade weil diese sie ehrlich und wahrhaftig lieben könnten. Diese Situation sei ihnen so fremd, dass sie dazu neigen, sie unbewusst zu boykottieren.

Wir stehen unserem Liebesglück also oftmals selbst im Weg und nehmen lieber den Prinzen (oder die Prinzessin) mit dem Bindungsproblem, als am Ende wahrhaftig geliebt zu werden. Da leiden wir lieber. Das kennen wir. Hier fühlen wir uns zu Hause.

Hört sich irgendwie frustrierend an? Soll es hier nicht um den geilen Scheiß vom Glücklichsein gehen, warum also so bedrückend? Doch wie so oft im Leben versteckt sich irgendwo, mitten in dem Haufen Kacke auch die Lösung. Ja, vielleicht bedrückt es uns, wenn wir den weniger geilen Scheiß unserer Vergangenheit jedes Mal aufs Neue wiederholen und so tief darin graben. Aber es geht auch anders.

Ja, das Leben ist kein Ponyhof. (Wir haben den Spruch ohnehin immer eigenartig gefunden. Was soll denn das Pony und ein Hof, reiten wir da nicht im Kreis?) ABER, und das ist wichtig, DAS IST AUCH GUT SO! Es ist eben nicht alles eitel Sonnenschein. Wo kein Licht, da auch kein Schatten. Und wo kein Regen, da auch nicht dieser bunte Bogen – genau: der Regenbogen! Das Leben ist hell und dunkel, trüb und klar, sonnig und düster. All das sind wir auch. Und wenn wir das endlich annehmen, genauso wie uns mit unserem kleinen, mittleren oder riesigen emotionalen Gepäck, dann fangen wir an, unser eigener Prinz oder unsere eigene

Prinzessin zu sein und uns und das Leben so zu lieben, wie wir sind. Dann kennen wir das Gefühl von echter Liebe und suchen sie nicht da draußen. Erst wenn wir uns selbst anfangen zu lieben, können wir diese Liebe auch mit anderen teilen. Dann haben wir diese liebevolle Erfahrung *doch* gemacht und können uns anders entscheiden. Gegen das alte Muster.

Dann können wir das alte Kleid in unserem Gepäck lassen, zum Kasten gehen und uns für ein neues entscheiden. Eines mit Blumen, ja von mir aus auch mit Ponys drauf. Diese Erkenntnis enthebt übrigens auch alle Prinzen aus ihrer Rolle, ihre Prinzessinnen für immer und ewig glücklich machen zu müssen, egal was passiert, und das, ihr royalen Geschöpfe, nimmt ganz schön Druck aus der Sache! Es ist nämlich gar nicht so leicht, einen unglücklichen Menschen glücklich zu machen. Das ist wie ein Fass ohne Boden. Es ist nie genug. Und es hält nicht. Da fehlen die liebenden Arme, die bereit dafür sind, die Liebe auch anzunehmen. Es macht also wirklich viel Sinn, mit der Liebe immer bei sich selbst zu beginnen.

Wie das geht? Da ist sie wieder, die Übung mit der Geduld. Dazu kommen wir gleich.

Kurz mal nicht
aufgepasst
— *zack* —
glücklich.

11.
GOLDEN GIRLS UND DIE GANZ GROSSE LIEBE

Wer jetzt hofft, hier auf ein Rezept für das Suchen und Finden des Idealpartners zu stoßen, den müssen wir leider enttäuschen. Warum steht dann »die ganz große Liebe« in der Überschrift? Das klingt doch vielversprechend! Stimmt schon. Doch es geht um, bitte um inneren Trommelwirbel, die gute alte, dafür ewig zeitlose Selbstliebe. Wer nach dieser Ansage augenblicklich im Strahl kotzen möchte, weil derzeit wohl kaum ein Begriff inflationärer und missbräuchlicher verwendet wird als #Selbstliebe – gerne auch #selflove, für die Kosmopoliten unter uns. Ja, wir verstehen euch. Ehrlich. Aber, es verhält sich eben wie mit dem gesamten Thema Liebe: Nur weil die großen Philosophen schon seit Jahrhunderten auf der Suche nach einem geeigneten Rezept, einer Lösung oder gar der ultimativen Heilung sind (bei lästigem Kummer beispielsweise) und es uns seit ebenso langer Zeit gehörig nervt, dass einem jeder etwas anderes erzählt und scheinbar niemand so recht den Dreh raushat, ist das Thema nicht komplett vom Tisch zu fegen. Irgendwie geht es uns alle an. Dasselbe gilt für die zahlreichen Hashtag-Eskapaden zum Thema Selbstliebe. Dass wir an der Selbstliebe nicht vorbeikommen, wenn wir dem Glück die Tür aufhalten wollen, lässt sich eben nicht verleugnen. Also man kann das schon machen. Aber dann schreibt uns bitte nicht, warum es nicht geklappt hat mit dem Glück.

11. GOLDEN GIRLS UND DIE GANZ GROSSE LIEBE

Als ich Anna nach dem schönsten Tag ihres bisherigen Lebens fragte, antwortete sie überraschend. Man könnte davon ausgehen, es wäre der Tag ihrer Hochzeit gewesen. Gesellschaftlich betrachtet wäre das wohl die korrekte Antwort. Und ja, natürlich meinte sie, es sei ein wunderschöner Tag gewesen. Ich bestätige das hiermit, ich war schließlich dabei. Der Märchentheorie entsprechend müsste an diesem traumhaft schönen Tag im April das Glück zum Kirchenfenster hereingeflattert sein und sich direkt in ihr endlich vermähltes Herz eingepflanzt haben, wo es nun für immer blüht und niemals wieder verwelkt. Anna überlegte. Nein, so war das nicht. Für sie war es nicht dieser und auch sonst kein einzelner Tag. Es war vielmehr ein Gefühl in einer Zeit – und zwar in ihrer Singlezeit.

Die Masse bäumt sich auf. Die Welt ist erschüttert. Hobbits stampfen auf, Scharen aufgescheuchter Feen fuchteln wild mit ihrem Zauberstab, der Wichtelrat wird einberufen, die gesamte Märchenwelt ist fassungslos. Wie ist das überhaupt möglich? Der Prinz soll ihr dieses unendliche Glück nicht beschert haben? Das kann doch nicht sein! Doch Anna bleibt dabei. Für sie war es nicht ein einziger Tag, auch nicht ein Moment, sondern eine ganze Phase des Glücks. Eine Aneinanderreihung vieler glücklicher Momente in einer Zeit, in der sie sich selbst am nächsten war. In einer Phase mit ihren Mädels, ihren »Golden Girls«.

Wer sich noch an die amerikanische Sitcom *Golden Girls* aus den Achtzigerjahren erinnert, hat jetzt vier Rentnerinnen im zarten Alter zwischen siebzig und fünfundneunzig vor Augen, die in einer WG in Miami ihren Lebensabend verbringen und es so richtig genießen. Also, wenn das mal nicht zu den Top-Lebenszielen zählt, dann wissen wir auch nicht! Keine Angst, es dreht sich auch bei diesen rüstigen Grazien weiterhin so manches um die Herren der Schöpfung (für alle, die gehofft hätten, dass das irgendwann mal aufhört), aber auf eine sehr erfrischende Art und Weise liegt

11. GOLDEN GIRLS UND DIE GANZ GROSSE LIEBE

die Priorität doch mehr auf der Lebensfreude und der guten Zeit, die sie miteinander verbringen. Irgendwann sind die Golden Girls anscheinend draufgekommen, dass es nicht besonders zielführend ist, auf den Prinzen mit dem Glück im Gepäck zu warten, sondern es besser selbst in die Hand zu nehmen. Schöne Geschichte. Kann man auch mal selbst für sein Leben in Erwägung ziehen.

Anna ist zwar jetzt noch nicht so nah dran am Rentnerinnendasein, erinnert sich aber trotzdem voller Freude an diese im Kern scheinbar sehr ähnliche WG-Zeit mit ihren Mädels. Wie kommt es, dass sich dieses Leuchten in ihren Augen breitmacht, immer wenn sie davon erzählt? Ihr Herz geht auf, sie strahlt, und das obwohl es in dieser Phase ihres Lebens tatsächlich auch jede Menge Hürden gab. Von schlechten Dates über versemmelte Prüfungen bis hin zu chronischem Geldmangel war alles dabei – und trotzdem war sie damals glücklich! Sie hatte Freude am Leben und einfach eine gute Zeit. Sie hat gelacht, richtig oft und aus tiefstem Herzen. Sie hat geweint, wenn es sich danach angefühlt hat. Sie hat getanzt, immer wenn ihr danach war, und sie hat geliebt: ihre Mädels, so manche Vorstellung von Männern, vor allem aber sich selbst.

Vielleicht braucht es gar nicht diese *eine* Person des anderen Geschlechts (oder auch desselben) für das eigene Glück. Vielleicht ist es mehr die Summe dieser vielen wertvollen Menschen um uns, die uns lieben und wir sie. Mit denen wir tanzen, lachen und manchmal auch weinen. Mit denen wir uns verbunden fühlen und sich das Glück dann auch mit uns auf magische Art und Weise verbindet. Was es aber in jedem Fall am allermeisten braucht, sind wir selbst. Die Quelle des Glücks ist in uns, so kitschig das auch klingen mag.

Die Leitung ist bereits da, wir müssen nur den Hahn aufdrehen und uns freimachen für den Fluss. Manchmal stehen wir nämlich sehr hartnäckig auf dem Schlauch und wundern uns, warum so rein gar nichts fließt. Dann drehen wir mit ganzer Kraft in die

11. GOLDEN GIRLS UND DIE GANZ GROSSE LIEBE

verkehrte Richtung und sind enttäuscht, weil sich nichts bewegt, es aber trotzdem so anstrengend ist. Manchmal fühlen wir uns, als würden wir innerlich verdursten und als wäre dieser eine, auserwählte Mensch der letzte und einzige sprudelnde Zaubertrank in diesem Universum, der unsere Glückssehnsucht stillen kann. Als würden wir vor der eigenen inneren Quelle ertrinken, nur weil wir in die falsche Richtung blicken. Wir schauen nach draußen und vergessen, dass in uns drinnen doch ohnehin schon alles da ist.

Haben wir diese sprudelnde Ader einmal in uns entdeckt, wird uns plötzlich klar: Wir müssen nicht darauf warten, bis der Prinz uns endlich den erlösenden Schluck seines Zaubertranks mit Strohhalm serviert, nach dem wir uns so verzehren. Vielleicht schmeckt uns das Gesöff ja gar nicht, vielleicht zieht ihn der Prinz auch wieder weg, weil er selbst durstig ist. Vielleicht bietet er die hübsche Dose auch jemand anderem an, weil er sich etwas davon verspricht. Vielleicht ist er ungeschickt und verschüttet den ganzen Saft und wir hängen dann verdurstet in der Ecke und warten auf den nächsten Lieferanten. Ganz schön riskant. Das können wir so nicht empfehlen. Auf diese Weise, ihr sprudelnden Quellen, bleiben wir nämlich sehr durstig und bedürftig noch dazu. Wir brauchen dann jemanden, der endlich unseren Mangel stillt. Wäre es nicht viel einfacher, erheblich weniger dramatisch und vor allem auch befriedigender, am eigenen Hahn anzuzapfen? Manchmal sind wir schon ganz amüsante, einfallsreiche Menschengeschöpfe, die sich gehörig selbst im Weg stehen. Oder auch auf dem Schlauch. Das reimt sich zwar, bringt aber trotzdem nichts.

12.
DER BÖSE STEIN

Anna war sich in dieser besonderen Phase ihres Lebens ihrer inneren Quelle bewusst. Alles war im Fluss. Und wenn alles fließt, durchströmen uns auch all die guten Gefühle. Es fühlt sich nach Glück an. Wir wollen es weder besitzen noch festhalten oder zum Bleiben zwingen, weil es ohnehin durch uns in alle Richtungen strömt. Jeder kennt solche Phasen, in denen das Leben so einfach erscheint, weil wir nicht kompliziert nach dem Glück Ausschau halten, oder es, noch komplizierter, ständig infrage stellen. Wir sind im Hier und Jetzt und plötzlich ist es leicht. Wir sind glücklich. Wir wissen aber auch, dass diese Phasen nicht für immer anhalten, manchmal auch weil wir sie selbst anhalten. Plötzlich streifen wir im Fluss über diesen spitzen Stein und fügen uns ein paar Schrammen zu. Das erinnert uns daran, wie verletzlich wir eigentlich sind, und an all die Wunden, die uns das Leben schon zugefügt hat (vermeintlich, denn vielleicht waren wir das selbst). Dann stoppen wir. Wütend über diesen Stein, der sich uns so dreist in den Weg gestellt hat, halten wir an und baden ein paar Runden in Selbstmitleid, während der Fluss weiterfließt. Und dann passiert es: Wir vergessen, glücklich zu sein. Alles, was wir sehen, ist dieser böse Stein. Wir fragen uns, warum der Stein das gerade uns antun musste und warum er verdammt noch mal kein wohlig weiches Moosbett sein konnte. Er hätte so viel besser sein können, davon sind wir überzeugt. Wir überlegen, wie wir diesen Stein dafür bestrafen können, ein Stein zu sein, und natürlich fangen wir an, ihn gehörig dafür zu verurteilen. Wir grübeln, wie der Fluss wohl an dieser Stelle

12. DER BÖSE STEIN

ohne den Stein gewesen wäre, und warum ausgerechnet wir so ein Pech haben mussten. Der Stein ist schuld, der Fluss ist böse.

Betrachten wir das Leben als Fluss, so gibt es immer wieder ein paar spitze Steine: Vermutlich sind sie Teil des Flusses und gehören auch da hin. Vielleicht sind es Menschen, denen wir begegnen, die nicht unsere Erwartungen erfüllen, Ereignisse, die wir uns ganz anders gewünscht hätten oder Verluste und Verletzungen, die uns an Vergangenes erinnern. Wir stoßen uns daran. Doch statt anzuhalten, könnten wir uns auch einfach im Fluss treiben lassen und die Abschürfung akzeptieren, genau wie den Stein, weil er nun mal ist, was er ist. Vielleicht ist er nämlich gar nicht da, um uns zu schaden, sondern weil Steine nun mal sind, wie sie sind. Die kleine Schramme würde vermutlich rasch verheilen, ein paar bunte Fische würden uns begleiten. Wir würden es genießen. Wir würden den nächsten Stein schon aus der Ferne erkennen, mit Leichtigkeit umschiffen und plötzlich dieses Moosbett entdecken, das wir so lieben.

Vielleicht ist das Moos unser Glück, das sich uns immer wieder zeigt. Oder aber auch der Stein, der uns an unsere eigenen Ecken und Kanten erinnert, und alles gut ist, wie es ist. Auch wir. Vielleicht erkennen wir den Rohdiamanten in uns und jedem Stein, der sich mit seiner Spitze an uns reibt. Möglicherweise bekommen wir dadurch erst den richtigen Schliff und entdecken unser eigenes Funkeln. Vielleicht ist das Glück in allem und vor allem in uns. Am ehesten aber begegnet es uns immer dann, wenn wir uns und den Fluss unseres Lebens genau so annehmen, wie wir sind.

So war es auch bei Anna. In dieser Zeit konnte sie alles annehmen, wie es war. Die Welt stand ihr offen. Ganz weit, von innen heraus. Die Frage, ob sie ihr wirklich offenstand oder sie es nur so empfand, ist dabei gar nicht so wichtig. Es ist wie mit der Henne und dem Ei. Im Grunde ist es egal, was zuerst da war; die offene Welt oder Annas Gefühl, sie wäre es.

13.
GRAPEFRUIT-BALLETT

Sind wir mit uns im Reinen, dann ist es die Welt auch. Oder sie erscheint uns so, was im Großen und Ganzen auf dasselbe hinausläuft. Alles fühlt sich gut und richtig an, ganz unabhängig davon, ob es auch wirklich so ist. Ist es nicht völlig egal, ob wir das Glück im Moment (oder auch für eine gewisse Zeit) tatsächlich gefunden haben, oder wir es nur als solches empfinden und es objektiv betrachtet gar nicht so ist? (Wer auch immer dieser objektive Betrachter dann wäre, vielleicht Gott, ein Hobbit oder der Wichtelrat im Märchenland – von Gott nehmen wir jedenfalls an, er oder sie würde uns das Glück von Herzen gönnen.)

Im Endeffekt ist es vollkommen unwichtig, wie es für alle anderen da draußen scheint, solange es sich für uns richtig gut anfühlt und wir dabei glücklich sind. Dann können wir auch mit einer Grapefruit auf dem Kopf durch die Welt spazieren, einfach weil uns das gerade glücklich macht. Vielleicht erklären wir unserem inneren Kreis des Vertrauens, warum wir jetzt eine Grapefruit auf dem Kopf tragen und weshalb uns das so glücklich macht. Eventuell freuen sich dann ein paar mit uns. Andere schließen sich sogar an und plötzlich tanzen mehrere Gleichgesinnte mit dieser lustigen Frucht auf dem Kopf durch die Straßen. Je nach Lust oder Laune könnten sich dann alle leckeren Saft pressen und eine sehr

13. GRAPEFRUITBALLETT

ausgelassene Grapefruitparty schmeißen. Man könnte darüber hinaus auch ein Grapefruitwerfen veranstalten und den weitesten Wurf mit einer Mango küren (zwecks der Balance, falls man jetzt so richtig Lust auf Süßes bekommen hat, da Grapefruits gelegentlich ja auch ein wenig bitter im Abgang sind). Dann entdecken wir beim Tanz mit der Grapefruit unseren ausgeprägten Gleichgewichtssinn und beschließen, einen Ballettkurs zu belegen, und das wiederum führt zu einer grazilen, aufrechten Haltung, die uns sehr anmutig wirken lässt. Plötzlich wird dieser eine Typ mit dem hinreißenden Lächeln und dem vollen Haar, der uns letztens schon im Supermarkt aufgefallen ist, in der Süßwarenabteilung auf uns aufmerksam, weil wir so königlich elegant und sehr ausgeglichen wirken, und er spricht uns an, weil er uns süß findet (was wirklich viel Sinn ergibt in der Süßwarenabteilung).

Ihr seht schon, die Möglichkeiten sind grenzenlos. Es ist im Übrigen auch völlig unerheblich, ob sich manche oder ganz viele, vielleicht aber auch gar niemand anschließt. Vermutlich lästern sogar ein paar, weil sie sich nicht vorstellen können, wie man so großen Spaß an einer Grapefruit auf dem Kopf haben kann. Es sind übrigens meistens jene, die selbst gerade nicht so viel Spaß im Leben haben und es deshalb sehr ernst betrachten. Auch das ist okay. Es ist und bleibt eine wirklich gute Sache, weil wir das tun, was uns verdammt noch mal glücklich macht! Weil wir in der Selbstliebe sind und keinen Gedanken daran verschwenden, was der Rest der Welt von uns denkt. Weil wir das tun, was uns gut tut und wir machen, worauf wir Lust haben, egal wie verrückt es anderen erscheint. Einfach weil wir Spaß daran haben. So ist das, wenn wir uns lieben. Alles ist gut. Wir sind gut (finden wir – endlich!) und das Leben ist gut. Selbst wenn es weniger gut ist, vielleicht sogar schlecht. Auch dann finden wir noch Gründe, es gut zu finden. Das wäre dann Glück. Und das kann man lernen.

13. GRAPEFRUITBALLETT

ZU GUT

Hat Anna innerlich immer noch eine Grapefruit auf dem Kopf, oder erinnert sie sich nur gerne an eine Zeit, in der ihr Leben im Glückstakt verlief? Manchmal beides, sagt sie. Aber nicht immer.

Natürlich ist es im Leben generell und speziell für das Glück nicht zu empfehlen, stets in der Vergangenheit zu schwelgen, weil sie bereits vergangen ist. Wir würden es dann ja Diego-Herbert gleichtun und dem Glück in der Gegenwart keine Chance geben. Es verhält sich übrigens auch sehr ähnlich mit der Zukunft. Die Hoffnung ist oft wie ein Tuch, mit dem wir uns die Augen verbinden. Es verschleiert den Blick auf das Jetzt und lässt uns dabei im Mangel zurück. Wir empfehlen daher wirklich, ganz und gar im Hier und Jetzt zu sein. Da, wo das Glück die Chance hat, gerade zu passieren, wir müssen es nur zulassen. Trotzdem kann uns die Erinnerung an schöne Zeiten hin und wieder durchaus auch beflügeln. Es spricht nichts dagegen, die schönsten Gedanken der Vergangenheit ab und zu hervorzukramen und darin zu schwelgen, solange es uns ein gutes Gefühl gibt. Im Grunde handelt es sich dabei um nichts anderes als Dankbarkeit – eines der größten Geschenke, die wir uns selbst machen können. Dankbarkeit lenkt unsere Aufmerksamkeit nämlich auf all das, was bereits ist. Sie schärft unseren Sinn für das Glück, das ohnehin schon in unserem Leben ist, auch wenn wir es manchmal übersehen. Wir richten unsere Aufmerksamkeit auf all die Geschenke in unserem Leben und entdecken so immer mehr davon. Wir können aber auch schon jetzt dankbar sein für all die schönen Dinge, die wir uns für die Zukunft vorstellen. Auch und vor allem, wenn wir uns gut dabei fühlen.

Gute Gefühle sind überhaupt eine empfehlenswerte Sache. Man kann gar nicht genug davon haben. Es hat sich schließlich

13. GRAPEFRUITBALLETT

noch nie jemand *zu* gut gefühlt. Oder habt ihr schon mal im Stillen zu euch gesagt: »Was soll das denn? Warum fühle ich mich heute nur so gut? Wann hört das denn endlich auf? Ich will mich endlich nicht mehr so dermaßen gut fühlen!« Vermutlich nicht. Gute Gefühle heben unsere Stimmung und für das Gehirn ist es unerheblich, ob wir all diese schönen Dinge gerade tatsächlich erleben oder nur davon träumen oder uns daran erinnern. Solange wir sie fühlen, schüttet es munter diese guten Hormone aus, die für noch mehr gute Gefühle sorgen. Eine Spirale, die sich steil nach oben bewegt. In die andere Richtung funktioniert das übrigens auch – also immer wenn wir in negativen Gedanken festhängen.

Was passiert also, wenn wir uns gut fühlen? Plötzlich erscheint uns der Tag heller, der Postbote freundlicher, wir lächeln mehr und andere an (manche lächeln sogar zurück!), alle Ampeln stehen auf Grün und die paar roten nehmen wir ganz einfach hin. Wir erledigen endlich diesen Anruf, den wir schon so lange vor uns herschieben, gehen raus, treffen neue Menschen, wirken sympathisch, tanzen alleine zu lauter Musik, tun, was uns guttut, lachen – auch mal über uns selbst –, machen mehr Sport, ernähren uns gesünder, fühlen uns dadurch noch besser, finden uns schön, finden andere schön, verlieben uns – auch gleich in uns selbst –, strahlen, sind offen, packen Gelegenheiten beim Schopf, sind anderen ein Vorbild, geben etwas weiter, sind erfüllt, zufrieden mit uns und glücklich mit der Welt. Zusammenfassend könnte man also sagen: Her mit den guten Gefühlen!

Das Glück ist schon da.
Es ist in uns.
Wir haben es nur
vergessen und
müssen uns lediglich
daran *erinnern.*

(Sokrates)

14.
GLÜCK GEHABT

Warum suchen wir oft regelrecht nach dem Haar in der Suppe? Warum sehen wir so vieles, nur das Glück oft nicht?

So richtig festhalten kann man das Glück ja nicht, oder habt ihr schon mal ein echtes, dokumentiertes Beweisfoto davon gesehen? Eines, das wissenschaftlich anerkannt ist? Wenn ja, bitte schickt es uns! Wahrscheinlich aber nicht. Meistens ist es doch eher eine Interpretations- oder Ansichtssache. Gott können wir hier wieder mal schwer fragen, davon gäbe es nämlich je nach Kulturkreis auch wieder mehrere, und welcher hätte dann Recht? Schwierig.

Nicht nur in der Gottesfrage, sondern ganz generell sind sich Menschen übrigens recht häufig uneinig. Sie debattieren dann lange und im Kreis, am Ende will jeder Recht haben und es führt zu nichts. Prinzipiell würden wir aber behaupten, es verhält sich mit dem Glück sehr ähnlich wie mit der Liebe: Alle streben danach und keiner weiß so recht, wie oder wo man sie findet.

Um auf die Frage zurückzukommen, ob wir uns manchmal selbst im Weg stehen, was unser Glück (oder auch die Liebe) betrifft, würden einige Therapeuten vermutlich sehr laut Ja rufen. Eventuell auch, um ihren Job zu sichern. Allerdings würden wir ihnen Recht geben. Die Berufswahl des Therapeuten scheint heutzutage überhaupt eine recht gute Idee zu sein. Müssten wir eine sichere, berufliche Laufbahn in unserer Zeit empfehlen, dann wäre es derzeit neben dem neuen, sehr lukrativen Berufszweig Influencer

14. GLÜCK GEHABT

vermutlich auch Psychiater, Therapeut, Life-Coach, Yogi, Betreiber eines Schweigeklosters oder irgendwas mit Pharmaindustrie und ihren vermeintlichen Glückspillen, die das Glück unserer Meinung nach aber eher betäuben, als es uns tatsächlich näher bringen. Wir sind also irgendwie stets auf der Suche nach dem Glück, während wir in unserem tiefsten Inneren gar nicht daran glauben, es wirklich zu finden, was die oben genannten Berufe wiederum sehr krisensicher macht.

Sollte man das Glück im besten Fall in sich selbst finden, empfiehlt sich für die Berufswahl etwas, was einen glücklich macht. So schöpft man sein gesamtes Glückspotenzial optimal aus. Die Chance, wenn man glücklich ist, auch einen Beruf zu wählen, der einen ebenfalls glücklich sein lässt, ist übrigens sehr hoch. Der Anspruch, etwas ganz Besonderes wie erfolgreicher Starviolinist, Astronaut oder Start-up-Gründer eines Hundewaschsalons zu werden, ist dabei gar nicht notwendig, weil man sich selbst nicht beweisen muss, sehr besonders und wichtig zu sein. Man ist nämlich ohnehin zufrieden mit sich und seinem Leben. Das geht übrigens in jedem Job vom Pizzabäcker bis zur Atomphysikerin. (Bitte hier keine Reihung nach Geschlecht oder Intelligenz annehmen. Es gibt kein besser, schlechter, intelligenter, männlicher oder weiblicher.) Die einzig wichtige Wertung und Frage ist: ergibt es einen Sinn für uns, das zu tun, was wir tun. Es muss sich dabei nicht um den existenziellen Sinn des Lebens handeln, es kann auch reichen sein Glück in einem Sinn zu finden, den wir unserem Beruf geben. Freuen wir uns doch einfach mal darüber, dass es Menschen gibt, deren Tag besser ist, weil wir tun, was wir tun. Bringen wir uns selbst ein paar Blumen oder eine Pflanze mit, hinterlassen wir dem Kollegen eine nette Nachricht auf einem Post-it, fragen wir nicht nur aus Höflichkeit, wie es der freundlichen Dame am Empfang geht, erkundigen wir uns nach der Familie des Chefs,

14. GLÜCK GEHABT

weil es uns wirklich interessiert, schreiben wir eine Dankes-E-Mail und lächeln wir diesen einen Kunden, der sich jedes Mal aufregt, ehrlich an, weil er das wahrscheinlich gerade am meisten braucht. Und schon macht es Sinn.

Das wäre der optimale Weg. Doch Menschen lieben es nunmal immer wieder ein paar Umwege einzuschlagen und gehen dabei ihrem Glück gekonnt aus dem Weg. Irgendwie erwarten wir uns vom Glück immer, dass es uns entgegenfliegt. Am besten über einen Lottoschein oder irgendwo auf den Bahamas, obwohl wir gerade zu Hause oder im Job festsitzen. Dabei vergessen wir oft, dass wir zuerst unsere Arme öffnen sollten für alles, was schon da ist, damit uns das Glück auch umarmen kann. Es kann uns nämlich schwer in den Schoß fallen, wenn wir Arme und Beine verschränken, weil wir sehr böse auf uns und die Welt sind und obendrein noch davon überzeugt, dass nichts so ist, wie wir es gerne hätten.

Der österreichisch-amerikanische Kommunikationswissenschaftler, Psychotherapeut, Soziologe, Philosoph und Autor (dieser Mann hat sich gleich mehrere glückliche Standbeine aufgebaut!) Paul Watzlawick hat darüber ein sehr empfehlenswertes Buch geschrieben: *Die Anleitung zum Unglücklichsein*. Auf sarkastisch-humoristische Weise beschreibt er unsere äußerst negative Denkmaschinerie und wie wir es schaffen uns treff- und zielsicher in unser eigenes Unglück zu manövrieren. Dabei konstruieren wir unsere eigene Wirklichkeit, über die wir uns dann permanent beklagen und mehr von dem erschaffen, was wir eigentlich gar nicht haben wollen. Wie das eigene Kopfkino sehr schnell zum inneren Kriegsfilm wird, erklärt Watzlawick in einer Geschichte, in der ein Mann ein Bild aufhängen und sich hierfür einen Hammer von seinem Nachbarn ausleihen möchte. In der Befürchtung, der Nachbar könnte es gar nicht gut mit ihm meinen, er habe ihn

14. GLÜCK GEHABT

bisher ohnehin nur flüchtig gegrüßt und sei ihm vermutlich gar nicht gut gesinnt, steigert er sich so sehr in sein eigenes Gedankenkonstrukt, dass ihm der Nachbar schnell zum vermeintlichen Feind wird. Erzürnt über den gedanklichen Verlauf seiner eigenen Geschichte, wächst seine Wut über die Krempe seines Opferbürgerdaseins hinaus und erschlägt ihn von dort härter, als der Hammer es je tun könnte. Er stürmt zum Nachbarn hinüber, läutet an seiner Tür und bevor er ihn noch um den Hammer bittet, brüllt er ihn an, er solle ihn behalten!

Der sichere Weg zum Unglück ist es davon auszugehen, dass sich die Welt gegen uns verschworen hat. Das funktioniert besonders gut im (oft gar nicht so) heiteren Zusammenspiel mit unseren Mitmenschen wie Nachbarn, Kollegen, Familienmitgliedern, Ärzten, Polizisten, sonstigen Verkehrsteilnehmern, aber auch mit weniger lebendigen, jedoch nicht minder nervenden Objekten wie Handys, Laptops, Ampeln, Kopierern, Abflussrohren und auch fantastisch mit nicht beeinflussbaren Umständen wie dem Wetter, dem Verkehr, der Politik oder der Inflation. Das Leben bietet wirklich eine Vielzahl an Ereignissen, über die wir uns zutiefst ärgern, die Haare raufen und lebenslang beschweren, ohne sie je ändern zu können und es auch gar nicht erst versuchen. Vielleicht wollen wir das aber gar nicht, denn dann wäre es ja einfach glücklich zu sein. Und damit kennen wir uns nicht aus.

Für die Waghalsigen unter uns, die sich doch ab und zu gerne mal, wenigstens hin und wieder, ein Quäntchen Glück gönnen, haben wir gute Nachrichten. Erstens ist das eine hervorragende Idee und zweitens eine noch bessere, als ihr denkt. Wir alle wissen, dass die Reichen immer noch reicher werden und halten das oft für eine unfaire Sache. So unfair ist es vielleicht gar nicht. Geld vermehrt sich manchmal schlichtweg. Das liegt an den Renditen, weiteren Investitionen, Mieterlösen, Wertpapierausschüttungen

14. GLÜCK GEHABT

oder anderen ertragreichen Veranlagungen und deren Gewinnen, die es immerzu vervielfachen. Es ist so, als würde das Geld ganz heimlich weiterarbeiten und noch mehr davon nachhause bringen. Hinzu kommt: Je mehr Geld wir besitzen, desto weniger können wir im Normalfall davon ausgeben und desto eher vermehrt es sich. Ähnlich verhält es sich mit dem Glück: Es arbeitet für uns.

Jetzt sind wir vermutlich nicht alle Milliardäre. Solltet ihr einer sein, herzliche Gratulation an dieser Stelle! Lest vielleicht trotzdem weiter. Nur weil ihr viel Geld habt, heißt das noch lange nicht, dass ihr den Dreh mit dem Glück schon raushabt, obwohl das natürlich alle um euch herum denken. Das erhöht zwar den Druck, nicht aber das Glück. Es könnte aber auch sein, dass ihr noch keine Erfahrung mit einem solchen Überfluss an Geld habt, der euch noch mehr davon bringt. Okay. Same here. Aber lasst uns davon lernen, wie man die unsichtbare Vermehrung auch auf das Glück anwenden und noch mehr davon erschaffen kann. Die Wahrscheinlichkeit, dass es dann auch mit dem Geld klappt, könnte übrigens hoch, oder zumindest um einiges höher sein. Vermuten wir es mal.

Sehr erfolgreiche Menschen haben mit hoher Wahrscheinlichkeit ihre besten Ideen nicht schimpfend in der Schlange im Supermarkt, während sie sich zudem über das miese Wetter ärgern (den Erfinder des Regenschirms hier vielleicht ausgenommen). Viel eher haben sie diesen genialen Einfall wahrscheinlich unter einer angenehmen, warmen Dusche oder während sie sich mit schöner Musik in den Ohren, leicht mit den Hüften schwingend einen Espresso gönnen und sich dann sehr motiviert und produktiv hinter den Bildschirm klemmen. Mit guten Gefühlen kommen die besseren Ideen, würden wir jetzt mal ganz kühn behaupten. Selbst die Umsetzung klappt vermutlich sehr viel besser, wenn man gerade in gutem Glauben an sich und die Welt ist und entsprechend

14. GLÜCK GEHABT

handelt statt sich ständig zu beklagen. Im Bad des Selbstmitleids schwimmen wir selten Richtung Erfolg. Erfolgreiche Menschen sind eher jene, die zuversichtlich in den Tag starten, an sich und andere glauben, kleine Stolpersteine sofort anpacken und aus dem Weg räumen und mutigen Schrittes weitergehen. Für Erfolg und Geld braucht es nämlich tatsächlich Mut. Den Mut, an sich zu glauben und sich von niemandem abhalten zu lassen. Den Mut, jeden Tag aufzustehen und das Beste daraus zu machen, selbst wenn es mal nicht so läuft. Den Mut, nicht aufzugeben, wenn alles schiefläuft. Den Mut, sich Dinge zuzutrauen, und am allerwichtigsten: den Mut, es sich zu gestatten, erfolgreich, glücklich und im besten Fall gleich beides zu sein. Ja, genau.

Die gute Nachricht ist: Man kann lernen, sein Glück zu vermehren. Und sobald es sich auf den Weg zu einem macht, es auch zuzulassen, sich zu gestatten und herzlich willkommen zu heißen. Auch wenn es viele nicht glauben: Wir haben es alle verdient, glücklich zu sein. Jeder Einzelne von uns. Bei Glück und Erfolg denken wir aber oftmals: »Ja, klar. XY ist ja auch auf die Sonnenseite des Lebens gefallen! Wie sie schon aussieht! Diese endlos langen Beine und der makellose Teint. Klar, dass sie ihrem Traummann begegnet ist, der ihr jeden Wunsch von den Augen abliest. Natürlich lebt sie mit ihm in diesem Traumhaus und den Traumkindern und startet jetzt auch noch ganz nebenbei mit ihrer Traumkarriere durch. Gott, hat die Glück gehabt!«

Ist XY wirklich glücklich? Können wir es mit Sicherheit sagen? Haben wir die absolute Gewissheit, dass ihr Herz tanzt wie Jennifer Grey in *Dirty Dancing* (die hatte übrigens im Film auch mehrere Nervenzusammenbrüche, weil es nicht so rund lief) und ihre Seele lächelt wie die des Dalai Lama an einem besonders guten Tag? Oder gehen wir nur davon aus, weil wir uns von ihren fröhlich retuschierten Bildern unsagbaren Glücks auf Social-Media-Kanälen

14. GLÜCK GEHABT

blenden lassen? Vielleicht ist das Haus gar nicht abbezahlt, das Lächeln nicht echt, die Brüste schon gar nicht, der Ehemann vergnügt sich mit der Assistentin, die ihm täglich bei dem ein oder anderen Glückserguss assistiert – sie ist übrigens ebenfalls nicht glücklich und er auch nicht, so ein schlechtes Gewissen macht nämlich ganz und gar nicht glücklich –, und die Fotos auf Instagram gleichen einem Karnevalszug in verschiedensten Masken und Kostümen, mit denen sie sich und der Welt vorgaukelt, all das zu sein. Dabei ist sie vielleicht eines ganz bestimmt nicht: glücklich.

Also, vielleicht ist XY gar kein Glückskind, sondern nur sehr gut in der Darstellung eines solchen. Vielleicht ist sie es aber doch. Dann freuen wir uns bitte für sie. Es zeigt nämlich, dass es möglich ist. Dann hören wir am besten augenblicklich damit auf, uns schlecht zu fühlen, weil sie hat, was wir nicht haben, und fangen damit an, uns gut zu fühlen, sodass auch wir haben können, was sie hat. Nehmen wir glückliche Menschen als gutes Zeichen. Wenn sie glücklich sein können, dann können wir es auch! Wir können es von ihnen lernen. Gehen wir also hinaus, beobachten wir Menschen, die uns glücklich erscheinen, und machen wir es ihnen nach. Meistens sehen wir uns andere Menschen an, vergleichen uns mit ihnen und fühlen uns schlecht. Wir gehen automatisch davon aus, dass sie *alles* haben und wir *nichts*. Zumindest haben sie gefühlt sehr viel mehr als wir. Und deswegen fühlen wir uns schlecht. Der Vergleich mit anderen hält uns also von unserem Glück fern. Man kann das Ganze aber – wie das meiste im Leben – auch aus einer anderen Perspektive betrachten. Wählen wir daher einen neuen Blickwinkel und fragen uns: Lächelt dieser Mensch verhältnismäßig öfter als andere? Das könnten wir doch auch mal probieren! Geht er prinzipiell vom Besten aus? Ah, gute Idee! Ist er dankbar für das, was er hat? Hm, ja, es scheint so. Macht er sich wenig Gedanken darüber, was andere sagen oder denken? Könnte

14. GLÜCK GEHABT

sein. Gönnt er anderen das große Glück? Vermutlich. Und plötzlich fühlen wir uns nicht mehr klein und hilflos, sondern inspiriert: Vielleicht können wir das alles auch, möglicherweise steht es uns auch zu, glücklich zu sein. (Fragt Gott, das Universum, eine Freundin oder eure Familie. Sie alle werden sich einig sein. Ja, genau so sollte es sein. Sie finden, es steht uns zu.) Also warum fangen wir nicht endlich selbst damit an?

Kommen wir wieder zur anfänglichen Vermutung: »Sie oder er hat eben Glück gehabt!«
Wie ist das gekommen? Einfach so? Ist es herbeigeflogen, ganz unverhofft und zufällig? Aber warum? Und wie lange ist es geblieben? Heißt das, wir sollen sitzen und warten, bis das Glück uns auch endlich mal findet und wir dann ebenfalls »Glück gehabt haben« – was dann aber schon aufgrund der Formulierung längst hinter uns liegt. Wie wäre es, genau jetzt zu beginnen und einfach mal glücklich zu sein? Gönnen wir uns doch gleich die ganze Ladung und legen wir los!

Braucht noch jemand *Gedanken?* Ich hab' mir wieder zu viele gemacht.

WIE FALLE ICH AUF
die Sonnenseite?

Einfach die beobachten, die schon da liegen. Sich eventuell dazu legen und die Sonnenseite geniessen.

Sich gut dabei fühlen, nicht etwa schlecht. Sich lieber das abschauen, was glücklich macht. Wie man sich zum Beispiel selbst die Sonne im Rücken gönnt und glücklich dabei ist. Es ausprobieren. Gefallen daran finden. Schon ist man selbst auf der Sonnenseite.

15.
DIE ZAHNPASTA-THEORIE

Ich erinnere mich, dass ich nach einer wirklich schmerzhaften Trennung meine Freundin Carla anrief und sie fragte:

»Werde ich jemals wieder glücklich sein?«

Das war nicht nur so dahergesagt. Ich fragte mich das damals ernsthaft.

»Ja«, erwiderte sie nur. Ich war nicht ganz sicher, ob sie mich wirklich verstanden hatte, ein einfaches Ja erschien mir in dem Zusammenhang dann doch etwas *zu* simpel.

»Aber so richtig? Werde ich wieder *richtig* glücklich sein?«, hakte ich nach.

»Ja«, sagte sie nochmals ganz nüchtern, als wäre es das Normalste der Welt, glücklich zu sein. Noch dazu nach einer Trennung. »Du denkst zu groß, Andrea«, fügte sie hinzu.

»Wie, zu groß?«, schoss es etwas ungläubig aus mir heraus, während sich im gleichen Atemzug ein anderer Gedankengang in meinem Hirn querlegte, der sich daran erinnerte, dass doch die ganze Welt, einschließlich jedes Lebensratgebers, uns eindringlich dazu auffordert, größer zu denken. Immer wieder hören und lesen wir, dass es von enormer Wichtigkeit sei, die Grenzen im Kopf zu öffnen, um das Unmögliche möglich zu machen, damit es sich auch im Außen manifestieren kann. Und jetzt kam Carla doch

15. DIE ZAHNPASTATHEORIE

tatsächlich damit an, ich müsse kleiner denken. Ich war verwirrt. Was denn nun?

»Wie meinst du das?«, fragte ich sicherheitshalber nach. Ich wollte gern einer dieser offenen Menschen sein, der sich andere Meinungen zumindest anhört, bevor er sie für eigenartig befindet und sie dann auf gar keinen Fall befolgt.

»Du musst kleiner denken«, sagte sie, immer noch ganz ruhig und beeindruckend überzeugt.

»Frag dich in der Früh: Welche Zahnpasta macht mich heute *wirklich* glücklich? Eukalyptus oder Pfefferminz? Und dann tust du es. Dann entscheidest du dich für das, was dich glücklich macht. Nimm einen großen Bogen Papier und schreib alles auf, was dich glücklich macht. Nichts Großes. Nur die kleinen Dinge. Und dann mach sie. Immer und immer wieder!«

Ich wusste nicht, ob ich das als persönlichen Glücksangriff mit Minzgeschmack empfinden sollte oder ob mich Carla einfach nur zum Lachen bringen wollte, was ihr auch gelang.

Sie ist übrigens dieselbe Freundin, die auf meine detaillierte Ausführung eines mir damals äußerst wichtigen Problems ganz trocken meinte: »Ach, einfach ein bisschen weniger Hirnwichsen und ein bisschen mehr Gemüse essen.« Ich halte das bis heute für einen der weisesten Sätze überhaupt. Gerade weil er es so absurd einfach auf den Punkt bringt. Ich habe natürlich keine Ahnung mehr, welches Problem es damals war, weil Probleme eben häufig mit der Zeit auch einfach sehr viel kleiner werden, manchmal sogar von ganz alleine verschwinden, sobald man aufhört, ihnen dieses riesige Gewicht zu geben. Jedenfalls halte ich Carla schon alleine wegen der Gemüse-statt-Hirnwichsen-Theorie für eine äußerst schlaue Person, der man in Glücksangelegenheiten schon mal vertrauen kann. Ihre Zahnpastatheorie war so absurd, dass ich sie liebte. Und alleine, dass sie mich zum Lachen brachte, ließ

15. DIE ZAHNPASTATHEORIE

mich mein inneres Anhalten am Unglück zumindest für einen Moment vergessen. Es schien mir eine gute Idee zu sein.

»Nimm einen großen Bogen Papier und schreib alles auf, was dich glücklich macht. Nichts Großes. Nur die kleinen Dinge. Und dann mach sie. Immer und immer wieder!«

Nach einer ausgedehnten Bridet-Jones-Phase, in der ich mich ausgiebig mit zu viel Eiscreme, lebensverneinender Musik und einer extragroßen Portion schmerzhaften Bedauerns in meinem Elend gesuhlt und einem ganzen Tränenmeer gebadet hatte, schien mir der richtige Zeitpunkt, wieder einen Schritt Richtung Leben zu machen. Ich wollte zumindest die Möglichkeit in Betracht ziehen, dass ich möglicherweise mein Glück doch selbst in die Hand nehmen konnte, obwohl man nach Trennungen immer irgendwie das Gefühl hat, der andere hätte alles mitgenommen: das Herz, die Hoffnung, die Seele. Schließlich hatte er alles berührt und nichts schien mehr mir zu gehören. Nur die wunden Punkte, die offenen Stellen, sie blieben.

Aber ich verrate euch etwas: Es ist nun mal nicht richtig. Man kann sich alles wieder zurückerobern. Im Grunde ist es nie weg. Selbst wenn man sich eine Zeit lang nicht spürt, oder in manchen Fällen zu sehr spürt (besonders das Herz), ist doch irgendwann alles wieder da, wo es hingehört. Auch der Kopf. Und der sagte mir, dass mir Carla's Idee helfen könnte. Ich fuhr also direkt nach unserem Gespräch zum nächsten Schreibwarengeschäft und kaufte sicherheitshalber gleich zwei Papierbögen (möglicherweise um das Glück gleich zu verdoppeln) und einen fetten, schwarzen Lackstift dazu. Danach ging es weiter in den Drogeriemarkt. Für alle, die sich noch nicht eingehend mit dem gängigen Zahnpastasortiment auseinandergesetzt haben: Es ist beeindruckend. Also wirklich! Es ist einem vorher möglicherweise noch nicht so bewusst, da niemand so Recht um das Zähneputzen herumkommt, scheint

15. DIE ZAHNPASTATHEORIE

die Industrie hier einen verdammt großen Markt erkannt zu haben. Von der schwarzen Aktivkohlepaste über Universalzahnpasten, die Sensitiven, die Weißmacher und Pasten mit Fluorid oder ohne bis hin zu den äußerst vielversprechenden Geschmacksrichtungen »Extra fresh«, »3 Kräuter fresh«, »Pearly white« und »Silky mild« ist alles vertreten und man wird rasch zum eigenen Gault Millau der Zahnpasten. Ich stand also vor einem riesigen Regal und fühlte mein Glück zum Greifen nah. Ich wählte nach längerem Abwägen schließlich drei verschiedene Sorten aus. Natürlich fiel die Wahl auf die schwarze, da sie irgendwie elegant wirkte und ich die Tatsache sehr verstörend fand, dass man mit schwarzem Schaum vor dem Mund in den Tag startet. Das schien mir gebührend verrückt, um ein Experiment zu wagen. Auch »3 Kräuter fresh« machte das Rennen sowie eine mintfrische Coolpaste, von der ich mir den extrastarken Frischekick am Morgen versprach.

Im Grunde war es aber egal, welche Sorten ich wählte. Vielmehr konnte ich das Glücksgefühl kaum erwarten, jeden Tag aufs Neue entscheiden zu können, welcher dieser Kickstarter mich an diesem Tag glücklich machen würde. Da ich hoch motiviert, ja fast schon übermütig davon überzeugt war, ab sofort mein Glück selbst in die Hand zu nehmen, setzte ich sogar noch einen drauf: Ich machte mich wild entschlossen auf in die Duschgelabteilung, aus tiefstem Herzen überzeugt, dass die Sorten »Bali Kiss«, »Summertime Moments« und »Halfpipe« (eine Jugendsorte für Buben – so draufgängerisch war ich!) mein neu erworbenes Zahnpastaglücksgefühl hochschäumend potenzieren würden. Und wirklich, so war es auch. Ich kann das ehrlich nur empfehlen!

Es ist nämlich so, und wahrscheinlich hat es sich schon herumgesprochen, aber Zähneputzen und Duschen müssen wir alle mal. Die meisten von uns täglich. Da empfiehlt es sich also sehr, es dann auch gleich ein wenig zu genießen oder noch besser, zu

15. DIE ZAHNPASTATHEORIE

zelebrieren. Und glaubt mir, es klappt wirklich. Seither stehe ich jeden Tag in der Früh vor dem Spiegel und frage mich: »Welche Zahnpasta macht mich heute *wirklich* glücklich?« Die Frage alleine bringt mich jeden Tag zum Lächeln. Heute ist es kein wildes Schenkelklopfer-Lachen mehr, sondern ein leises, inneres Grinsen (die Frage kenne ich ja mittlerweile und man würde jetzt auch bei einer Pointe, die man bereits zum hundertsten Mal gehört hat, nicht mehr vor Lachen explodieren), aber – und das ist kein Witz – mein inneres Lächeln ist tatsächlich immer noch nicht müde davon. Es gibt mir ein gutes Gefühl, es erinnert mich ans Glücklichsein und daran, dass das Glück auch so banal wie Zähneputzen sein kann. Beim Duschen klappt das übrigens genauso. Ich halte es für besonders wichtig, da man dabei nackt ist (bitte lasst es uns wissen, wenn ihr im Skianzug duscht). Wir neigen dazu, unserem Körper sehr wenig, vor allem aber zu wenig *positive* Bedeutung beizumessen. Irgendwie nehmen wir ihn viel zu oft für selbstverständlich und wenn wir überhaupt über ihn nachdenken, dann meistens darüber, was er besser machen sollte und wovon wir weniger (oder auch mehr) haben könnten oder was uns alles so gar nicht an ihm gefällt. Was unseren Körper anbelangt, sind wir oft ganz besonders undankbare Wesen.

Wenn wir uns ein neues Auto kaufen, achten wir anfangs darauf, dass der Tank gut gefüllt, die Reifen optimal gewuchtet, das Öl auf dem perfekten Stand und die Sitze richtig eingestellt sind. Wir freuen uns bei jeder Fahrt über das gute Gefühl, das uns dieses schnittige Gefährt erweist, und darüber, wie tadellos es Gas gibt, fährt und uns so verlässlich ans Ziel bringt. Wir haben große Freude daran! Warum sind wir also so undankbar, wenn es um unseren Körper, dem wohl wichtigsten »Gerät« in unserem Leben, geht Begutachten wir uns doch einfach mal wie einen schneidigen Flitzer oder ein wundervolles Gefährt und bewundern seine eleganten

15. DIE ZAHNPASTATHEORIE

Rundungen, den einzigartigen Glanz und das dynamische Design. Dabei ist es übrigens recht unerheblich, wie dieses vortreffliche Vehikel aussieht. Freude können wir an einem Sportwagen, einer gemütlichen Limousine oder auch an einem bequemen Kombi haben. Autos kommen schließlich in den verschiedensten Farben, Varianten und technischen Ausstattungen daher, und alle haben ihre Besonderheiten. Fangen wir doch endlich an, auch unser »Modell« zu lieben, unsere ganz spezielle, eigene Urform, auch Körper genannt.

Ich fing also an, meinen Körper jeden Tag zu zelebrieren und ihm beim Einschäumen auch gleich dankbar ein paar gute Gedanken einzumassieren. Die ganz motivierten Dankbarkeitspraktizierer (ich zähle mittlerweile dazu) besorgen sich auch noch eine gut riechende Bodylotion. In meinem Fall gleich mehrere – schließlich will man sich auch hier entscheiden können, ob man seinem Glück im zarten Duft von Mandelöl, tropischen Kokosduft oder belebenden Zitrus-Aromen begegnen möchte.

Den großen, weißen Papierbogen klebte ich an die Außenseite meiner Küchentür, da konnte ich ihn vom Wohnzimmer aus immer sehen. Ich schrieb mit meinem Marker alles darauf, was mich glücklich machte. Carla hatte Recht. Es waren die kleinen Dinge: eine Tasse Tee, Meditieren, ein heißes Bad, Laufen im Wald, Treffen mit Freunden, mit ihnen lachen, Schreiben, Musik, Klavierspielen, Kochen, Kerzen, mein Dankbarkeitstagebuch, laut singen, alleine im Wohnzimmer tanzen, Spazieren gehen, lesen, Podcasts hören und natürlich auch Podcasts aufnehmen. Da stand es und ich sah es täglich vor mir.

Und immer wenn ich das Gefühl hatte, dass sich mein Glück gerade vor mir versteckte, wählte ich etwas von der Liste aus und tat es. Ich mache das übrigens immer noch. Wir führen seitdem eine enge und sehr erfüllte Beziehung, mein Glück und ich.

15. DIE ZAHNPASTATHEORIE

Natürlich haben wir unsere Höhen und Tiefen, wie in jeder anderen Beziehung auch. Aber im Großen und Ganzen läuft es sehr gut.

Apropos Beziehung: Wie wirkt sich denn nun eine Beziehung tatsächlich auf unser Glück aus? Nachdem wir die Märchenfrage geklärt haben, widmen wir uns doch mal dem echten Leben und all den bunten Möglichkeiten, die Beziehungen für uns bereithalten. Denn auch als Single führen wir immer wieder Beziehungen. Sei es mit einem Schwarm, jemandem, den wir gerade daten, und (die wertvollste) mit uns selbst.

Beim Glück öfter mal zugreifen.

DIE GLÜCKSLISTE

Ein bisschen weniger Hirnwichsen, ein bisschen mehr Gemüse essen

Welche Zahnpasta macht mich heute wirklich glücklich? Also so richtig! (Geht auch mit Duschgel, der Müslisorte, also eigentlich mit allem!)

Vergiss den Guru, werde zum *Gault Millau* der Zahnpasten (und Duschgels oder Müslisorten. Ok, Brokkoli ginge auch, ist aber eher unwahrscheinlich! Vermutlich vor allem deshalb, weil es davon nicht so viele Sorten gibt.)

Erinnere dich jeden Morgen daran und stell dir die Frage. Was macht mich heute glücklich?

Du darfst auch mal klein denken. Nämlich, wofür bin ich heute dankbar?

Anmerkung: mir fällt nichts ein ist öd. Hast du zehn Finger, zwei Hände, zwei Beine, vielleicht sogar ein nettes Lächeln? Na bitte, geht doch. Wer meint es gut mit dir? Fließendes Wasser. Das Müsli. Der Kaffee. Der Baum vor dem Fenster. Ah, schon besser. Was ist gut? Die Sonne. Der Regen (der manchmal sogar wie Applaus klingt). Deine Kinder. Die Familie. Deine Freunde. Das Lachen. Die Musik. Die heiße Badewanne. Dein Bett. Oh, doch so vieles! Schreib es auf. Jeden Tag. Mindestens fünf Dinge.

Glücks-High-Five - dafür bin ich dankbar:

_____

_____

_____

_____

_____

Happy habits.
Die Glücklich-kann-ich-Liste

Wobei bist du am glücklichsten? Wenn du alleine zu lauter Musik tanzt, die Nasenspitze in die Sonne hältst, dir einen heißen Tee machst, mit einem lieben Menschen telefonierst oder dich triffst, ein gutes Buch liest, Podcasts hörst (guschbaby soll glücklich machen, haben wir gehört. Ihr auch?), in der Natur bist, Sport machst, aus dem Fenster starrst, über dich selbst lachst, meditierst, aufschreibst wofür du dankbar bist, dir und anderen eine Freude machst, daran denkst, was du eigentlich schon alles geschafft hast in deinem Leben und wie weit du gekommen bist? Was sind deine happy habits und mit wem teilst du sie am liebsten? (Anmerkung: das kann auch mit dir selbst sein und ist sogar sehr zu empfehlen.) Egal was es ist: schreib es auf. Schau jeden Tag auf deine Liste. Vor allem und insbesondere dann, wenn es mal nicht so rund läuft. Wähle etwas davon aus. Am besten gleich mehrere Dinge. Und vor allem, mach sie auch! Hier ist sie also, deine Glücklich-kann-ich-Liste.

Dabei bin ich am glücklichsten:

_____
_____
_____
_____
_____
_____
_____
_____

Der Königsweg:
andere glücklich machen
(und sich selbst dabei nicht vergessen)

Das muss übrigens gar nichts Materielles sein. Wie wäre es mit einem Lächeln? Hast du heute schon jemandem ein Kompliment gemacht? Wem hast du heute gesagt, dass du ihn/sie liebst? Wer könnte deine Hilfe gebrauchen? Kleine Zettel sind dazu da, um schöne Nachrichten für liebe Menschen zu hinterlassen. Wann hast du dich das letzte Mal bei jemandem bedankt? Wen möchtest du anrufen und fragen wie es ihr/ihm geht? Das alles funktioniert auch mit dir selbst. Wann hast du dir das letzte Mal selbst ein Kompliment gemacht, ein Lächeln geschenkt, dich bei dir bedankt, dich gefragt, wie es dir geht ...

Aufhören dich zu vergleichen

Niemand ist du und das ist auch gut so. Fang an dich auf dein eigenes Glück zu konzentrieren. Deine Sonnenseite findest du in dir und nirgendwo anders.

Perspektive wechseln

Wie würde jemand dein Leben finden, der sehr viel weniger hat als du? (Das muss nicht unbedingt materiell sein)

Es gibt vermutlich einige Menschen, die sich etwas, oder mehreres wünschen was du bereits hast oder bist. Wenn sie dich und dein Leben betrachten – was würde ihnen besonders gut gefallen? Wofür wären sie dankbar? Wovon würden sie schwärmen? Worauf wären sie stolz?

Schreibe etwas Nettes über dich. Ich bin

_____

_____

Heute ist ein guter Tag, um glücklich zu sein.

16.
DAS SCHWEIGEN DER MÄNNER

Dass Männer nicht so gerne reden, hat sich mittlerweile herumgesprochen. Vermutlich von Frau zu Frau, weil Männer es ja aus dem oben genannten Grund nicht gewesen sein können. Letztens hat sich ein Mann daraufhin bei uns zu Wort gemeldet. Er hat uns eine sehr lange und ausführliche E-Mail geschrieben, um uns zu versichern, dass es natürlich Männer gibt, die sehr gerne und durchaus auch viel reden (in diesem Fall sogar schreiben). Also, liebe Männer, um das gleich klarzustellen: Das ist uns natürlich bewusst. Wir stellen eure 1-A-Fähigkeit der einwandfreien Kommunikation keineswegs infrage. Das liegt uns fern. Es bedeutet auch nicht, dass wir Männer kritisieren oder abwerten wollen. Natürlich nicht. Indianerehrenwort! Wir lieben Männer! Anna ist sogar mit einem verheiratet, den sie ganz besonders liebt, und auch ich bin großer Männerfan. Solltet ihr also zu den Dauerschnatterern und Plauschliebhabern der männlichen Gattung zählen, bitte fühlt euch hier nicht angesprochen. Und für alle anderen gilt: Das ist selbstverständlich kein Vorwurf. Wir beziehen uns lediglich auf die ein oder andere Studie, die doch immer wieder zu belegen scheinen, dass Männer im Schnitt deutlich weniger Worte pro Tag verwenden als Frauen. Vielleicht nennen wir die männliche Schöpfung also einfach »effizient« in ihrer Wortwahl,

16. DAS SCHWEIGEN DER MÄNNER

und eventuell gehören stundenlange Gespräche über das Befinden nicht unbedingt zu ihren Favoriten. Ausnahmen natürlich ausgeschlossen.

Gehen wir davon aus, dass Männer einen Deut weniger gerne reden, dann scheinen alle Arten von Problemankündigungen, für die keine Lösung, sondern lediglich die Diskussion einer unerwünschten Angelegenheit eingefordert wird, auf der Beliebtheitsskala ganz weit unten angesiedelt zu sein. Zu den Klassikern zählen: »Schatz, wir müssen reden!«, »Bist du sicher, dass du das wirklich möchtest?«, »Wie findest du eigentlich die neue Praktikantin? Ist sie hübscher als ich?«, »Was denkst du gerade?« oder »Irgendwie siehst du mich nicht mehr so an wie früher. Woran liegt das?« Bei diesen und ähnlichen Fragen wissen Männer, dass es keine korrekte Antwort geben kann. Manche treten auch gerne die innerliche Flucht an. Nicht dass wir Frauen uns davon abbringen ließen, ein, zwei Tage, Wochen oder Monate nachzubohren, um irgendwann doch eine genervte Antwort zu erhalten. Wir sind da manchmal wenig lernfähig. Vielmehr kontern wir mit einem »Das war ja wieder typisch!« oder »Warum bist du nur so?« und bestrafen uns damit selbst. Wieso wollen wir denn aus Männern so oft Frauen machen? Vielleicht wäre es gut, ein für alle Mal die Tatsache zu akzeptieren, dass sie nun mal anders ticken als wir und – Überraschung! – das ist auch gut so. Männer sagen schon, wenn ihnen etwas nicht passt. Solange sie nichts sagen, passt meistens alles. Aber nein, wir löchern sie so lange, ob eventuell doch etwas nicht passen könnte, bis ihnen irgendetwas einfällt und wir uns sehr erbost darüber beschweren, wie undankbar sie doch seien.

Es liegt einfach nicht im Grundbedürfnis des Mannes über Probleme zu *reden*. Männer wollen Probleme *lösen* – und ein Gespräch scheint ihnen dabei meist die am wenigsten naheliegende Methode zu sein. Sehr viel lieber würden sie das Problem abbauen,

16. DAS SCHWEIGEN DER MÄNNER

entsorgen, verfrachten, zukleistern oder auf- und am allerliebsten einfach durchbohren. Männer lösen Probleme gerne mit den Händen. Oder auf andere körperliche Art und Weise. Sex gehört auch dazu. Dafür bedarf es meist keiner hochtrabenden Konversation, und auch ansonsten reden Männer einfach nicht zwingend so gerne wie wir. Man könnte es ein böses Klischee nennen, oder man beobachtet einfach ein paar Männer während eines Abends unter sich. Vielleicht sehen sie sich ein Spiel an: Fußball, Basketball oder Tennis stehen dabei hoch im Kurs. Irgendwie scheint sich sehr viel Testosteron zu vereinen, sobald ein Ball in der Nähe ist. Einige Männer können stundenlang einem Ball hinterherschauen, wie er von einem Fuß zum nächsten und manchmal auch in ein Netz springt. Ein einfaches Oh oder Ah oder ein gemeinschaftlich gebrülltes »Komm schon!« erachten sie oftmals als einwandfreie Konversation.

Da es aber im Leben nicht immer problemlos läuft und nicht jede Auseinandersetzung mit einem Ball gelöst werden kann, sprechen Männer in Beziehungen natürlich durchaus über das eine oder andere Problem. So besteht die Möglichkeit, sich gemeinsam weiterzuentwickeln.

Wer sich allerdings bereits in der Dating-Phase erhofft, eine tiefgreifende Problemlösungskonversation zu führen, wird mit ziemlicher Sicherheit enttäuscht.

Die Wahrscheinlichkeit ist hoch, vor einem voll aufgeladenen Mobilgerät zu sitzen und darauf zu warten, dass es klingelt. Sollte es das nicht tun und gähnende Stille im umliegenden Mobilfunknetz herrschen, weil er sich nicht meldet, raten wir dringend davon ab, kreative Ausreden für unsere geliebten Artgenossen zu (er)finden. Und ja, wir sind dabei durchaus kreativ. Es gibt immer irgendeine Freundin, die felsenfest davon überzeugt ist, dass er gerade sehr beschäftigt die Weltherrschaft an sich reißt und aus

16. DAS SCHWEIGEN DER MÄNNER

diesem Grund verhindert ist. Möglicherweise hat er keinen Mobilfunkempfang, auch wenn es mittlerweile schon in den meisten öffentlichen Toiletten und nahezu jedem sonstigen öffentlichen Ort einwandfreies WLAN gibt. Machen wir uns nichts vor: Wenn man heutzutage jemanden erreichen möchte, dann ist das auch möglich. Sehr einfach sogar. Viel einfacher als früher, als man noch eine Pferdekutsche mit handgeschriebenen Briefen auf die Reise schickte, um seine Begeisterung oder Anerkennung kundzutun. Selbst damals hat das ganz gut geklappt. Schauen wir der Realität also einmal tief ins ungeschminkte Auge, dann müssen wir uns tatsächlich eingestehen, dass er vermutlich in keinem Funkloch festsitzt und sich auch nicht alle Finger und beide Arme gleichzeitig gebrochen hat. Es wäre ihm also mit allergrößter Wahrscheinlichkeit durchaus möglich zu schreiben oder anzurufen. Sollte er das nicht tun, gibt es eine sehr simple, wenn auch wenig zufriedenstellende Begründung dafür: Er will einfach nicht.

Was, wenn die Herren der Schöpfung also gar nichts mehr sagen, wenn das große Schweigen ausbricht? Sollten wir dann eine Vermisstenanzeige aufgeben? Ihm täglich schreiben oder Sprachnachrichten hinterlassen, in denen wir um eine Erklärung bitten, oder uns erklären, obwohl er nach keiner Erklärung verlangt hat? Sagen wir mal so: Nein! Es gibt eine simple Regel. Wer »geghostet« wird, lässt los. Oder wollt ihr mit einem Geist zusammen sein?

»Ghosting« hat sich mittlerweile zu einer weitverbreiteten Art des Schweigens, ja beinahe schon zu einer sozialen Epidemie des konsequenten Ignorierens oder Totstellens etabliert. Und natürlich tun es nicht nur Männer, Frauen können so etwas auch. Wann ist es eigentlich gesellschaftlich akzeptabel geworden, so zu tun, als wäre man ganz plötzlich ums Leben gekommen oder – etwas weniger dramatisch – einfach mal ein paar Tage, Wochen oder Monate im Funkloch verschwunden? Natürlich nur für eine bestimmte

Person, der man keine Begründung für seinen Sinneswandel oder sein Desinteresse geben möchte.

Manche behaupten, es wäre unser gutes Recht, nicht jedem Menschen Rechenschaft ablegen zu müssen. Gilt das aber auch, wenn beide kurz vorher noch Körperflüssigkeiten oder Liebesschwüre ausgetauscht haben und der andere sich dann doch spontan anders entschieden hat? Auch wenn in Ghosting der Geist schon mit drin steckt, halten wir das für wenig geistreich. Eher für traurig und auch ein bisschen feige. Vielleicht möchte man im Großen wie im Kleinen keine Verantwortung für sein Verhalten übernehmen, sondern sich einfach ein bisschen ausprobieren und sich ein paar Türen offenhalten. Man weiß ja nie. Die nächste einsame Nacht lauert möglicherweise ganz kühl am Ende des heißen Sommers, und vielleicht macht sich in einer durchzechten Nacht auch wieder die ein oder andere alkoholgestützte Romantik um zwei Uhr morgens breit. Dann möchte man sichergehen, dass genügend verfügbare Nummern im Telefon gespeichert sind, um nicht alleine ins kalte Bett zu fallen. Fallen trifft es dann nämlich ganz gut. Die Falle schnappt zu und der andere fällt. Manchmal um, vielleicht auch ins Bett, aber meistens ein paar Stockwerke hinunter in seiner Selbstliebe und dem Wert, den man sich gibt.

Es ist uns übrigens wichtig, an dieser Stelle zu betonen, dass wir rein gar nichts gegen schönen, erfüllenden, ungezwungenen Sex haben, solange beide dasselbe und nur ihren Spaß wollen. Sollte das der Fall sein – hell, yeah! Viel Spaß, lasst es krachen! Habt den Sex eures Lebens! Genießt ihn! Sollte aber auch nur einer von beiden einen Funken Emotionen mit unter die Bettdecke nehmen, wird es kompliziert. Dann empfehlen wir, die Finger ganz rasch von der heißen Herdplatte zu nehmen. Die Verbrennungsgefahr ist einfach zu groß. Es tut nämlich entweder schon weh oder es *wird* wehtun. Beides macht mit hoher Wahrscheinlichkeit nicht glücklich.

16. DAS SCHWEIGEN DER MÄNNER

Entscheidet man sich also gegen Ghoster, wird der Ruf aus dem Jenseits vermutlich trotzdem eine Zeit lang wiederkehren. Denn Ghoster tauchen immer wieder gerne auf, wenn es ihnen gerade passt. Selten bleiben sie allerdings bis zum Frühstück. Auch hier verbrennt man sich die Finger wieder ganz alleine.

Um das Objekt der Begierde bei der Stange zu halten, kommt ein ganz neuer Trend hinzu, der sich »Bread Crumbing« nennt. Der englische Ausdruck beschreibt das kontinuierliche Streuen von Brotkrümeln, um sich den anderen mit kleinen Ködern dauerhaft bei Laune und schlicht und einfach warm zu halten. Dazu zählen beiläufige Nachrichten wie »Hey« (ohne Folgetext oder Frage wohlgemerkt. Also, ernsthaft?!), aber auch »Wie geht's dir?« oder »Hab gerade an dich gedacht« und gerne auch das ein oder andere Like in Social-Media-Kanälen. Mit Vorliebe dann, wenn wir diesen Menschen schon beinahe vergessen haben, oder es zumindest versucht haben. *Zack*, da ist sie, die Nachricht, die unseren Atem stocken und unseren Puls rasen lässt. Warum eigentlich? Warum pumpt dieses ganze Adrenalin durch unseren Körper? Weshalb die ganze Aufregung? Ist das aufregend? Ja, aber auf keine gute Art: Es regt uns auf.

Mit ein wenig Abstand ist das Ganze nämlich gar nicht so spannend, sondern eher langweilig, würden wir behaupten. Und ungesund noch dazu. Ist dieser Mensch an unserer Seite? Verbringt er Zeit mit uns? Gibt er sich Mühe? Steht er uns bei, wenn wir einen schlechten Tag haben, oder freut er sich mit uns über einen guten? Nein, nein und nochmals nein! Warum geben wir also diesen kleinen, mickrigen Krümeln so viel Gewicht, kramen in der hintersten Hoffnungsschublade und interpretieren ganze Liebesromane in eine knappe Floskel hinein?

Realistisch gesehen, kann so ein halber Satz durchaus zu einem zweieinhalbstündigen Gespräch mit einer Freundin führen. Auch Anna und ich kennen das. Da wird dann im Detail besprochen,

16. DAS SCHWEIGEN DER MÄNNER

wie er diesen Satz mit drei Worten *wirklich* gemeint haben könnte und ob sich dahinter nicht doch eine sehr versteckte Liebeserklärung verbirgt. Gottseidank übernimmt bei uns beiden immer die jeweils andere den realistischeren Part, der sich zwar geduldig alle irrationalen Interpretationen anhört, die andere dann aber konsequent in die Realität zurückbegleitet.

Warum rufen wir so gerne überschwänglich »Siehst, du! Er denkt an mich!«, wenn wir ihm einmal in zwei Wochen ganz kurz in den Sinn kommen, möglicherweise weil ihm gerade langweilig ist, oder weil gerade ein sexueller Impuls in der unteren Körperregion aufploppt, die sich übrigens weit entfernt vom Herz befindet und mit ziemlich großer Wahrscheinlichkeit keinen romantischen Ursprung hat. Man kann sich natürlich damit beruhigen, dass man schließlich hier und da an jemanden denken darf, noch dazu wenn sich dieser jemand immer wieder mal bei einem meldet, aber dann macht man sich eben auch etwas vor. In Wirklichkeit denkt man spätestens ab dieser Nachricht jeden Tag (oft auch stündlich, in schlechten Momenten sogar minütlich) daran, ob er nicht doch sehr interessiert sein könnte, wann er sich wieder melden und wie lange es noch dauern wird, bis er erkennt, dass man die Richtige für ihn ist. Gute Nachricht an dieser Stelle. Wir können eine Abkürzung zur korrekten Antwort nehmen. Sie lautet: Gar nicht! Es wird nicht passieren. Wenn er bis jetzt nicht erkannt hat, dass er gerne Zeit mit uns verbringen möchte, und sich nicht um uns und unsere Zeit bemüht, wird das auch später nicht passieren. Die Wahrscheinlichkeit, dass wir unsere wertvolle Zeit damit vergeuden darauf zu warten, dass noch etwas passiert, ist jedenfalls sehr hoch. Die berühmte glückliche Wendung, die wir aus Hollywoodfilmen kennen, bleibt in der Regel aus. Währenddessen sitzen wir zu Hause (da wartet es sich am besten und man möchte ja auch verfügbar sein, sollte er sich doch noch melden) und beruhigen

16. DAS SCHWEIGEN DER MÄNNER

uns mit einer Familienpackung Eis. Das wiederum bedeutet, dass wir nicht hinausgehen ins echte Leben, wo wir wesentlich größere Chancen hätten, jemanden kennenzulernen, der uns wirklich kennenlernen möchte, sich Mühe gibt und gut für uns ist.

Sollte man also Opfer eines Ghosting- oder Bread-Crumbing-Angriffs und das Objekt der Begierde wiedermal irgendwo in der Versenkung verschwunden sein, empfehlen wir freudig zu winken und richtig laut zu jubeln. Es kommt keine Jubelstimmung auf? Schon klar. Man kämpft in der Situation schließlich innerlich hartnäckig mit selbstzerstörerischen Fragen und Gedanken wie: »Warum meldet er sich denn nicht?«, »Warum sieht er es nicht und vor allem *mich* nicht?«, »Ich weiß, da ist etwas ganz Besonderes zwischen uns ...«, »So jemanden wie ihn finde ich *nie* wieder ...« Wir kennen das. Sehr viele Warums, sehr viele Abers. Er meldet sich nicht mehr? Ein Grund zu feiern! Denn eigentlich ist nichts Besonderes daran, wenn sich jemand entscheidet, uns nicht zu wollen. Denken wir lieber »Schade – für dich« und sagen »Danke, und tschüss!«

Sobald wir uns nämlich ganz viele Fragen stellen müssen, die uns niemand beantwortet (weil er sich nicht meldet – das wäre nämlich die Antwort) ist es schon verkehrt.

Meine recht dramatische Sorge »So jemanden wie ihn finde ich *nie* wieder!« beantwortete mein bester Freund übrigens treffend so: »Ach, das würde ich so nicht sagen. Männer, die nicht verfügbar sind, sich nicht melden, sich keine Mühe geben, generell beziehungsunfähig sind und ein Problem mit echter Nähe haben – die gibt es wie Sand am Meer. So jemanden findest du *bestimmt* wieder!« Touché.

Er meldet sich also nicht mehr? Ein Grund zu feiern!

Hey Prinz,
darf ich dir
das »Tschüss«
anbieten?

17.
WENN SICH DER MÜLL VON SELBST RAUSTRÄGT

Wir würden selbstverständlich niemals Menschen als Müll bezeichnen, auch nicht solche, die nicht in unserem Leben sein möchten. Die Tatsache aber, dass wir uns offenbar selbst so wenig wert sind, ist zweifellos richtig großer Mist. Das ist der springende Punkt bei der Selbstliebe: sich selbst mehr wert zu sein.

Warum gehen wir davon aus, dass wir jemanden davon überzeugen, vielleicht sogar überreden müssten, dass es eine wirklich gute Idee ist, Zeit mit uns zu verbringen und dabei vielleicht auch noch glücklich zu sein? Trauen wir es uns nicht zu, dass jemand unser selbst wegen Zeit mit uns genießt? Dass wir gar nichts dafür tun und auf keinen Fall dafür kämpfen müssen? Wenn dieser Mensch das nicht selbst sieht, oder es nicht so empfindet, werden wir ihn wohl kaum bekehren und vor allem – wollen wir das wirklich? »Du willst doch keinen, der nicht in deinem Leben sein will!« Dieser Satz brannte sich wie ein Tattoo in mein Herz.

Das wäre schließlich so, als müssten wir diesen Menschen zwingen, uns gut zu finden. Würden wir dann jeden Tag neben ihm aufwachen und sagen: »Danke, dass du noch da bist! Ich weiß, es ist schwer für dich. Aber du erträgst es wacker.«

17. WENN SICH DER MÜLL VON SELBST RAUSTRÄGT

Möglich wäre aber auch, dass dieser Mensch derzeit nicht bereit oder fähig ist zu lieben, manchmal nicht mal sich selbst. Das kann mehrere Gründe haben, wie beispielsweise eine noch nicht verdaute Trennung, Unsicherheit, die derzeitige Lebenssituation, Sorgen, Zukunftsängste (die Liste ließe sich endlos fortsetzen), die aber in den allermeisten Fällen rein gar nichts mit uns selbst zu tun haben.

Glückliche Menschen nehmen so etwas nicht persönlich. Sie denken sich »Aha« und ziehen weiter. Auf Geister können sie verzichten. Auf Brotkrümel reagieren sie nicht. Sie sehen ganz klar, dass dieser Mensch aus irgendwelchen Gründen nicht bereit ist und hinterfragen das auch nicht. Würde der andere ihnen eine Erklärung geben wollen, täte er es. Würde er sich Mühe geben wollen, täte er auch das. Da er nichts davon tut, investieren sie ihre kostbare Zeit lieber in Menschen, die das ebenfalls wollen und auch tun. Menschen, die in guten Beziehungen sind, sind vorher nicht zwingend weniger Menschen begegnet, die nicht offen waren oder sich nicht bemüht haben. Sie sind nur rascher weiter gezogen. Sie haben sich schnell verabschiedet (innerlich, es ist nämlich gar nicht notwendig, den anderen darüber zu informieren), sich nicht aufgehalten und waren offen für jemanden, der ihnen guttut. Andere wiederum vergeuden Monate, manchmal Jahre damit, auf die glückliche Wendung in einer Liebesgeschichte zu warten. Jetzt ratet mal, wer glücklicher ist?

Es gibt viele gute Gründe, warum man auf niemanden warten sollte, der ständig abtaucht oder nie verfügbar ist. Die Sache ist doch die: Solange jemand nicht wirklich gerne mit uns zusammen sein möchte, ist es ohnehin zum Scheitern verurteilt. Wir wissen, Beziehungen sind nicht nur eitel Sonnenschein. Nachdem wir die rosarote Phase hinter uns und die etwas realitätsnähere Phase der ersten Konfliktbewältigung eingeläutet haben, kommen wir der

17. WENN SICH DER MÜLL VON SELBST RAUSTRÄGT

Echtheit einer Beziehung schon etwas näher. Spätestens dann wird unser Frustrationslevel auf die Probe gestellt und die stärkste Beziehung zum Drahtseilakt. Wenn hier alles am seidenen »Ich-war-mir-von-Anfang-an-nicht-sicher«-Faden hängt, ist naheliegend, dass die Beziehung dieser Zerreißprobe nicht lange standhält. Wollen wir wirklich Monate oder gar Jahre mit einem Menschen verbringen, der sich nicht sicher ist, ob wir die »richtige« Person sind, oder wollen wir uns darüber freuen, dass wir gleich erkannt haben, dass es wenig Sinn ergibt, all unsere wertvolle Zeit und Kraft in einen Menschen zu investieren, der uns, wenn nicht gleich, dann spätestens in ein paar Jahren, verdeutlichen wird, dass er nicht glücklich mit uns wird (und wahrscheinlich nie ganz war). Nein, wollen wir nicht.

Wir wären dankbar darüber, was wir uns alles erspart haben, und hätten die Chance, den Menschen in unser Leben zu lassen, der uns wirklich zu schätzen weiß.

Warum sagen wir also nicht einfach mal »danke, sehr lieb – aber danke, nein« zu Menschen, die nicht klar »ja« zu uns sagen. Bereiten wir doch der Täuschung ein Ende, weil wir am Ende doch ohnehin enttäuscht sind. Vielleicht halten wir ab jetzt nicht mehr Ausschau nach dem vermeintlich perfekten Partner, sondern beginnen damit, uns selbst ein guter Partner zu sein.

Die meisten Menschen wollen den perfekten Partner, aber die wenigsten wollen der perfekte Partner sein. Bei sich selbst anzufangen macht aber auch hier wieder am allermeisten Sinn. Wer sich selbst ein guter Partner ist, achtet auf sich, braucht weniger Bestätigung von außen, ist glücklich mit sich selbst – und plötzlich sind kleine Krümel nichts mehr wert. Das Monster muss nicht gefüttert, die Leere nicht gefüllt werden, weil wir mit uns zufrieden und uns schlicht und einfach mehr wert sind.

17. WENN SICH DER MÜLL VON SELBST RAUSTRÄGT

Natürlich kann es weiterhin passieren, dass uns jemand den ein oder anderen Brotkrümel zuwirft. Wir können dann schmunzeln und uns ausmalen wie hungrig der andere gerade sein muss. Es ist nämlich so, dass der Krümelwerfer, von dem man es eigentlich gar nicht annimmt, selbst hungert: nach Aufmerksamkeit, Anerkennung, Lobpreisung, Belohnung und meistens nach unverbindlicher Nähe, die genauso schnell wieder vergeht, wie sie gekommen ist. Sitzt, steht oder – im gewünschten Fall – liegt einem dann jemand gegenüber, der sich selbst nicht nahe ist, spielen zwei Egos Fangen und keiner gewinnt. Zwischendurch wirft das eine Ego dem anderen einen Krümel zu und schreit: »Komm, sag mir, dass ich großartig bin!« Die Sache ist aber die: Wenn man schon weiß, dass man genau das ist, dann braucht man keine Krümel mehr dazu und auch keine Spielchen.

Um aus
Shakespeares Hamlet,
Akt 4, Szene 5,
Vers 28 zu zitieren:
»Nein«.

18.
ES HAT SICH AUSGE-YOLO-T

Kaum ein Wort deutscher Jugendsprache wurde so rasch so penetrant als Glücksrezept missbraucht wie YOLO – und dabei ist es noch nicht mal ein deutsches Wort. Das Ed-Hardy-T-Shirt unter den »tiefgründigen« Abkürzungen wehte uns seit 2012 so stürmisch und orkanartig um die Ohren, dass es bereits zu den meist gehassten Lebensweisheiten seit Carpe diem zählt. Nichtsdestotrotz dient das Akronym für die englische Phrase »You only live once«, also »Man lebt nur einmal«, zu den häufigsten Ausreden für so ziemlich alles. Ich möchte mich da gar nicht ausnehmen. Ich verwende dann zwar nicht diese nervige Abkürzung – eventuell auch weil ich mich weder sprachlich noch sonst in der Jugend ansiedeln würde, das wäre für mich nämlich alles zwischen dreizehn und achtzehn. Inhaltlich gestehe ich aber, mir schon das ein oder andere Mal diese perfekte Ausrede ausgeliehen zu haben.

Warum das gar keine besonders gute Idee sein kann, hat gleich mehrere Gründe. Manche von euch fragen sich jetzt sicher, was denn bitte daran falsch sein soll. Es stimmt doch: Wir leben nur einmal. Lassen wir dabei mal Reinkarnationstheorien außen vor. Es empfiehlt sich, Überlegungen, wie es in einem möglichen nächsten oder übernächsten Leben weitergehen könnte, auszuklammern und stattdessen unser bisheriges unter die Lupe zu

18. ES HAT SICH AUSGE-YOLO-T

nehmen. Wir können schließlich nicht mit Sicherheit sagen, ob nach dem Tod noch etwas kommt, und wenn ja, was. Sagen wir mal: vielleicht. Aber selbst das können wir momentan nicht einwandfrei belegen. Wir können auch nicht sagen, ob wir uns dann als Marienkäfer, Yorkshire Terrier, Grashalm oder eben doch als menschliches Wesen auf dieser Erde wieder einfinden. Es sind also jede Menge Fragezeichen damit verbunden, ob wir noch öfter die Chance haben werden, das, was wir gerade erleben, noch einmal zu erleben. Im Idealfall könnte es natürlich sogar noch besser sein. Der ein oder andere kommt dann vielleicht als steinreiche Mutter Theresa im Körper von Jennifer Lopez auf die Welt, weil ihr in diesem (dementsprechend vorherigen) Leben ein richtig, richtig guter Mensch wart und dieses ganze Karmading sich endlich mal so richtig lohnt. Es sei euch gegönnt! Es empfiehlt sich aber jegliche Theorien darüber, wie es in einem möglichen nächsten oder übernächsten Leben weiter gehen könnte, mal rigoros beiseite zu lassen und sein bisheriges unter die Lupe zu nehmen.

Achtsamkeitsübungen und Zen-Weisheiten lehren uns, dass wir unsere Aufmerksamkeit voll und ganz auf das Hier und Jetzt richten sollen. Das fängt beim Spülen des Geschirrs an (oje, wir haben einen Geschirrspüler), beim Lesen eines Buchs (na bitte, das klappt doch schon mal!) und geht weiter mit dem sanften Fußabdruck, den wir auf der weichen Erde bei einem Waldspaziergang hinterlassen. Es geht darum, vollkommen im Augenblick zu sein. Das klingt nach einem wirklich guten Plan! Man atmet sehr besonnen ein und aus, beobachtet, was passiert, und ist dankbar dafür. Fantastisch! Ich denke, ich spreche für uns alle, dass das nach einer wirklich guten und vor allem sinnvollen Sache klingt.

Leider neigen wir Menschen aber dazu, manche Theorien für gänzlich falsche Zwecke zu missbrauchen. Gerade die allseits beliebte, weitverbreitete Redewendung »Gönn dir« steht dem in

18. ES HAT SICH AUSGE-YOLO-T

nichts nach. Die Empfehlung, sich etwas Gutes zu tun, ist natürlich ebenfalls ein guter Ansatz. Man sollte sich tatsächlich die ganze Ladung Glück gönnen, gerne auch mal das Stück Schokokuchen, den Cocktail mit dem bunten Schirmchen oder die Mehrfamilienportion Pommes mit extra Ketchup und selbstverständlich *mit* Mayo.

Logisch. Ab und zu ist dagegen rein gar nichts einzuwenden, ab und zu ist es einfach nur herrlich, mal mit Anlauf über die Stränge zu schlagen und es dann bitte auch aus vollstem Herzen zu genießen. Wiederholen wir es aber gemeinsam: Ab und zu! Wer sich nämlich jeden Tag eine halbe Flasche Wodka, zwei Schachteln Zigaretten, ausschließlich Burger, Tiefkühlpizza oder auch eine sehr ungesunde Beziehung »gönnt« (weil YOLO!), der hat die Rechnung ohne den Glückswirt gemacht. Da wird die Gönnung nämlich ganz rasch zur perfekten Ausrede für ein sehr ungesundes Verhalten, das uns auf Dauer mit Sicherheit gar nicht so glücklich macht.

Der amerikanische Produktivitätsexperte James Clear befasste sich mit Studien, die menschliches Verhalten und die Korrelation mit dem dabei empfunden Glück untersuchten. Er erklärte in einem Interview von Lewis Howes in seinem Podcast »The School of Greatness«, dass es für unser persönliches Glücksgefühl von Vorteil ist, die Langzeitauswirkung einer Entscheidung in die Glücksrechnung miteinzubeziehen. Natürlich können wir drei Donuts hintereinander essen und zwei Portionen Pommes nachschieben, aber wie werden wir uns morgen damit fühlen? Und wie wird es uns in zehn, zwanzig oder dreißig Jahren damit gehen? YOLO-Anhänger schreien jetzt laut auf: »Was interessiert mich denn, was in zwanzig oder dreißig Jahren ist?! Wer weiß, ob ich da überhaupt noch am Leben bin!« Tja, und darum geht es. So wie wir uns als Teenager nicht vorstellen können, wie das erwachsene Leben mit fünfundzwanzig sein muss (um dann mit fünfundzwanzig festzustellen, dass wir uns

18. ES HAT SICH AUSGE-YOLO-T

alles andere als erwachsen fühlen), vergeht die Zeit doch rascher, als wir denken und – *zack* – plötzlich sind wir dreißig, fünfzig und so weiter. Das klingt erschreckend, ist aber nicht aufzuhalten und geschieht rascher als gedacht. Vermutlich hat sich aber kaum ein Fünfzigjähriger je gedacht: »Ach, scheiß drauf, ob ich morgen abkratze oder nicht.«

Für alle, denen diese Vorstellung viel zu weit weg ist und die uns jetzt für spießige Spielverderber halten: Das Ganze lässt sich auch auf den nächsten Tag oder das nächste Monat umlegen, wenn euch das bekömmlicher erscheint. Wie fühlen wir uns morgen, wenn wir uns heute drei Donuts, vier Burger und extra Pommes gegönnt haben? Werden wir voller Energie ausgehen und Spaß haben oder doch eher den nächsten Abend mit Netflix und noch mehr Pommes zu Hause verbringen? Die Geübten unter uns (und wieder einmal schließen wir uns da nicht aus) liefern sich ganze Wochenendmarathons und fragen sich, warum sie eigentlich so wenig erlebt haben in letzter Zeit. Singles grübeln eventuell auch, warum sie immer noch alleine sind, und Singles aus dem Opferland sind erzürnt darüber, dass es wirklich schwer ist, heutzutage jemanden kennenzulernen. Ja, wirklich komisch, dass nach der zehnten Staffel Serienmarathon zu Hause noch niemand an der Tür geläutet und nach einer Beziehung gefragt hat! Jedes Verhalten hat Langzeitauswirkungen. Manches davon macht uns vielleicht für einen kurzen Moment glücklich, sorgt aber langfristig für hartnäckiges Unglück. Treffen wir also Entscheidungen voll und ganz für den Kurzzeiteffekt (weil YOLO!), wird es langfristig vermutlich schwierig, dieser glückliche Mensch zu sein, der wir doch alle gerne wären.

Obwohl man eigentlich glauben sollte, das menschliche Gehirn sei ein sehr schlaues Organ, trickst es uns doch immer wieder ganz gehörig aus. Es strebt nämlich (ziemlich dumm) nach sofortiger Belohnung. Aber tricksen wir doch einfach zurück! Wenn wir uns diese Belohnung nämlich in Ministeps (also etwa in Schrittgröße kleiner Eichhörnchentatzen) herunterbrechen, sind wir unmittelbar glücklich über unsere kleinen Erfolge und gleichzeitig auf dem Weg zum Langzeitglück. Das kann bedeuten, dass wir gesünder einkaufen und uns damit belohnen, stolz auf uns zu sein, unserem Körper wirklich etwas Gutes zu tun, oder wir treffen uns mit Freunden, statt den x-ten Abend alleine vor der Glotze zu hängen. Vielleicht schlüpfen wir auch mal in die jungfräulichen Sportschuhe und laufen eine Runde mit diesen lustigen Endorphinen um den Block oder wir nehmen ein heißes Bad und hören gute Musik dabei, statt stundenlang stupide auf den Bildschirm unseres Smartphones zu starren.

Der langfristige Plan ist nämlich, nicht nur heute, sondern auch morgen und gerne auch noch in einigen Jahren mit schneeweißen Haaren beim Entenfüttern im Park richtig glücklich zu sein.

Wie bereits erwähnt, kann es auch im Fall von toxischen Beziehungen, Opferlandbürgern, Ghostern, Krümelstreuern oder sonstigen ungesunden Verbindungen zum wahren YOLO-Fiasko kommen. Es empfiehlt sich nämlich *nicht,* beim erfolgreichen Verbannen eines Energiesaugers doch wieder schwach zu werden, nur weil er gerade einen unbedeutenden Anruf tätigt oder eine mitternächtliche Nachricht verschickt. Genau wie man einem Heroinsüchtigen auf Entzug nicht sagt: »Gönn dir, weil YOLO!«, sollte man auch hier gut auf sich selbst und sein inneres Liebessuchtmonster achten und Nein sagen lernen. Nein zu Dingen, Menschen und Situationen, die einem nicht guttun. Bei jeder Verlockung – egal ob Donuts, Burger oder eine Nacht mit dem Objekt der Begierde –, sollten wir uns am Ende, oder besser noch: am Anfang, immer die Frage stellen: »Tut mir das wirklich gut und bringt es mich weiter?« Im Fall der klebrigen, zuckerglasierten

18. ES HAT SICH AUSGE-YOLO-T

Erdbeer-Vanille-Donut-Finger wird der Schaden nicht irreparabel sein (Hände waschen wäre eine bewährte Lösung), aber wie sieht es mit den lästigen Spuren der Krümelstreuer aus? Es mag sein, dass wir diese Nacht in vollen Zügen genießen, jede Umarmung aufsaugen, seine Haut auf unserer spüren, uns im Augenblick fallen lassen und diesem leidenschaftlichen Glücksrausch völlig hingeben. Ja, mag sein, klingt aber auch ein bisschen nach billigem Groschenroman. Sehr wahrscheinlich ist aber, dass der Krümelstreuer irgendwann, im besten Fall nach einem gemeinsamen Kaffee, im schlechtesten noch mitten in der Nacht, einfach verschwindet und sich für lange, lange Zeit nicht mehr meldet, bevor er wieder einen Krümel streut, um nicht in Vergessenheit zu geraten. Ebenso wahrscheinlich ist, dass auf diese eine tolle Nacht sehr viele weitere, verheulte Nächte folgen, in denen wir uns voller Selbstzweifel fragen, was denn nicht mit uns stimmt. Es mag nicht erstaunen, dass uns all diese Tränen und Fragen nicht gerade in unserem Selbstwert stärken. Vielmehr nehmen wir uns in solchen Situationen eher als mickrigen Krümel wahr und nicht als dieses großartige Wesen, das wir doch eigentlich sind – und das, ihr Lieben, ist wahrlich kein guter Langzeiteffekt!

Manchmal ist es eine einzige, vermeintlich kleine Entscheidung, die uns im Leben weiterbringt. Manchmal braucht es dieses eine konkrete Nein, mit dem wir einen neuen Weg zur besten Beziehung mit uns selbst ebnen, in der wir am nächsten Tag zurückblicken und sagen: »Das hast du gut gemacht. Ich bin stolz auf dich. Du hast so viel Besseres verdient!« Diese vier einfachen Buchstaben können nicht nur enorm befreiend, sondern auch diese eine entscheidende Zutat zum eigenen Glück sein. Wir selbst haben das Steuer in der Hand. Es ist unsere Entscheidung, ob wir uns in Richtung Glück lotsen oder uns mit Höchstgeschwindigkeit davon entfernen.

19.
DIE LILA LÖSUNG

Es gibt einen Spruch, über den ich mal gestolpert bin und der mich sehr zum Lachen gebracht hat. Da Lachen eine gute Sache ist und außerdem sehr glücklich macht, möchte ich ihn euch keinesfalls vorenthalten:

Wenn dich das Leben fi*kt, warte, ob es nicht nachher noch kuscheln will.

Ein sehr weiser Spruch, wie ich finde.

Abgesehen davon, dass wir Menschen im Regelfall sehr schlechte Hellseher sind, ist es sinnlos, gleich von Anfang an alles schwarzzumalen. Was soll denn das für ein Bild sein, das nur aus schwarzer Farbe besteht? Nicht sehr kreativ und auch ein wenig düster. Das Leben ist doch eher bunt – und wer weiß schon, wie es seine Farben noch mischt und am Ende vielleicht doch noch alles wunderschön aussieht. Oft braucht es diesen Tupfer Rot für ein strahlendes Grün, und auch den dunklen Kontrast, damit die hellen Farben richtig leuchten. Wer sagt denn, was gut und was schlecht für uns ist? Da bilden wir uns etwas ein und wollen es unbedingt, manchmal um jeden Preis. Das kann ein Partner sein, der uns nicht guttut, oder gleich das ganze Leben eines anderen Menschen, den wir auf Instagram sehen. Aber wer sagt uns denn, ob uns dieses Leben überhaupt stünde? Was, wenn dieser Partner uns unendlich nerven würde und wir ganz und gar nicht glücklich wären, eventuell sogar unglücklicher als jetzt? Nur weil es nicht in

19. DIE LILA LÖSUNG

unsere Vorstellungskraft passt oder wir es eben gerne anders hätten, heißt es noch lange nicht, dass wir nicht a) auf dem richtigen Weg sind und b) alles gerade zu unserem Allerbesten läuft.

Als meine Freundin Sarah heiratete, hatte sie eine schöne Erkenntnis. Die Geschichte hört sich nach einer grenzenlos öden Tagebuchweisheit einer geistig wenig erfrischenden Durchschnittstussi an, die jetzt Bloggerin geworden ist und nur so mit Weisheiten in Insta-Storys um sich wirft. Ich warne euch vor. Aber haltet durch! Es lohnt sich, denn selbstverständlich ist Sarah nichts von all dem, sondern eine sehr kluge Frau. Nichts anderes hättet ihr von einer Freundin von mir erwartet, ich weiß. Wer also glaubt, dass die ultimative Weisheit nicht auch in einer Lidschattenfarbe zu finden sein kann, der irrt sich kräftig. Ich rate euch also, gebt der Geschichte eine Chance!

Als Sarah heiratete, wollte sie die allerschönste Braut der Welt sein. Nichts Neues, das kennen wir von Bräuten. Um genau zu sein: von jeder.

Nun ist Sarah eher der natürliche Typ (ein weiterer Beweis dafür, dass sie gar keine Tussi ist). Sie verlässt das Haus gerne ungeschminkt und mag sich trotzdem. Eine gute Sache übrigens! Für ihre Hochzeit wollte sie aber gerne mal ein wenig über die Stränge schlagen. Nicht dass sie wie eine der zu vielen Kardashians aussehen oder direkt aus Daniela Katzenbergers Farbtopf steigen und vor den Altar schreiten wollte. Dennoch wollte sie anders aussehen als morgens auf dem Weg ins Krankenhaus (sie ist Ärztin, nicht krank).

Sie bat also eine Visagistin um einen Probetermin. So etwas hat man heutzutage: Für Hochzeiten probiert man nicht nur ein paar Wochen vorher sein Kleid an, sondern testet auch die Frisur und das Make-up. Das ergibt auch irgendwie Sinn, denn sollte man einen kleinen oder mittelgroßen Nervenzusammenbruch erleiden, weil man aussieht wie Godzilla – nur eben geschminkt mit Hochsteckfrisur –, empfiehlt es sich, diesen emotionalen Kollaps ein paar Tage

19. DIE LILA LÖSUNG

vor der Hochzeit und nicht direkt auf dem Weg zur Trauung zu haben. Die Visagistin kam mit ihrem riesigen Schminkkoffer und sehr viel Taft vorbei und legte Sarah ein leichtes, sehr natürliches Make-up auf, hob ihre Wangenknochen in einem lotusfarbenen Rosé-Ton hervor und betonte ihre Lippen mit einem zarten Gloss. So weit, so gut. Sarah strahlte zufrieden, bis die Visagistin ihren Pinsel und einen kleinen Tiegel zückte, in dem sich ein pudriger Lidschatten offenbarte, der Sarahs porzellanfarbenen Teint erröten und ihre glänzenden Lippen vor Schreck erzittern ließ.

»Neeeeein!«, schrie Sarah entsetzt.

Warum sie danach den allerbesten Lebensrat erfuhr und man sich dafür nicht mal schminken muss? Bleibt gespannt!

Als ich Sarah ein paar Wochen nach ihrer Hochzeit besuchte – und ja, ihr ahnt es bereits, sie war eine wunderschöne Braut –, gestand ich, dass ich in Liebesdingen vor einem großen, inneren, sehr unromantischen Fragezeichen stand. Ich hatte eine Reihe, wenn auch sehr übersichtliche Anzahl von Beziehungen hinter mir. Die Tatsache, dass ich Single war, belegte, dass keine davon von Erfolg gekrönt gewesen war, und ich kam nicht umhin zu überlegen, was ich eigentlich wollte. Ich fand es naheliegend, jemanden um Rat zu fragen, der erst kürzlich geheiratet hatte. Irgendwie geht man davon aus, dass verheiratete Menschen Bescheid wissen. Spoiler: Viele tun es nicht. Wir kennen ja die Scheidungsrate, aber immerhin besteht zumindest eine fünfzigprozentige Chance, wenn man davon ausgeht, die beiden wären glücklich. Was übrigens auch nicht immer der Fall sein muss, nur weil man verheiratet ist. Wie auch immer, Sarah war meine Freundin, deshalb fragte ich sie. Ich suchte ihren Rat.

»Ich weiß es einfach nicht mehr ...«, sagte ich, als wir ihre Hochzeitsfotos durchsahen und uns oft genug gegenseitig versichert hatten, wie wundervoll sie ausgesehen hatte und was für eine

19. DIE LILA LÖSUNG

schöne Hochzeit das gewesen war. Das war sie tatsächlich. Es war eine dieser prunkvollen Hochzeiten, bei denen die Gäste in Smokings und Abendkleidern an prachtvoll gedeckten Tischen dinieren, um später ausgelassen darauf zu tanzen und sehr glücklich dabei auszusehen. Ich zähle mich dazu, obwohl ich zwischen einem frisch gebackenen Vater und einer werdenden Mutter saß, die sich während des gesamten Essens über Baumwollwindeln und Abstillmethoden unterhielten. Es hätte schlimmer laufen können. Immerhin saß ich nicht am Kindertisch. Das kann nämlich schon mal passieren, wenn es keinen Single-Tisch gibt, weil man der einzige Single auf dem Fest ist. Toll! So wie auf dieser Hochzeit, bei der ich eben mal drei Tage von T. getrennt war und mich ziemlich wacker hielt. Ich fand vor allem, dass Sarah nichts für meinen Liebeskummer konnte und sich dieser Tag ja auch nicht verschieben oder in einer glücklicheren Phase nachholen ließ. Es blieb mir also nichts anderes übrig, als mir selbst vorzumachen, sehr glücklich zu sein. Das ist übrigens gar keine so schlechte Idee: Man kann dem eigenen Gehirn ab und zu auch vorgaukeln, ganz ausgelassen und unbeschwert zu sein, und irgendwann glauben es dann alle. Auch das Gehirn und manchmal sogar man selbst. Für ein paar Stunden funktioniert das ausgesprochen gut.

Trotzdem war ich froh, den Brautstrauß nicht gefangen zu haben, indem ich einfach einen kleinen, lockeren Ausfallschritt zur Seite machte, als der Strauß zielsicher in meine Richtung flog. Ich vermute, Sarah hatte es so geplant. Aber ich war noch nicht bereit für meine Hochzeit. Nicht drei Tage nach der Trennung von T.

Stattdessen hatte ich mir vor der Hochzeit (keine gute Idee) die Haare selbst ein wenig stufig geschnitten (ich wiederhole: keine gute Idee) und in dem Moment, als das Brautpaar die Tanzfläche mit ihrem ersten Tanz eröffnete und sämtliche anderen Paare sich wildentschlossen dazu gesellten, stürmte ich zielsicher zur Bar, an

19. DIE LILA LÖSUNG

der mir der Barkeeper (der einzig nicht tanzende Mann im Raum) mitleidig einen Gin Tonic überreichte. Vermutlich war nicht mal er Single. Ich fragte aber erst gar nicht nach. Der Stufenschnitt machte sich übrigens auch auf den Fotos bemerkbar, aber Sarah und ich taten beide so, als wäre es gar nicht so schlimm.

»Was weißt du nicht mehr?«, fragte Sarah nach.

»Wer zu mir passt. Ob überhaupt jemand zu mir passt, oder ich zu jemandem. Eben was ich möchte. Ob ich überhaupt jemanden möchte. Ich weiß es einfach nicht mehr«, antwortete ich zugeben etwas konfus. T. schoss immer wieder durch meinen Kopf. Es war schlicht zu viel T. in mir.

»Wir wissen eines: Den Typen willst du nicht mehr«, erwiderte Sarah.

»Ach, will ich nicht?«, sagte ich so, als wüsste ich es nicht.

»Natürlich nicht! Du willst etwas anderes, du weißt es nur noch nicht. Und vielleicht willst du es nur jetzt nicht, weil du gar nicht weißt, was du wollen sollst.«

»Klingt kompliziert«, erwiderte ich und verstand kein Wort.

»Oder auch gar nicht«, sagte Sarah. Offensichtlich wusste sie ganz genau, worauf sie hinauswollte. Ich dagegen rätselte noch, ohne mich sonderlich zu bemühen. Ich war müde von all den Rätseln.

»Vielleicht ist das, was du willst, nicht das, was du brauchst«, erklärte sie weiter. »Vielleicht wolltest du bisher immer Grün und eigentlich brauchst du Lila.«

»Lila?« Ich sah sie fragend an.

»Weißt du noch? Vor meiner Hochzeit hatte ich doch einen Probeschminktermin. Die Visagistin kam damals zu mir, und alles war gut, bis sie mir diesen lilafarbenen Lidschatten vor die Nase hielt. Ich meine: Lila! ›Das ist genau deine Farbe‹, sagte sie. ›Sie ist die perfekte Ergänzung zu deinen Augen!‹« Sarah rollte mit den Augen und sah mich gleichzeitig ganz aufgeregt an, als würde gleich etwas

19. DIE LILA LÖSUNG

ganz Großes kommen. »Ganz ehrlich«, fuhr sie fort, »ich dachte, die spinnt! Ich habe grüne Augen – wie kommt sie da auf Lila?«

»Du hast wunderschön ausgesehen ...«, sagte ich, verstand aber immer noch nicht, worauf sie hinauswollte. »Genau. Und das ist der Punkt. Sie hatte recht. Es war die perfekte Farbe. Lila ist *genau meine* Farbe. Aber hätte ich jemals danach gesucht? Hätte ich diese Farbe jemals selbst ausgewählt?«

»Vermutlich nicht?«, ich sah sie wieder fragend an.

»Niemals!«, bestätigte sie. »Vielleicht ist es bei Männern auch so, oder auch ganz generell im Leben. Vielleicht denkst du, Grün oder Braun passt zu dir und machst dich auf die Suche. Dabei brauchst du eigentlich Lila und weißt es nur noch nicht.«

Da war was dran. Woher soll man denn auch wissen, was einem im Leben steht. Oder wer zu einem passt?

»Wer ist meine Farbe Lila?«, überlegte ich. »Vielleicht denken wir immer nur, wir wüssten, was gut und richtig für uns ist, dabei liegen wir einfach falsch, bis wir richtig liegen. Im wahrsten Sinne des Wortes.«

Eventuell war meine Trennung, die sich auf Sarahs Hochzeit noch wie das Überleben einer Naturkatastrophe anfühlte, in Wahrheit das größte Geschenk. Und ja, das war sie. Zum damaligen Zeitpunkt konnte ich es nur noch nicht sehen (oder wollte ich es noch nicht).

Vielleicht ist nicht das Leben das Problem, sondern das, was wir vom Leben denken. Dennoch reagieren wir oft sehr impulsiv auf Situationen, die uns das Leben vor die Füße wirft. Egal welche Aufgaben wir im Leben bekommen, wir sind erst einmal schwer dagegen. Aber Widerstand ist anstrengend. Er kostet viel Kraft. Wir regen uns auf über die Felsen, an denen wir auch locker vorbeispazieren hätten können. An denen wir uns dann aber doch verletzen, weil wir es einfach nicht lassen konnten, daran hochzuklettern. Und

19. DIE LILA LÖSUNG

vielleicht war genau das auch gut und richtig. Möglicherweise haben wir die Aussicht da oben für eine Zeit genossen und das war schön – bis wir runtergefallen sind. Sollten wir in manchen Situationen vielleicht lieber einen Schritt zurücktreten und uns fragen, was der Sinn hinter all dem sein könnte? Ob das Leben es nicht eventuell sehr gut mit uns meint und noch mit uns kuscheln möchte? Vielleicht wäre es besser, nicht alles zu verteufeln, nur weil es gerade nicht so läuft, wie wir uns das vorstellen. Wir würden ja auch nicht unser Handy aus dem Fenster werfen, nur weil der Akku gerade leer ist. Zugegeben, das passiert natürlich immer dann, wenn wir es am allerwenigsten brauchen (oder es zumindest denken), und nein, es gefällt uns nicht. Aber können wir es ändern? Fangen wir doch besser an zu akzeptieren, dass wir nicht alles kontrollieren können. Gestehen wir uns ein, nicht alles zu wissen, und dass uns das Leben schon zeigen wird, was passt und was nicht. Dann sind wir bereit für neue Nuancen und Schattierungen, von denen wir nie gedacht hätten, dass sie uns glücklich machen könnten.

Vielleicht ist das, was ich will, nicht das, was ich brauche.

Alles wird gut,
vielleicht sogar
noch besser.

20.
SCHMETTERLINGE IM SCHLAUCH

Wenn ich Männer kennenlerne, finde ich sie auf den ersten Blick ganz okay. Nicht mehr und nicht weniger. Der erste Eindruck ist bei mir also meistens recht unspektakulär und eher unromantisch. Ich kann schon sagen, ob mir ein Mann optisch gefällt oder nicht. Ich kann auch sagen, ob ich eine Anziehung verspüre oder nicht. Mehr aber nicht, ich kenne diesen Menschen ja noch gar nicht. Ich halte diese undramatische Betrachtungsweise für durchweg positiv. Doch die Verliebtheitsfalle schnappt auch bei mir irgendwann zu, nur eben etwas später als bei anderen.

Als ich T. kennenlernte passierte es. Zwar zeitverzögert, aber dann doch mit einem Schlag. Das, was andere Menschen als Schicksal oder Liebe auf den ersten Blick bezeichnen, schlug nach mehreren Blicken, dann aber wie der Blitz, jedoch von allen Richtungen gleichzeitig auf mich ein. Die meisten Menschen lieben dieses Gefühl, diesen monströsen Schmetterlingsschwarm, der tosend durch ihren Körper schwirrt, ihnen jeglichen Verstand raubt, ihn sogar betäubt, und das ganze mühevoll errichtete System mit jedem Flügelschlag zerschmettert. Das hört sich dramatisch an? Das finde ich auch! Genau aus diesem Grund bin ich kein großer Fan der ersten Verliebtheitsphase. Ich finde sie anstrengend, kräfteraubend und einfach nur grauenhaft. Da, wo andere Menschen

20. SCHMETTERLINGE IM SCHLAUCH

mit verklärtem Blick und nach oben getackerten Mundwinkeln ihren neuen Partner anschmachten und mit ihm auf Wolke sieben schweben, möchte ich mich einfach nur dezent übergeben und ein bisschen schlafen. Vielleicht auch totstellen, bis diese Zeit ein Ende hat und ich selbst, der andere und auch alle um uns herum sich beruhigt haben und wieder zur Normalität zurückkehren. Denn in der Regel sind auch die Menschen in unserem Umfeld total aus dem Häuschen, sobald wir uns frisch verliebt haben. Ihre Stimmen werden dann eine Oktave höher und sie piepsen Dinge wie: »Ahhhh, wirklich? Erzähl! Wie sieht er aus? Was hat er gesagt? Und was hast *du* gesagt? Was hat er gemacht? Ehrlich?! Das?! Awwwww, wie süß! Denkst du, er ist der Richtige?!«

Da knallt es nur so Fragen aus dem Vernehmungsgewehr der Verliebtheitspolizei. Irgendwie werden auch alle anderen sehr dramatisch, sobald es um eine neue Liebesgeschichte geht. Es liegt vermutlich daran, dass wir alle zu viele Märchen gelesen haben und Hollywoodverfilmungen mehr vertrauen als dem Leben selbst.

Ich muss gestehen, mich überfordert das. Hobbypsychologisch betrachtet wird schnell klar, dass es sich hier wahrscheinlich um meine Angst handelt (vermutlich zu scheitern – und das obwohl ich schon oft gescheitert bin und jedes Mal, entgegen meiner Annahme, am Ende doch überlebt habe). Aber wie wir wissen, halten uns Ängste eher fern vom Glück als dass sie uns ihm näherbringen. Ich kenne meine Angstpalette mittlerweile und kann sogar schon ganz gut damit umgehen (zumindest manchmal). Doch diese Anfangszeit mag ich nach wie vor nicht besonders. Sie strengt mich an. Ich versuche dann, diese Endorphinflut, die alle so toll finden, wild abzuschütteln, um wieder klar zu werden. Das ist dann in etwa so, als hätte man eine ganze Flasche Wodka intus und möchte dennoch unbedingt sehen, ob der andere wirklich so schön ist oder ob man ihn sich nur schön gesoffen hat. Innerlich

20. SCHMETTERLINGE IM SCHLAUCH

wie äußerlich, versteht sich. Irgendwie scheine ich bei der Vergabe des Verliebtheitswunsches nicht ordentlich aufgezeigt zu haben.

Bevor jetzt jemand denkt: »Kein Wunder, dass sie Single ist« – und möglicherweise auch noch recht damit hat, versuche ich etwas genauer zu erklären, warum ich kein Fan der Verliebtheitsphase bin: Alles dreht sich, die Sicht ist wirr und verschwommen, die Welt gerät ins Wanken und nichts ist in Balance. Und das nur, weil man verliebt ist und nicht geradeaus sehen, denken oder reden kann.

»Ver«liebt ist für mich ähnlich wie »ver«dreht oder »ver«rückt, und irgendwie »ver«kehrt. Versteht mich nicht falsch, natürlich war ich auch schon verliebt. Es ist nicht so, als wäre ich nicht auch hin und wieder von dieser weit verbreiteten Epidemie betroffen und als hätte sie mich noch nie erwischt. Gut gefunden oder so richtig genossen habe ich sie aber noch nie. Wenigstens stehe ich mit meiner Ansicht nicht ganz alleine da, denn Anna ist diesbezüglich ganz bei mir. Was wiederum beweist, dass man sogar glücklich verheiratet sein kann, selbst wenn man dieses Frühstadium des rosaroten Tunnelblicks nicht sonderlich mag. Irgendwie hat sie es durch den Tunnel dann doch auf die Glücksstraße der Liebe geschafft. Das gibt doch Hoffnung. Mir zumindest.

Am Anfang einer Beziehung ist es doch meistens so, dass sich beide von ihrer besten Seite zeigen und so tun, als wären sie perfekt. Das macht natürlich keiner absichtlich, es passiert eher unbewusst, aber irgendwie möchte man dem anderen eben so richtig gut gefallen und genauso perfekt sein wie er (haha). Dass niemand perfekt ist, stellt sich aber ohnehin später raus, also wozu der ganze Tanz? Da geht plötzlich der Bier in Plastikbechern trinkende Fußballbegeisterte mit seiner Herzensdame ins Ballett, weil sie es so schön findet, nur um ihr drei Jahre später an den Kopf zu werfen, dass er nie seine Ruhe hat, wenn er mal Fußball schauen will, und ihn ohnehin nichts interessiert, was sie interessiert. Wozu also das ganze

20. SCHMETTERLINGE IM SCHLAUCH

Tamtam mit Spitzen-Tutu? Denken wir wirklich, dass wir uns so verdrehen können, um einem anderen zu imponieren, und das ein Leben lang? Das erklärt dann wohl auch die hohe Scheidungsrate.

Die Verliebtheitsphase ist so, als würde man zwei bis drei Filter mit extra Weichzeichner über sich und den Partner werfen und sich einreden, es sähe doch ganz natürlich, auf jeden Fall aber äußerst realistisch aus. Als denke man, die Hasenohren gehören tatsächlich dazu und machen den anderen zu etwas ganz Besonderem. Irgendwann bemerkt man dann aber, dass die Realität doch etwas anders aussieht. Wir stehen dann diesem echten Menschen gegenüber, der eben das eine oder andere Problem mitbringt und am Ende einfach geliebt werden möchte, so wie wir selbst auch. Meiner Meinung nach fängt dann die eigentlich spannende Phase an, in der jedoch viele entweder scheitern, aufgeben oder den Filter tauschen. Natürlich nehme ich mich vom Scheitern nicht aus. Schließlich bin ich derzeit Single, irgendwas scheint also beziehungstechnisch nicht optimal gelaufen zu sein. Aber heißt es das wirklich?

Sind wir am Ende denn tatsächlich gescheitert oder haben wir unser Bestes gegeben und wie bei allen Hürden im Leben, einfach verdammt viel gelernt? Übernehmen wir auch hier lieber Verantwortung für unser Glück oder Unglück. Wie immer lohnt es sich, mal die Perspektive zu wechseln: Vielleicht ist das vermeintliche Unglück nämlich eigentlich ein Glück.

T. war nicht der erste Mann, bei dem ich Schmetterlinge verspürte, aber wenn wir ehrlich sind, besteht kein großer Unterschied, ob wir uns mit 14 oder 94 verlieben. Ich hatte das immer gehofft, muss mir aber eingestehen, dass ich bisher keinen Unterschied zum präpubertären Gefühlschaos feststellen konnte. Ich habe außerdem die leise Vermutung, dass es auch bis zur Pension so bleiben wird. Doch wer weiß, vielleicht wird man mit dem Alter

20. SCHMETTERLINGE IM SCHLAUCH

etwas unaufgeregter. Wir kennen das alle: Plötzlich taucht jemand auf, der unser Leben auf den Kopf stellt, und trotzdem setzen wir alles auf diesen einen, plötzlich wertvollsten, Menschen der Welt. Wohlgemerkt obwohl wir ihn vor ein paar Tagen oder Wochen noch gar nicht kannten. (Da haben wir es wieder: Menschen sind komisch!)

Jetzt hat uns aber schon der Aktienmarkt gelehrt, dass es nicht empfehlenswert ist, auf ein einziges (wenngleich auch potenziell wertvolles) Stück zu setzen, sondern sehr viel sinnvoller, seine Chancen auf ein breiteres Portfolio zu verteilen. Beim Glück verhält es sich ähnlich. Könnten es da nicht auch mehrere Menschen sein, die zu unserem Glücksbefinden beitragen, also nicht nur der Partner, sondern auch Freunde, Familie und andere Herzensmenschen? Aber nein, in der ersten Verliebtheitsphase oder auch bei Trennungen dreht sich alles um diesen einen Menschen. Wenn wir schon alles auf einen Menschen setzen wollen, also »all-in« gehen beim Glücksroulette, dann sollte es sich bei diesem Menschen einzig und alleine um uns selbst handeln. Wenn man es dann nämlich versemmelt, ist man zumindest immer selbst dafür verantwortlich.

Doch wir waghalsigen Geschöpfe vertrauen lieber anderen unser Glück an und stülpen all unsere Glückserwartungen einem Fremden über, den wir, wie bereits erwähnt, bis vor kurzem noch nicht einmal kannten. Wir stopfen also diese andere Person in einen bunten Überzug. Manchmal wundern wir uns dann, warum der Mensch keine Luft mehr bekommt und beinahe daran erstickt. (Metaphorisch gesehen natürlich. Bitte steckt keine Menschen in Überzüge!) Jetzt sollte man annehmen, dass man mit der Zeit aus Erfahrung ein wenig klüger wird und gelernt hat, dass diese perfekte Husse, die man dieser Person überzieht, gar nicht so viel mit dem Menschen, sondern mehr mit den eigenen Erwartungen zu

20. SCHMETTERLINGE IM SCHLAUCH

tun hat. Für alle, die nicht wissen, was eine Husse ist: Das sind diese Überwürfe, die man beispielsweise über Sessel zieht, damit sie uns besser gefallen.

Vielleicht haben wir also eines Tages diesen Sessel entdeckt. Mit seinen vielen Rissen und Kerben scheint er recht besonders zu sein und wir finden Gefallen an ihm. Doch dann, mit der Zeit, fangen wir an, uns an seinen Löchern und Schrammen zu stören. Da nehmen wir doch gleich mal diesen bunten Überzug in unseren Lieblingsfarben und dem Sternenmuster und werfen ihn darüber, damit er endlich zu dem Sessel wird, den wir gerne hätten. Genauso verhält es sich oft mit unseren Erwartungen, wenn wir einen neuen Menschen und ganz besonders einen potenziellen Partner kennenlernen. Wir sehen ihn nicht so, wie er ist, sondern so, wie wir ihn haben wollen. Wir nehmen also eine Husse, bestehend aus unseren Erwartungen, stülpen sie dem Menschen über und tun so, als wäre das nun wirklich er. Doch auch wenn wir ihn ein bisschen aufhübschen, wird der potenzielle Traumpartner nicht perfekt. Aus der Traum. Der Überzug gesprengt. Das Kissen geplättet. Der Sessel hart und unbequem. Plötzlich kommen wir darauf, dass ein anderer sehr viel bequemer sein könnte. Warum also nicht auf dem dort drüben niederlassen? Eine neue Sitzgelegenheit muss her!

Es gibt tatsächlich Menschen, die sich öfter verlieben, als andere ihre Bettwäsche wechseln.

Ich frage mich immer, wie man das ohne Schwierigkeiten hinbekommt. Ist es Übungssache, sich alle relevanten Details wie Hobbys, Interessen, Geburtstag, Augenfarbe, Allergien, Musikgeschmack, sportliche Vorlieben oder sexuelle Lieblingsstellung zu merken, oder macht man sich ein paar Notizen, um nicht durcheinanderzukommen? Oft sehen sich diese Partner auch noch zum Verwechseln ähnlich. Wir kennen das von einigen prominenten

Beispielen, die ihrem optischen Lieblingsmodell lebenslang treu geblieben sind. Der Gedanke drängt sich auf, es könnte in manchen Beziehungen eventuell um etwas anderes, als wirklich um den Menschen gehen. Aber wer weiß das schon. Vielleicht ist es die Vorstellung oder der Wunsch vom gemeinsamen Glück, warum wir uns immer wieder verlieben. Selbst nach der größten Enttäuschung rappeln wir uns wieder auf und reden uns von Neuem ein, diesmal wirklich dem perfektesten Menschen des gesamten Universums begegnet zu sein. Ich halte das übrigens für einen Trick der Natur, damit wir nicht damit aufhören, uns munter fortzupflanzen. Entschuldigt diese wenig romantische Betrachtungsweise. Man kann es natürlich auch Schicksal nennen. Auch das halte ich für möglich!

DRAMÖDIE IN DREI AKTEN

Fragt man Frauen, was ihnen wichtig an einem Mann ist, dann findet sich Humor auf der Beliebtheitsskala immer ganz weit oben. Woran liegt das? Haben wir nichts zu lachen und brauchen jemanden, der uns zum Lachen bringt? Ist uns selbst der Humor ausgegangen, sodass wir ihn outsourcen müssen? Und, weiter gedacht, lachen wir auch in drei Jahren noch über seine Witze (die wir mittlerweile synchron mitsprechen können, weil sich das Witzerepertoire nach einiger Zeit eben erschöpft)? Ich weiß es auch nicht, aber ich zähle ebenfalls zu den Frauen, die Humor für ein lebensnotwendiges Kriterium halten, wenn es um die Verteilung der potenziellen Verliebtheitspunkte geht. Ich kann zwar nur für mich sprechen, aber von humorbefreit bis in der Spaßkiste übernachtet habe ich so ziemlich jede Variante Mann kennengelernt,

20. SCHMETTERLINGE IM SCHLAUCH

und wie bei allem ist die perfekte Mischung wahrscheinlich die, bei der man sich auf derselben Wellenlänge trifft. So war es bei T. Als ich ihn kennenlernte, spazierte ich nicht gerade am Glücksplateau meines Lebensweges. Es waren mehr diese holprigen Serpentinen, in denen man besonders viel über sich lernen kann und die gerade deshalb eben auch zum Glück dazu gehören. So wirklich sehen konnte ich das damals allerdings noch nicht und auch zum Lachen war mir nicht so recht zumute.

Und dann kam T. Wir hatten uns einmal flüchtig über gemeinsame Freunde kennengelernt und trafen uns auf einem Firmenevent wieder. Er hatte diese Art von Humor, die subtil und trocken um die Ecke biegt und einen direkt in die Brust, dann weiter unten im Bauch und mitten ins Herz trifft. Ich lachte, bis mein Bauch schmerzte.

Gleich am nächsten Morgen rief ich Anna an. »Ich kann wieder lachen!«, rief ich euphorisch. »Ah ja«, sagte sie und lachte ebenfalls. »Und wie sieht er aus?«

Dazu muss man sagen, Anna ist von all den Menschen auf dieser Welt die Person, die mich irgendwie immer und am allermeisten zum Lachen bringt. Manchmal sieht sie mich einfach an und schon muss ich lachen. Aber damals, bevor ich T. traf, versuchte ich mich gerade am Ernst des Lebens und selbst bei ihr nahm ich den Ernst sehr ernst. Ich glaube, ich *wollte* damals ernst sein. Im Nachhinein denke ich, dass dieses Lachen der Startschuss für den ganzen Schmetterlingsschwarm war, der darauf folgte und von dem ich zu dem Zeitpunkt nichts ahnte oder zumindest nichts ahnen wollte. Ich freute mich also und selbstverständlich gestand ich mir nicht ein, dass es längst um mich geschehen war. Die Leichtigkeit, die ich mit ihm wieder in mein Leben ließ, beflügelte mich und nahm mir die Schwere der letzten Wochen, aber auch die Erdung.

20. SCHMETTERLINGE IM SCHLAUCH

T. und ich tauschten Nummern aus und von diesem Abend an schrieben wir unentwegt hin und her. Ich dachte nicht viel darüber nach, ob oder wohin das mit uns führen würde, sondern war ausschließlich im Moment. Es ist schon eigenartig, wie viel Zeit man plötzlich einem Wildfremden widmet und wie sehr man sich für den anderen interessiert. Ich frage mich oft, ob es uns tatsächlich darum geht, den anderen kennenzulernen (ja, natürlich auch), oder ob wir uns damit auch selbst ein Stückchen besser kennenlernen und uns wieder selbst ganz neu begegnen.

Man erzählt sich die absurdesten Geschichten und kramt in skurrilen Ereignissen der Vergangenheit. Selbst die schwersten Momente erzählen sich plötzlich wie die spannende Verfilmung eines erfolgversprechenden Romans und auch das ödeste Detail des Alltags wird zum spannenden Ereignis. Plötzlich fühlt sich das eigene Leben so viel imposanter an, die Filmmusik wie ein ganzes Orchester, die Bilder so viel leuchtender und alles, wirklich alles erscheint einem oscarreif. Plötzlich läuft man mit einer Eleganz durchs Leben, als schreite man im Abendkleid und Diadem beim Milchholen über den roten Teppich zum Supermarkt um die Ecke. Selbst die banalsten Dinge werden zum spektakulären Abenteuer, man selbst ist der aufregende Hauptdarsteller seines spannenden Lebens.

Ich persönlich rede mir in dieser Phase gerne ein, dass alles völlig in Ordnung und nichts außer Kontrolle sei, bis ich (nach relativ langer Zeit) darauf komme, dass ich wie beim Bungeejumping kopfüber am Seil hänge und absolut gar nichts mehr kontrollieren kann. Nicht dass man alles im Leben kontrollieren müsste. Ganz im Gegenteil, ich bin davon überzeugt, dass sich das Leben gar nicht so gut kontrollieren lässt, wie wir glauben. Aber ich gehöre eben leider auch zu jenen Menschen, die sich schon auch mal selbst dabei verloren haben. Da bestimmte das Seil die Richtung und ich baumelte ausgeliefert in der Gegend herum. Auf

20. SCHMETTERLINGE IM SCHLAUCH

Dauer führt das zu Kopfschmerzen und es lässt sich auch nicht sehr klar denken, so kopfüber am Seil.

T. und ich schrieben uns. Frühmorgens, vor der Arbeit, während der Arbeit, nach der Arbeit, im Auto, beim Kochen, beim Fernsehen, statt Fernsehen, in der Badewanne, abends, nachts bis um vier, mit kurzer Unterbrechung einer kleinen Schlafpause und danach wieder morgens. Wir schrieben uns ständig. Wir konnten es beide nicht erwarten, uns endlich wiederzusehen. Bis dahin teilten wir gefühlte 19,8 von 24 Stunden unseres ausgefüllten Lebens. Man fragt sich ja oft im Nachhinein, wie das Leben je ohne diesen Menschen ausgesehen hat. Vor allem nach einer Trennung, wenn man sich wieder auseinander dividiert. Dabei ist man vollkommen überzeugt, dass nichts und niemand davor mit diesem Glück auch nur annähernd vergleichbar gewesen ist und auch niemals mehr sein wird. (Spoiler: Natürlich ist das *nicht* die Wahrheit. Gott sei Dank!)

Nach mehreren Tagen exzessiven Schreibens mit Verdacht auf irreparable Sehnenscheidenentzündung verabredeten T. und ich uns endlich. Wir trafen uns spätabends zu einem Spaziergang im Wald, zu einer dermaßen fortgeschrittenen Uhrzeit, dass man nicht mal die eigene Hand oder den nächsten Baum vor Augen sehen konnte. Wir hielten es für abenteuerlich, vielleicht auch für romantisch. In Horrorfilmen fragt man sich bei solchen Szenen immer: Warum in Gottes Namen tun sie das?! Warum laufen sie mitten in den dunklen Wald hinein? Das würde doch kein normaler Mensch tun! Das wäre völlig irrational. Doch verliebte Menschen sind nunmal völlig irrational. Da scheint kein Wald zu dunkel, kein Ort zu absurd und keine Uhrzeit zu spät zu sein. Da unternimmt man die seltsamsten Dinge und findet sich auch noch sehr aufregend und wild dabei.

Später macht man solche Dinge nie wieder und irgendwann fragt man sich, warum die ganze Romantik weg ist. Man fände es aber komisch, mitten in der Nacht in den Wald zu fahren, weil man

20. SCHMETTERLINGE IM SCHLAUCH

doch eine gemeinsame Wohnung hat und es so wenig Sinn ergibt, durch den stockdunklen Wald zu wandern, wenn man auch einfach vom Wohnzimmer ins Schlafzimmer gehen kann.

Wenn allerdings bereits genügend nächtliche Waldspaziergänge und auch der erste filmreife Kuss unter dem Sternenhimmel hinter einem liegen, man geschätzte acht Trilliarden Nachrichten ausgetauscht und sich von der Kindheit bis zur letzten Schnittwunde jedes kleinste Detail seines Lebens erzählt und für gut befunden hat, beginnt für mich die erste Hürde. Da, wo andere Hals über Kopf in rosarote Wolken springen und auf der siebten schweben, bekomme ich den ersten dezenten Panikanfall. Bis dahin können übrigens schon einige Wochen vergangen sein. Mit hoher Wahrscheinlichkeit wurden schon leidenschaftlich Körperflüssigkeiten und somit eine ordentlich Portion Bindungshormone ausgetauscht. Erste Treffen mit Arbeitskollegen, Freunden oder auch sämtlichen Familienmitgliedern stehen an und pünktlich dazu meldet sich, so sicher wie das Amen in der Kirche, mein inneres Warnsystem. Gerade dann, wenn der andere mit den kleinen oder großen Liebesschwüren rausrückt, schalten sich ein paar kreischende Sirenen in mir dazu. Ich behalte sie dann aber nicht etwa für mich, sondern leite sie umgehend meinem Gegenüber weiter, was nicht die klügste aller Varianten ist. Ich muss wohl nicht erwähnen, dass es nicht empfehlenswert ist, seinem Partner sämtliche Zweifel und Bedenken um die Ohren zu hauen, warum das alles gar nicht klappen könnte, und dann zu hoffen, der andere bliebe ruhig und würde einen schon vom Gegenteil überzeugen. Dennoch werfe ich den Rasenmäher an und rattere über das zarte Liebespflänzchen. *Rums*. Umgemäht.

Ich weiß ehrlich gesagt nicht, was ich mir in dem Moment erwarte. Meine Angst, erneut zu scheitern, überholt mich mit gefühlten zweihundert Sachen rechts auf der Befürchtungsautobahn und

20. SCHMETTERLINGE IM SCHLAUCH

ich will, bevor ich das Steuer herumreiße, meinen Beifahrer noch vor dem vermutlich abscheulichsten Unfall seines Lebens warnen. Mit quietschenden Reifen bremse ich mich auf dem Beziehungspannenstreifen ein, stoppe das Fahrzeug und rede wie wild auf meinen bis dahin nichtsahnenden Begleiter ein. Danach sitzen wir beide wie erstarrt nebeneinander, bis ich mich irgendwann beruhige und dasselbe von meinem Beifahrer erwarte. Überraschung, das passiert meistens nicht. Ich kann euch sagen, das ist nicht der beste Start einer gemeinsamen Reise. Irgendwie verliert der andere mit einem Schlag die eben noch geglaubte Sicherheit, die er sowohl dem Fahrer als auch dem Gefährt als Vertrauensvorschuss gewährt hatte. Die Unfallgefahr steht plötzlich mit jeder SOS-Notrufsäule alle tausend Meter alarmierend an der Seite und nichts ist mehr so unbeschwert, wie es anfangs war.

Genau so hat es sich auch bei T. zugetragen. Meine Angst, es könnte alles schiefgehen, blockierte alles. Es war die Angst, wieder verletzt zu werden, die mich innerlich förmlich anschrie. Die Furcht, die Kontrolle, und am schlimmsten noch, mich selbst zu verlieren und am Ende wieder mit blutendem Herzen dazustehen. Sie meldete sich wie ein Frühwarnsystem. Als wollte es sagen: »Pass auf dich auf. Du könntest verletzt werden!« Aber ist das nicht immer und jederzeit der Fall? Ist das Leben nicht generell sehr gefährlich? Ergibt es wirklich Sinn, jemanden wegzustoßen, damit man am Ende nicht verletzt wird? Verletzt man sich damit nicht im Grunde nur selbst?

Der amerikanische Beziehungscoach Stephan Labossiere erklärte in einer Podcastfolge von Lewis Howes, dass mehr als 60 Prozent verheirateter Paare mit Partnern verheiratet wären, für die sie nicht die stärksten Gefühle haben. Sie hätten sich demnach für jemanden entschieden, bei dem sie nicht so verletzlich seien und der ihnen nicht zu gefährlich werden könne. Bei dem sich die Angst

20. SCHMETTERLINGE IM SCHLAUCH

also nicht mit ohrenbetäubenden Sirenen meldet. Wir haben alle Angst, verletzt zu werden. Aber ist das die Lösung? Sollten wir uns nicht lieber genauer ansehen, wovor wir uns so sehr fürchten? Labossiere rät, sich seinen Ängsten zu stellen und sie im besten Fall zu überwinden, noch bevor wir eine Partnerschaft eingehen. Natürlich ist das auch in einer Partnerschaft möglich, vor allem weil Partner einem die eigenen Ängste ohnehin hervorragend spiegeln.

Die Angst, verletzt zu werden, lässt uns oft erstarren. Wir trauen uns nicht mehr, unser Herz richtig zu öffnen und uns ganz auf jemanden einzulassen. Es hilft uns aber nicht, in Totenstarre zu verfallen, vor allem wenn wir noch am Leben sind. So tritt genau das ein, wovor wir uns am meisten fürchten: Aus Angst vor dem Scheitern scheitern wir.

Wenn eine Beziehung nicht so läuft, wie wir uns das vorstellen, egal ob am Anfang, am Ende oder mittendrin, neigen wir dazu, den anderen zu beobachten: Was könnte er oder sie besser machen? Mit dem Finger auf ihn zu zeigen und zu überlegen, was mit dem anderen nicht stimmen könnte und welche Ängste ihn wohl blockieren, wird uns selbst aber nicht weiterbringen. Auch diesbezüglich ist es sinnvoller, ganz bei sich zu bleiben und sich anzusehen, wo man sich eventuell selbst im Weg steht und sabotiert. Ganz oft führt es uns zum Ursprung unserer tiefsten Angst, nämlich nicht zu genügen und das ganz große Glück (auch in Liebesdingen) gar nicht verdient zu haben. Wir laufen dann entweder schon weg, bevor wir noch hinfallen können, oder wir suchen uns Partner, die nicht verfügbar sind, um uns am Ende zu beweisen, dass wir recht hatten. Wir reden uns vielleicht ein, immer schon gewusst zu haben, dass es niemanden für uns geben kann, mit dem wir wirklich glücklich sein können, oder dass wir wieder enttäuscht oder verlassen werden, oder dass wir ohnehin nicht liebenswert sind. Damit bestätigen wir uns unsere eigenen Glaubenssätze und versichern uns, wie schwierig es ist.

20. SCHMETTERLINGE IM SCHLAUCH

Labossiere hält die Angst verletzt zu werden für die Ursache dafür, dass wir uns gar nicht mehr wirklich auf andere einlassen.

Ich habe mich damals auf T. eingelassen. Verletzlich und echt. Er hat mich drei Jahre später verlassen. Es fühlte sich an wie Sterben. Nicht die gute Art von friedlich einschlafen, wenn man glücklich auf sein Leben zurückblickt, sondern mehr wie ein Unfall, bei dem man unglücklicherweise überlebt und dabei zusieht, wie man innerlich auseinanderfällt. Na ja. Man hat mir zwar nicht den Arm oder das Bein amputiert, dafür aber das Herz herausgerissen. Zumindest hat es sich so angefühlt. Der »Unfall« hat drei Minuten gedauert. Immerhin, er hat sich für jedes Jahr eine Minute Zeit genommen:

»Wir müssen reden.

Wir sollten uns trennen.

Wann kannst du ausziehen?«

Weg war er. In drei ganzen Sätzen.

Das ist sie, die Kurzzusammenfassung einer Beziehung von drei Jahren. Es klingt wie eine Tragödie in drei Akten. Der Vorhang war gefallen. Da saß ich also und starrte gegen die Wand. Eine beschissene Wand, wie ich fand, weil da ein Bild von uns hing. Warum fühlt es sich nur immer so dramatisch an bei Trennungen? Ich fragte mich, ob ich es hätte sehen können. Das Ende, nicht die Wand. Tief in mir hatte ich es nämlich von Anfang an gewusst. In Wahrheit weiß man so vieles von Anfang an, wenn man nur genau hinsieht. Wenn man die roten Flaggen übersieht, weil man so gerne daran glauben möchte.

So absurd es klingt, ich bin dankbar. Für alles. Für T., die nächtlichen Waldspaziergänge, die Angst am Anfang, den Schmerz am Ende. Mitten im Fall lernen wir wieder fliegen. Plötzlich spüren wir, dass alles da draußen nur ein Spiegel unserer inneren Welt ist. Mit etwas Abstand können wir daraus lernen und wachsen. Wenn

20. SCHMETTERLINGE IM SCHLAUCH

wir gut zu uns selbst sind, brüllen keine Ängste mehr. Dann ist da eine leise Stimme im Bauch. Das Gefühl, das sich meldet, ob einem jemand guttut oder nicht. Es wird sehr viel weniger dramatisch, dafür aber beständig. Das heißt nicht, dass es eine Garantie gibt in der Liebe, denn die gibt es nicht. Aber plötzlich ist man sicher. Ob als Single oder in der nächsten Beziehung. Da braucht es keine Angst mehr. Denn was soll passieren? Vielleicht fallen wir. Aber selbst wenn wir fallen, dann doch immer ein Stück weiter vorne und niemals da, wo wir gestartet sind. Von da aus stehen wir auf. Und wir sind sehr viel weiter.

Im Grunde führt auf der Reise zum Glück kein Weg an der Selbstliebe vorbei. Sie ist der kleinste (in dem Fall wohl größte) gemeinsame Nenner. Erst wenn wir dort angelangt sind, kann etwas in uns heilen und dann sind eine gesunde Partnerschaft und gemeinsames Glück wirklich möglich. Das Glück zu zweit fängt also beim eigenen an.

Und dann lernt der Schmetterling fliegen.

21.

WARUM VERLIEBTSEIN EINE ENTSCHEIDUNG IST

Als Anna ihren Mr. Right kennenlernte, also den, mit dem sie heute glücklich verheiratet ist und wir ihn deshalb so nennen, war sie gar nicht so sicher. Ich erinnere mich, dass sie mir damals ein Foto von ihm schickte und auch ich ganz und gar nicht sicher war. Er sah einfach so unglaublich gut aus! Fast schon absurd gut. Als hätte man Mr. Right im Körper von Orlando Bloom reinkarniert und direkt über den Red Carpet zu Anna geschickt. Aber war er auch treu, verlässlich und der berühmte Fels in der Brandung? War er tatsächlich der Mann an ihrer Seite, mit dem sie eine glückliche Beziehung führen konnte? Konnte jemand, der so aussah, denn all das sein? Wir tappten damals beide in die Klischeefalle und zweifelten daran. Ich vermutlich noch mehr als Anna, denn zumindest gab sie ihm eine Chance und Gottseidank nicht auf. Sie nahm sich die Zeit, es in Ruhe herauszufinden.

Nach ihrem ersten Date, in dem Anna aus Aufregung so viel sprach, dass er kaum zu Wort kam, er sie (vielleicht auch deshalb) danach küsste, gab es objektiv betrachtet jeden Grund, völlig auszurasten und sich Hals über Kopf zu verlieben. Nicht dass das vorher noch nie passiert wäre. Anna war immer schon der emotionale Typ.

21. WARUM VERLIEBTSEIN EINE ENTSCHEIDUNG IST

Beinahe überschwänglich hatte sie Männern eine Chance gegeben, denen man wahrscheinlich nicht mal ein Glas Wasser anvertrauen würde, weil man Angst haben musste, dass sie es eiskalt fallen ließen. Doch diesmal war es anders. Anna hatte offenbar ihr lebenslanges Vertrauensvorschusspensum aufgebraucht, denn zum allerersten Mal wollte sie es ein wenig ruhiger angehen lassen. Sie verabredete sich über einen Monat mit ihm, er führte sie aus, sie redeten, sie lachten, sie küssten sich und – nein, Anna wollte das mit dem Verlieben noch nicht überstürzen – sie lernten sich kennen.

Nach einem Monat schien ihr der richtige Zeitpunkt gekommen zu sein. Sie fragte ihn, wie er das Ganze zwischen ihnen sah und wohin er wollte, dass es führte. Eine klare Frage mit einer klaren Antwortmöglichkeit. Sie blieb allerdings aus. Stattdessen stammelte er ein wenig herum. Eine richtige Antwort auf ihre Frage erhielt sie nicht. Früher hätte Anna sich damit zufriedengegeben. »Es war zwar kein klares Ja, aber immerhin auch kein definitives Nein«, hätte sie sich dann gesagt. Im Hoffnungsmodus wäre das ein ganz klares und akzeptables »bitte bleiben Sie dran.« gewesen. Natürlich hätte es ihr im Grunde nicht gereicht, aber sie hätte so getan, als würde es reichen. Sie wäre dran geblieben. Immerhin hätte es ihre Hoffnung geschürt. Im Tal der Hoffnung lebt es sich zwar recht einsam und eher schlecht als recht, aber doch so gut, dass man sich auch schon mal Monate lang dort aufhalten kann. Vermutlich hätte sie früher auch aus Angst vor der falschen Antwort erst gar nicht gefragt. Kommt uns das nicht bekannt vor? Aus Angst, etwas würde nicht unserer Erwartung entsprechen und dann vielleicht enden, halten wir uns lieber mit beiden Händen die Augen zu und laufen blind in unser Unglück.

Kennen wir hingegen unseren Wert, wissen wir, wohin wir wollen und bestimmen selbst die Richtung. Möchte der andere dann nicht mit spazieren, sondern irgendwo am Weg abbiegen, verabschieden

21. WARUM VERLIEBTSEIN EINE ENTSCHEIDUNG IST

wir uns in Ruhe von ihm und ziehen weiter. Es lohnt sich also, im Vorhinein zu fragen, ob es ihn eher nach Alaska zieht, wenn man selbst nach Südafrika möchte. Er würde ohnehin später immer nur motzen, dass ihm viel zu heiß dort wäre und er doch in den Norden wollte.

Anna wusste zwar nicht, wohin er wollte, aber sie wusste, wohin *sie* wollte. Und sie nahm in Kauf, gegebenenfalls alleine weiterzuziehen. Die beiden vereinbarten, nochmals in Ruhe zu reden, und sicherheitshalber packte sie schon mal all seine Sachen, die er in dem Monat bei ihr gelassen hatte, fein säuberlich in eine Tasche, sollte er eben doch nach Alaska wollen. Sie würde ihm nicht folgen und sich auch nicht selbst auf dem Weg verlieren. Wenn Anna eines wusste, dann, dass sie ganz sicher nicht mehr mit sich spielen ließ. Sie wusste, dass sie keine zweite Wahl, kein leichter Zeitvertreib und nie wieder jemandes »Manchmal« sein wollte. All das reichte ihr nicht mehr. Ganz oder gar nicht, dachte sie. Und es war ihr egal, wie es ausging.

Als Mr. Right dann nach der Arbeit bei ihr vorbeikam, setzte er sich auf ihre Couch und sah sie erwartungsvoll an. »Also, sprich«, sagte er, überließ ihr das Wort und zog sich damit geschickt aus der Affäre.

»Nein!«, stieß Anna hervor. Forsch, aber glasklar. »*Du* wolltest reden. Also rede!«

»Ja«, sagte er. »ich habe nachgedacht.« Er sah ihr in die Augen, während er einen Schluck von dem Glas Wasser nahm, das Anna für ihn auf den Tisch gestellt hatte. »Ich wäre gerne mit dir zusammen.«

Anna wollte gerade aufstehen, um ihm seine Tasche zu überreichen und ihn nach draußen zu begleiten, als sich seine Worte unvorbereitet den Weg durch den Gehörgang zu ihrer nichtsahnenden Großhirnrinde bahnten. Es dauerte einen Moment, bis sie

21. WARUM VERLIEBTSEIN EINE ENTSCHEIDUNG IST

verstand, was er gerade gesagt hatte. Wie gerne hätte ich ihren Blick gesehen, denn damit hatte sie nicht gerechnet. Sie sah ihn entgeistert an und stammelte: »Okay.«

Das war's. Mehr sagte sie nicht. Ein einfaches Okay.

Mr. Right schien verunsichert. Vielleicht hätte er sich mehr Euphorie erhofft oder vielleicht hatte ihn die Kürze ihrer Antwort, die uns Frauen sonst doch so gar nicht liegt, überrascht.

»Sicher?« Er klang ein wenig zaghaft und sah sie verlegen von der Seite an.

»Ja«, antwortete sie knapp, aber entschlossen.

Die Tasche blieb. Er auch.

Für einige von euch mag das nach keiner großen Sache klingen. Was war denn jetzt so besonders daran? Sie hatte ihn gefragt, wohin das Ganze führen würde, er wusste keine Antwort, dachte darüber nach und kam dann zu dem Entschluss, dass es ihm ernst war und er eine Beziehung mit Anna wollte. Klingt normal. Passiert doch häufig. Das geht ganz vielen Menschen so. Mag sein. Ich habe mal einen klugen Satz gehört: »Finde heraus, was du möchtest, und lerne, es einzufordern.« So war es auch bei Anna. Sie wusste, was sie wollte. Sie hatte sich entschieden. In letzter Konsequenz vor allem für sich selbst. Sie hatte den Mut, für sich einzustehen. Sie sah ihren Wert und forderte ein. Plötzlich war weniger keine Option mehr. Hätte Mr. Right sich gegen eine Beziehung mit ihr entschieden, sie hätte ihm freundlich gewunken und es wäre in Ordnung gewesen. *Sie* wäre in Ordnung gewesen. Natürlich hätte sie es schade gefunden, aber nicht eine Minute hätte sie an sich selbst gezweifelt. Viele Leute behaupten ja: »... und dann ist es einfach so passiert. Dann habe ich mich verliebt. Ich konnte nichts dagegen tun. Es war einfach so.«

Warum das so nicht ganz stimmen kann, hat mein bester Freund letzens ganz eindrucksvoll widerlegt: »Würden wir uns ›einfach so‹

21. WARUM VERLIEBTSEIN EINE ENTSCHEIDUNG IST

verlieben und könnten nichts dagegen tun, dann gäbe es keine Monogamie. Wir würden dann in der Gegend herumlaufen und uns immer wieder neu verlieben. Ganz unvorhergesehen. Eben einfach so. Dann gäbe es keine stabilen Beziehungen.

Sich zu verlieben ist eine Entscheidung«, meinte er. Das brachte mich zum Nachdenken.

Ich war immer der Überzeugung gewesen, dass Liebe eine Entscheidung sei. War das mit dem Verliebtsein womöglich nicht anders?

Wenn wir jemanden lieben, entscheiden wir uns, unser Leben oder zumindest einen kurzen bis längeren Zeitraum mit diesem einen Menschen zu verbringen. Übrigens auch an Tagen, an denen es nicht so gut läuft. An denen uns der andere nervt, vielleicht auch weil wir uns selbst nerven. Wir gehen dann nicht einfach, sondern entscheiden uns, die Nervensäge (manchmal auch uns selbst) mehr oder weniger geduldig zu ertragen, uns zu beruhigen, vielleicht darüber zu reden und im besten Fall daran zu arbeiten und eine gemeinsame Lösung zu finden. Es ist nun mal so: Treffen zwei Menschen aufeinander, gibt es nicht vierundzwanzig Stunden Rosamunde-Pilcher-Idylle und Harmonie. Selbst in diesen verklärten Filmen gibt es ein paar Höhen und Tiefen, um den Spannungsbogen aufrechtzuerhalten. Was in der Filmindustrie einwandfrei klappt, bringt auch Spannung im echten Leben. Manchmal eben auch Anspannung. Aber – und das ist wichtig: Wo keine Reibung, da kein Feuer. Danach kann man sich wieder ordentlich versöhnen und gemeinsam wachsen.

Jetzt wollen aber nicht alle Menschen an ihrer Beziehung arbeiten. Einige finden das überbewertet. Das liegt vermutlich daran, dass manche Menschen gar nicht so gerne an sich selbst arbeiten, da brauchen sie erst recht niemanden, der ihnen den ganzen Dreck vor die Tür legt und möchte, dass sie helfen, ihn wegzufegen. Im

21. WARUM VERLIEBTSEIN EINE ENTSCHEIDUNG IST

übertragenen Sinn, denn unordentliche Menschen gibt es ja auch. Die schmeißen dann sogar mit schmutzigen Socken oder Unterhosen um sich. Das kann einen, ich spreche aus Erfahrung, schon mal gehörig aufregen.

Warum ausgerechnet unsere Partner unsere größten Trigger und Spiegel sind, liegt wohl daran, dass sie uns sowohl örtlich als auch emotional am nächsten stehen. Das kann man jetzt gut finden oder sehr böse. Ändern wird man es wahrscheinlich nicht. Weder Freunde noch Arbeitskollegen, schon gar nicht Bekannte und nicht mal die eigene Familie (obwohl die schon sehr nah rankommt) können uns so aufregen, wie die Menschen, mit denen wir eine Beziehung führen. Würden wir jedes Mal gehen, wenn es schwierig wird, oder von dannen ziehen und uns neu verlieben, weil dieser neue, schöne Mensch, zu dem wir uns hingezogen fühlen, es noch nicht schafft uns aufzuregen (Achtung, Husse! Er schafft es später garantiert!), würden wir uns wöchentlich neu verlieben. Befinden wir uns allerdings bereits im fortgeschrittenen Stadium der Liebe (klingt wie eine Erkrankung, so ist es gar nicht gemeint, wohl eher eine Entwicklung), entscheiden wir uns in den meisten Fällen nicht so mir nichts dir nichts dafür, uns eben mal neu zu verlieben. Selbst wenn wir uns zu jemand anderem hingezogen fühlen (und ja, das kann passieren), wägen wir vermutlich erst ab, ob es klug wäre, mit einem Mal alles hinzuwerfen und all das, was wir uns vielleicht jahrelang mit unserem Partner aufgebaut haben, aufs Spiel zu setzen.

Natürlich gibt es Menschen, die das trotzdem tun, mal eben Zigaretten holen und nie wiederkehren, im zweiten Frühling mit der Sekretärin durchbrennen oder nach zwei Wochen Urlaubsglück den brasilianische Surfer mit den olivfarbenen Kulleraugen heiraten, weil sie an Liebe auf den ersten Blick glauben und – was soll man tun – sich einfach so verliebt haben. Das soll es geben. Der Normalfall ist es zum Glück nicht. Das würde jede Menge Unruhe

21. WARUM VERLIEBTSEIN EINE ENTSCHEIDUNG IST

in unser ohnehin schon sehr bewegtes Leben bringen. Glaubt man der Liebe, darf sie schon konstant sein. Denn sehen wir uns zum Beispiel die bedingungslose Liebe an, so wie wir sie von Eltern kennen, die ihre Kinder lieben, dann entscheiden sie sich ja auch nicht plötzlich dafür, dieses eine Kind im Kindergarten mit den hellblauen Augen und den goldenen Locken mehr zu lieben, nur weil ihr eigenes gerade sehr anstrengend ist.

Wir verlieben uns also im Normalfall nicht »einfach so« in jemanden, wenn wir gerade in einer Beziehung sind. Aber wie sieht das bei Singles aus? Die könnten ja, wenn sie wollten. Laufen sie in der Gegend herum und verlieben sich munter drauflos? Passiert es einfach so, förmlich aus dem Nichts? Unerwartet wie ein Unfall, bei dem wir uns vielleicht ganz unbeteiligt, aber erschrocken und mutig unserem Schicksal ergeben? Die Schicksalsfrage würde mit großer Wahrscheinlich ein neues, ganzes Buch füllen. Also lassen wir die mal außen vor.

Wie bereits erwähnt, halte ich es nicht für die beste aller Alternativen, das Glück außerhalb von uns selbst zu suchen. Man gibt dem anderen damit sehr viel Macht über das eigene Wohlbefinden. Was ist, wenn der Partner sich gerade auf Geschäftsreise befindet oder sehr beschäftig ist, bleibt dann das eigene Glück auf der Strecke? Müssen wir dann darauf warten, bis es uns der andere wieder zuwirft und ruft: »Hier, fang! Da hast du dein Glück!« Gar nicht auszudenken, wenn der andere tatsächlich Zigaretten holen geht und nie wiederkommt. Wie holen wir uns dann unser Glück zurück? Das kann so nicht gedacht sein. Weder vom Glück noch vom Leben. Wir wären dann sehr abhängig. Beinahe so, als hätten wir einen Dealer und warteten, bis er uns endlich mit Stoff versorgt. Nein, das würden wir nicht tun. Das wäre sehr ungesund, das weiß doch jeder. Und doch passiert es immer wieder.

21. WARUM VERLIEBTSEIN EINE ENTSCHEIDUNG IST

Sich zu verlieben ist keine Kunst. Zu lieben schon eher. Sich mutig auf jemanden einzulassen und gemeinsam zu wachsen erfordert Zeit und Mut. Wie wäre es für den Anfang, wenn wir uns wieder in uns selbst verlieben? Plumpe Weisheiten auf Social-Media-Kanälen wie »Be with someone that makes you happy« helfen dabei nicht gerade. Frei übersetzt heißt das nämlich: »Sei mit jemandem zusammen, der dich glücklich macht.« Entschuldigung, aber da hat sich ein Fehler eingeschlichen. »Sei jemand, der glücklich ist«, müsste es doch viel eher heißen. »Und dann sei mit jemandem zusammen, der auch glücklich ist.« Zwei glückliche Menschen potenzieren dann nämlich ihr Glück und machen nicht den anderen für ihr eigenes verantwortlich. Dann darf auch jeder mal Zeit mit anderen verbringen oder einfach mit sich selbst und beide sind immer noch glücklich. Ein glücklicher Mensch ist nicht weniger glücklich, wenn ein anderer glücklicher Mensch gerade nicht da ist. Es geht doch vielmehr darum, jemanden zu lieben, ganz ohne etwas im Gegenzug dafür zu erwarten, weil man ohnehin schon glücklich ist und gar nicht mehr braucht. Einfach, oder? Nicht immer. Wissen wir.

Wenn jemand sagt:
»Das geht nicht«,
denke daran: es sind
seine Grenzen,
nicht deine.

22.

MHHMM, BOB

Warum erwarten wir von Menschen, die nicht liebevoll zu sich selbst sind, es zu uns zu sein? Vermutlich weil wir in dem Moment nicht besonders liebevoll zu uns selbst sind. Wären wir das, würden wir erkennen, dass unser Herz bei diesem Menschen nicht sonderlich gut aufgehoben ist. Auch Anna hat vor Mr. Right einige Male gelitten, weil sie dem ein oder anderen emotional Verkümmerten ihr Herz anvertraute, obwohl derjenige sich nicht mal gut um sein eigenes kümmerte (deshalb auch verkümmert). Würde sie es empfehlen? Nein. Hat sie daraus gelernt? Ja.

Es bleibt übrigens immer *unser* Herz, auch wenn wir es für jemanden öffnen. Und es spricht nichts dagegen, sein Herz weiterhin offen zu halten. Nur weil ein anderer da nicht hinein möchte und beschließt lieber als stiller Beobachter von draußen herein zu glotzen, ist es nicht weniger gut, offenen Herzens durch die Welt zu gehen. Wichtig ist die Zeit und wem wir sie und unser Herz widmen.

Betrachten wir das Herz wie eine Türe, dann lassen wir sie doch gerne offen. Aber ohne dabei wild in der Gegend herumzufuchteln, wenn andere nicht hereinkommen möchten. Versuchen wir auch nicht, Besucher im eigenen Haus (das wären wir selbst) hier mit irgendwelchen Tricks festzuhalten. Wir müssen keine exotischen Snacks und Erfrischungen offerieren oder das ganze Haus renovieren, es schon gar nicht nach dem Geschmack der anderen

22. MHHMM, BOB

umdekorieren, nur damit sie bleiben. Es wäre schade um die Zeit. Bei der nächsten Gelegenheit, wenn wir den unfreiwilligen Besucher unachtsam aus den Augen lassen, würde er ohnehin die Flucht ergreifen und die ganze Mühe wäre umsonst. Dann empfänden wir Schmerz, weil wir doch so viel Zeit und Energie investiert haben und uns am Ende niemand dafür dankt. Und wir stehen doch wieder alleine da, in einem Haus, von dem wir dachten, es könnte den anderen gefallen und das uns selbst womöglich gar nicht mehr gefällt. Verdrehen wir uns also nicht! Machen wir es uns schön und gemütlich, richten wir es uns ganz nach unserem eigenen Geschmack ein, stellen wir ein paar Blumen ins Fenster, halten wir die Türe offen und freuen uns, wenn jemand eintritt, der all das zu schätzen weiß. Jemand, dem das Haus gefällt, der sich darin wohlfühlt, wird eintreten und bleiben, weil er aus freien Stücken bleiben möchte und nicht weil wir ihn dazu zwingen.

Betrachten wir uns Menschen als Häuser, dann gibt es je nach Bauart, geistiger, emotionaler Reife und Status der Selbstreflexion eine ganze Reihe interessanter Objekte. Je nachdem wie wir gebaut sind, zieht es manche eher zum mondänen Domizil, andere auch gern mal zu brüchigen, verwahrlosten Baracken. Nicht etwa weil sie selbst eine sind, sondern weil sie den dringenden Wunsch verspüren, hier mal ordentlich zu renovieren und das verlassene Gebäude zu einem traumhaften Schloss umzubauen. Ein sehr anstrengendes, oft lebenslanges Unterfangen, das nur in den seltensten Fällen tatsächlich gelingt. In jeder Beziehung gibt es zwei bestehende Häuser, die auf einem gemeinsamen Grundstück aus Werten und Zielen stehen. Je nach Bauverfahren entsteht nun über das Abreißen gewisser Mauern und Wände und das Schaffen von Verbindungstrakten ein noch schöneres, wahrlich zauberhaftes Bauwerk – im besten Fall ein Meisterwerk. Das kann je nach Belieben ein idyllisches Landhaus, ein gemütliches Fertigteilhaus, eine moderne Villa, ein

22. MHHMM, BOB

lichtdurchfluteter Bungalow, ein belebtes Mehrfamilienhaus (die Patchworkvariante), ein kühler Stahlbau oder auch eine entlegene Hüttenlandschaft am Waldrand sein. Wichtig ist, dass beide dieselbe oder zumindest eine ähnliche Vorstellung vom Bauplan haben. Versteht sich, dass beide Häuser im ersten Baustadium zumindest eine ähnliche Beschaffenheit vorweisen sollten. Natürlich können ein idyllisches Landhaus und eine moderne Villa ein durchaus interessantes gemeinsames Gebäude ergeben. Bei der Verbindung einer Hütte am Waldrand mit dem Stahlbau in der Innenstadt sieht es da schon etwas schwieriger aus. Es ist fraglich, ob beide Parteien mit dem Endergebnis glücklich sein werden und ob sie sich überhaupt in ihrer Vorstellung treffen. Aber selbst das ist möglich.

Unmöglich wird es allerdings, wenn beispielsweise ein Pfosten auf eine Villa trifft. Die Architektin der Villa hat in jahrelanger, mühevoller Arbeit an der Substanz gearbeitet, sich die Zeit genommen, die Mauern und das Innerste abzuschleifen und in ihrem vollen Glanz erstrahlen zu lassen. Sie hat den Müll bereits nach draußen getragen, im Inneren aufgeräumt und es sich stilvoll eingerichtet und gemütlich gemacht. Nicht nur die Türe, sondern auch alle Fenster stehen weit offen und helles Licht strahlt durch die Gänge in jedes Zimmer des wunderbaren Bauwerks.

Der Pfosten hingegen möchte gerne ein Pfosten sein, möglicherweise auch ein »Vollpfosten«. Er ist voll und ganz zufrieden mit seinem Pfostendasein, hat keinerlei Anspruch zu wachsen und möchte auch nichts aufbauen. Warum auch? Er genießt es, hin und wieder seinen Pflock in ein anderes Grundstück zu setzen, sich dort kurz auszuruhen und dann weiterzuziehen.

Manchmal passiert es, dass eine Villa auf einen Pfosten trifft und sich denkt: »Ha! Daraus kann man doch ein wunderschönes Haus bauen. Zusammen ergeben wir ein Schloss!« Sagen wir mal so: Das könnte schwierig werden.

22. MHHMM, BOB

Betrachten wir uns doch einfach mal selbst als Architektin unserer Villa. Natürlich sind wir eine Villa (gerne auch ein idyllisches Landhaus, auf jeden Fall aber etwas Wundervolles.) Davon gehen wir aus. Dann gibt es noch den Bauarbeiter mit seinem Pfosten. Wir wollen ihn Bruno nennen. Vielleicht ist Bruno kein sehr fleißiger Bauarbeiter. Mehr einer jener Sorte, die sich stündlich ein Bier und eine Wurstsemmel genehmigt und wartet, bis endlich Feierabend ist. Irgendwie geht nicht viel weiter. Logisch, sonst stünde da ja auch nicht nur ein Pfosten, sondern bereits ein ganzes Haus. Die Architektin findet Bruno, den Bauarbeiter, aber doch irgendwie sehr anziehend und sexy. Der raue Badboy erinnert die pflichtbewusste Architektin daran, dass sie das Leben mehr genießen und einfach mehr Spaß haben sollte. Bruno wiederum findet Gefallen an der strukturierten Architektin, die seinem wackeligen Pfosten mehr Halt zu geben scheint. Sie finden einander spannend. Allerdings nur solange, bis Bruno erkennt, dass die Architektin ganz schön viele Ansprüche hat. Sie steht schon morgens um halb acht auf dem gemeinsamen Grundstück und hämmert und werkt, obwohl er schlafen möchte. Was soll denn das? Bruno versteht überhaupt nicht, warum sie das tut, er selbst war doch sehr zufrieden mit seinem Pfosten und wollte gar nichts weiter bauen. So ist er nämlich sehr flexibel, konnte den Pfosten immer wieder aus der Erde ziehen und einfach weiterziehen. Er ist gerne ein freier Vollpfosten. Anfangs steht er ihr zwar noch neugierig mit dem Hammer zur Seite und wirft den ein oder anderen Ziegel dazu. Aber schön langsam nervt es. Die Architektin beklagt sich, dass er keine Ahnung hat, wie man die Ziegel richtig aufeinandersetzt, damit der Verbindungstrakt bei jeder Witterung stabil bleibt. Bald wird es Bruno zu bunt. Das macht gar keinen Spaß mehr! Und überhaupt, das sollte doch nicht so anstrengend sein! Er macht sich immer öfter vom Acker und zieht mit seinen

22. MHHMM, BOB

Kumpels um die Häuser. Die Architektin und die Villa lässt er zurück. Die Dauerbaustelle hat ihn zu sehr genervt. Darauf hatte er einfach keine Lust mehr.

Da sitzt die Architektin nun ganz alleine auf der gemeinsamen Großbaustelle. Sie hämmert den ganzen lieben, langen Tag. Sie strengt sich mächtig an, um dieses prachtvolle Objekt weiter zu errichten. Unter größter Anstrengung mischt sie den Zementmörtel, trägt jeden Ziegel herbei und legt sorgfältig einen Stein auf den anderen. Sie wischt sich den Schweiß aus dem Gesicht und den Dreck auf die Stirn. Sie gönnt sich kaum eine Pause, bis sie abends todmüde und erschöpft ins Bett fällt.

Ab und zu hopst Bruno bei ihr vorbei und klopft ihr anerkennend auf die Schulter. Dafür ist die Architektin natürlich sehr dankbar. »Gut gemacht!«, sagt er, bleibt über Nacht und ist danach wieder für einige Zeit verschwunden. Er ist nunmal einfach sehr mit sich selbst beschäftigt. Die Architektin hingegen redet sich selbst gut zu, dass Bruno dieses Schloss doch auch immer gewollt hat und es ihm gefiel, wenn er zu Besuch war. Er hat eben sehr viel um die Ohren, sie kann ihm die Extraarbeit nicht zumuten. Sie findet es schön, dass er sich zumindest ab und zu blicken lässt. Das muss doch etwas bedeuten.

Wahrscheinlich kennen wir alle die Architektin in uns, die so gerne und fleißig ein ganzes Schloss aufbauen möchte, aber irgendwann erkennt, dass sie eigentlich ganz alleine da sitzt und hämmert und die ganze Arbeit auf ihren Schultern lastet. Das bringt nicht nur Rückenschmerzen, es macht auch nur halb so viel Spaß wie zu zweit. Hatten wir nicht alle schon unseren ganz persönlichen Bruno? Einen, der uns immer wieder bei der Arbeit über die beanspruchte Schulter blickte und sich dann wieder aus dem Staub machte, weil das nach zu viel Anstrengung aussah? Aus dem Staub machen muss übrigens nicht immer örtlich sein. Es gibt auch solche Brunos,

22. MHHMM, BOB

die gemütlich im Liegestuhl auf dem Grundstück liegen, ganz entspannt Zeitung lesen, sich lieber stundenlang ein paar Handygames reinziehen oder im Netz surfen, als lästige Beziehungsarbeit zu leisten. Es gibt auch diese Sorte Pfosten (natürlich auch Pfostinnen), denen das Werkzeug nicht so gut in der Hand zu liegen scheint. Es strengt sie einfach zu sehr an.

Hat man als Paar die Rosarote-Brillen-Phase hinter sich, wird klar, dass dann und wann ein wenig Arbeit nötig ist, um sich gemeinsam etwas aufzubauen. Dabei auf einen Bruno (oder eine Brunella) zu setzen, macht auf Dauer garantiert nicht glücklich. (Versprochen, wir haben es im Selbstversuch getestet.) Brunos und Brunellas wollen Spaß, Spannung, Spiel, sehr viel Freiheit, wenig Verantwortung und – um Himmels willen – ganz sicher keine Arbeit.

Man würde übrigens annehmen, ein Bruno und eine Brunella, also zwei Pfosten unter sich, könnten ein richtig guter Match sein. Sie sind zwar beide ähnlich gepolt, finden sich aber meistens gar nicht so anziehend. Interessanterweise ist es ihnen nämlich auch nicht recht, wenn überhaupt niemand etwas (auf)baut. Sie finden es durchaus angenehm und äußerst praktisch, es sich dann und wann in einem vorhandenen Bau gemütlich zu machen, solange sie nicht selbst dafür rackern müssen.

Ist man aber Architekt oder Architektin und hat sich seine eigene Villa bereits schön eingerichtet, empfehlen wir, weder einen Bruno noch eine Brunella ins Haus zu lassen. Um sich gemeinsam etwas für die Zukunft aufzubauen, sind sie schlichtweg nicht geeignet. Dafür empfehlen wir dann einen Bob (oder eine Bobette). Kennt ihr noch die Fernsehserie *Bob der Baumeister*? Er ist ein guter Kerl! Er packt an und baut, was das Zeug hält. Er hat nicht nur das Werkzeug, er ist auch geschickt, wenn es um Lösungen geht. Bob ist ein richtig feiner Kerl, der auch noch Freude daran hat, gemeinsam etwas aufzubauen. »Zusammen geht's ganz leicht«, sagt

22. MHHMM, BOB

er zuversichtlich und hält den Daumen hoch. Dazu passt auch der Titelsong »Can we fix it – yes we can!« Bob der Baumeister schafft es, er kann alles reparieren. Er hat die Lösung. Stiefel an, Gürtel zu, Helm auf, los geht's! Wir schaffen das gemeinsam! Eine gute Botschaft, die man auch für Beziehungen einsetzen kann. Plötzlich stehen zwei Menschen auf dem Grundstück, bauen gemeinsam und am Ende ist auch ein ganzes Schloss möglich. Zumindest ein sehr schönes Gebäude mit guter Bausubstanz statt einem wackeligen Häuschen, das beim kleinsten Windstoß auseinanderbricht. In einem schönen, soliden Gebäude lebt es sich glücklicher.

Es ist nicht alles leicht im Leben und es wird auch nicht alles gut, nur weil man einen Bob an seiner Seite hat. Aber es macht Freude. Es fühlt sich gut an, gemeinsam etwas aufzubauen und füreinander da zu sein.

Bobs müssen übrigens keinesfalls handwerklich talentiert sein. Annas Mr. Right ist das auch nicht, auch wenn sie sich das manchmal wünscht und den Abfluss dann selbst repariert. Es geht tatsächlich mehr um Beziehungsarbeit und den Rückhalt als unerschütterlicher Fels in der Brandung, wenn man selbst mal in die Spülung des Lebens gerät.

Er ist da und gibt ihr Halt. Ist es mal schwierig, steht er dicht an ihrer Seite. Will sie etwas aufbauen, reicht er ihr den Hammer und hält das Gerüst. Er steht hinter ihr, wenn es mal schwer wird, um sie zu stützen, zu sichern und manchmal um sie aufzufangen. Er reicht ihr die Hand und hilft ihr auf, wenn sie fällt. Nicht, dass sie das alles nicht auch alleine schaffen könnte, aber mit einem Bob an ihrer Seite muss sie das nicht. Es ist einfach schön, ein Team zu sein.

HÖR MAL, WER DA HÄMMERT.
Auf der Baustelle zum Glück.

Als Architekt*in deines Lebens, hast du dir ein schönes Haus gebaut. Vielleicht ist es noch nicht ganz so, wie du es haben möchtest. An manchen Ecken bröckelt vielleicht der Putz, ein paar Bilder hängen schief, der Abfluss könnte auch mal wieder gereinigt werden und die Wände könnten eine neue Farbe vertragen. Alles in allem magst du es aber und hast Freude daran. Du fühlst dich wohl und geborgen. Vielleicht nicht immer, aber immer öfter. Wenn nicht, dann bist du dabei es zu lernen. Deine Türe steht offen, möglicherweise hast du Blumen ins Fenster gestellt. Und weil man schließlich gut auf sein Haus aufpasst und dafür sorgt, dass niemand hereinspaziert, ein paar ausgelassene Runden darin randaliert, es gehörig verwüstet und dann von Dannen zieht, macht es Sinn zwischendurch Bilanz zu ziehen und sich ein paar Fragen zu stellen.

BAUEN WIR DARAUF, DASS ES UNS ZUSTEHT.

- Wen möchte ich herein bitten?

- Sind wir kompatibel? Wie könnte ein Zubau aussehen?
  Gibt es einen Verbindungstrakt?

- Ist ein Vollpfosten hilfreich?
  Kann man auf ihn bauen oder fällt der um?

- Bauen wir gemeinsam oder sitze ich alleine da und hämmere
  einsam vor mich hin?

- Wie sieht die Arbeitsteilung aus?
  Ziehen wir am selben Strang?

- Hängt der Haussegen mal schief – wer repariert ihn dann?

- Finden wir gemeinsam eine Lösung?

- Kann ich zwischen Kieselstein und Fels in der Brandung unterscheiden?
  Was bin ich selbst?

- Haue ich mir den Hammer immer wieder selbst auf den Kopf und
  frage mich warum das so schmerzhaft ist?

- Probiere ich etwas Neues und gestatte ich mir einen Bob/eine Bobette?

23.
AMOR FATI

Wer sich jetzt denkt, Amor Fati sei sicher der Vati von Amor (also der mit dem Liebespfeil) – leider verfehlt. Der deutsche Philosoph Friedrich Nietzsche hat diese Maxime geprägt, mit der er die höchstmögliche Lebensbejahung für uns Menschen beschreibt. Amor Fati ist lateinisch und bedeutet »Liebe zum Schicksal«. Nietzsche meint dazu weiter:

»Das sei von nun an meine Liebe! Ich will keinen Krieg gegen das Hässliche führen. Ich will nicht anklagen, ich will nicht einmal die Ankläger anklagen. Wegsehen sei meine einzige Verneinung! Und, alles in allem und großen: ich will irgendwann einmal nur ein Ja-sagender sein!«

Damit verwirft der gute Friedrich den ganzen romantischen Pessimismus, legt nochmal einen drauf und meint, er habe die Formel für die Größe des Menschen gefunden: »Das Notwendige nicht bloß zu ertragen, noch weniger zu verhehlen, sondern es zu lieben.«

Starker Tobak, Herr Nietzsche (der mit den Bildern aus Schweineblut ist übrigens Hermann Nitsch, das verwechseln viele). Er meinte also, die größte Glücksformel sei, Ja zu sagen – und das, wo wir doch gerade erst geklärt haben, dass man öfter mal Nein sagen sollte. Demnach sollten wir alles, also wirklich alles, was uns passiert, lieben. Wirklich alles? Wie sieht es mit den bösen Verkehrsteilnehmern aus, den nervigen Nachbarn, der Flasche Olivenöl, die gerade

23. AMOR FATI

in tausend Scherben auf dem Küchenboden gelandet ist, dem narzisstischen Chef, der wieder mal brüllt, den Menstruationsbeschwerden, die sich anfühlen, als gebäre man achtjährige Drillinge, der Steuernachzahlung und dem Termin beim Scheidungsanwalt? Die Antwort ist simpel: Ja. Auch der amerikanische Psychologe Albert Ellis möchte uns gerne davon überzeugen, dass der Schlüssel zum Glück in der allumfassenden Annahme unser selbst, unserer Mitmenschen und aller Lebensumstände liegt. Atmen wir jetzt bitte mal gemeinsam tief ein und wieder aus. Wir geben euch recht, das muss man erst einmal verdauen. Werden da in etwa alle »Wie manifestiere ich meinen Lottogewinn in 3 Minuten« und die wirklich vielversprechenden »Wünsche ans Universum« mit einem Schlag zunichte gemacht? Ich kann euch beruhigen: nicht unbedingt. Nietzsche und Ellis sind überzeugt, dass Dinge, die schon sind, eben auch sind. Da ist was dran. Warum sie also nicht nur annehmen, sondern auch gleich umarmen oder im besten Fall sogar lieben?

Nehmen wir ein Beispiel: Ich bin gerade Single. Das könnte schon morgen anders sein (da kommt das Manifestieren ins Spiel). Diese Aussicht ändert aber nichts an der Tatsache, dass ich heute Single bin. Jetzt kann sich bei dem Gedanken an diese Tatsache alles in mir zusammenkrampfen, ich kann wütend mit dem rechten Bein aufstampfen und sehr erbost sein darüber, dass ich Single bin. Ich kann dabei laut rufen: »Was für eine Frechheit! Das ist doch unfair! Das Leben ist einfach nicht gerecht. Ich verstehe nicht, wie das passieren konnte!« Ich kann es also schrecklich finden. Wird es etwas daran ändern, dass ich heute Single bin? Nein. Viel eher werde ich morgen, übermorgen oder in einem Jahr immer noch sehr wütend darüber sein und die Situation wird sich nicht ändern, weil es nunmal nicht sonderlich anziehend auf andere Menschen wirkt, wenn wir böse mit uns und dem Leben sind und verbittert durchs Leben marschieren. Nur selten denken

23. AMOR FATI

sich andere Menschen dann: ach, die wirkt doch so nett verbittert! Mit der würde ich gerne mehr Zeit verbringen! Es geht aber auch nicht darum, ständig sich selbst, die Umstände oder das Leben zu ändern, weil viele Dinge eben momentan nunmal so sind, wie sie sind. Wir haben sehr häufig das Bedürfnis, das Leben, Situationen und gerne auch andere Menschen kontrollieren zu wollen. Würde uns das tatsächlich so richtig gut gelingen, müssten wir an dieser Stelle erst gar nicht darüber nachdenken. Dann bräuchten wir auch kein Buch über den geilen Scheiß vom Glücklichsein, weil ohnehin alle Menschen schon glücklich wären.

Ob es nun daran liegt, dass wir uns selbst gehörig im Weg stehen oder das Leben nicht immer mit dem daherkommt, was wir gerade wollen (manchmal auch genau mit dem, was wir gerade brauchen, vermutlich um zu wachsen), sei dahingestellt. Wahrscheinlich können wir uns aber darauf einigen, dass nicht alles im Leben kontrollierbar ist. Das Wetter, zum Beispiel. Wenn ihr professionelle Regentänzer und überzeugt davon seid, die Tropfen tanzen lassen zu können, dann überspringt bitte diesen Absatz. Prinzipiell lässt sich aber abgesehen vom Wetter auch vieles andere im Leben nicht kontrollieren. Das gilt besonders für andere Menschen. Es hat wenig Sinn, uns stundenlang den Kopf zu zermartern, warum sich der andere so verhält, wie er sich verhält, und warum in Gottes Namen nicht so, wie *wir* uns verhalten würden (was natürlich die einzig richtige Möglichkeit wäre, was sonst). Gerade in Beziehungen grübeln dann zwei Parteien, warum der andere nicht richtig tickt. Wenn Erika das Geschirr von links nach rechts in den Geschirrspüler stellt und Peter von rechts nach links, kann das schon mal zum ganz persönlichen Drama ausarten. Die innere Geschirrspülereinräumpolizei ist dann davon überzeugt, dass es dem anderen voll und ganz an Logik mangelt, weil doch glasklar ist, wer hier recht hat.

Glaube an
das, was noch
nicht ist, damit es
werden kann.

23. AMOR FATI

Es geht auch komplexer, nämlich wenn es um eigene Grenzen, Einfühlungsvermögen, Egoismus oder Verständnis geht. Da es hier keine wissenschaftlich geklärten und korrekt zertifizierten Verhaltensweisen gibt (beim Einräumen des Geschirrspülers übrigens auch nicht), liegen sie im Ermessen jedes Einzelnen und verschwimmen rigoros. Sitzt jetzt der Partner da und liest ein Buch (prinzipiell eine schöne Sache), der anderen Person liegt aber gerade ganz dringend etwas auf dem Herzen und möchte genau in diesem Moment darüber reden (klingt nach einer Frau), kann beiden schon mal der Kragen platzen. Dem einen, weil er doch einfach nur gemütlich sein Buch lesen möchte, der anderen, weil sie das mehr als egoistisch findet. Aber ist es nicht auch egoistisch, den anderen in diesem schönen Moment mit einem Problem zu belasten? Ihr seht schon, es ist kompliziert. Und es ist vor allem, wie es ist: Der eine will in Ruhe sein Buch lesen und die andere über ein Problem reden. Beide haben recht. Das Ganze könnte in einen riesigen Streit ausarten, weil der eine doch ohnehin niemals einfühlsam ist und kein Verständnis hat und die andere so dramatisch ist, sich genau in diesem Moment mit dem Problem zum Mittelpunkt der Welt zu machen. Beide könnten ganz fürchterlich wütend darüber werden, dass sie den anderen nie verstehen würden, weil es eben einfach nicht zu verstehen ist.

Vielleicht muss man aber auch nicht immer alles und jeden verstehen. Möglicherweise ist es einfach, wie es ist: Zwei Menschen mit unterschiedlichen Bedürfnissen. Keiner wird den anderen verändern, schon gar nicht in diesem Moment. Annahme. Ohm. Was würde uns dieses Zauberwort doch unendlich viel Ärger ersparen! Ein einfaches Aha reicht dabei schon aus. Aha, der andere möchte gerade lesen. Aha, er ist gerade sehr vertieft. Aha, es scheint ihm gutzutun. Aha, eigentlich eine schöne Sache. Aha, er sieht so entspannt dabei aus. Aha, ich könnte was von ihm lernen. Aha, vielleicht sollte

23. AMOR FATI

ich auch ein Buch hernehmen. Aha, vielleicht würde mir das guttun. Aha, ich liebe ihn dafür, dass er so bei sich ist. Aha, das ist eigentlich ein guter Ansatz. Aha, es geht mir schon besser. Aha, ich bin viel ruhiger. Aha, das war genau, was ich gebraucht habe. Aha, ich bin dankbar. Aha, das Leben ist schön. Aha, ich liebe es.

Man kann sich natürlich auch scheiden lassen, weil der Partner nie da ist, wenn man Probleme hat oder einen immer beim Lesen stört. Kann man schon machen. Aber glücklicher macht es in diesem Fall wahrscheinlich nicht.

Die Frage, die wir uns immer stellen sollten, lautet: »Kann ich es ändern?« Im Fall der zerbrochenen Olivenölflasche (zugegebenermaßen lästig, weil überall Scherben und Öl), den rasend wütenden Autofahrern oder der Tatsache, immer noch nicht im Lotto gewonnen zu haben, sieht es wahrscheinlich schlecht aus. Sollten wir uns dann wirklich über alle Maßen ärgern und herumtoben, unser Herzinfarktrisiko damit verdreifachen (keine Ahnung ob das der Fall ist, aber gesund ist es sicher nicht), ganz abgesehen von den schlechten Gefühlen und dem Halskratzen wegen der ganzen Schreierei? Wir empfehlen es nicht. Im Fall der Regelschmerzen ließe sich eventuell etwas ändern, wie beispielsweise eine Wärmeflasche auflegen und sich so richtig entspannen. Dem cholerischen Chef könnten wir morgen die Kündigung auf den Tisch legen und uns einen neuen Job zu suchen, der uns mehr Freude macht.

Anna holte einmal nach einem Streit mit Mr. Right alte Umzugskartons hervor und warf alle Sachen aus seinem Kleiderschrank hinein. Es war ein dramatischer Akt. Irgendwann erkannte sie, dass der Streit ein ganz kleines bisschen übertrieben, vielleicht sogar an den Haaren herbeigezogen war. Als sie mir die Geschichte erzählte, wusste sie gar nicht mehr, warum sie überhaupt gestritten hatten, so wichtig war es. Mr. Right kam irgendwann dazu, sah den leeren Schrank und all seine Sachen in den Umzugskartons und meinte

23. AMOR FATI

nur: »Gut. Ich wollte ohnehin längst ausmisten.« Das ist übrigens die Königsdisziplin von Amor Fati: lieben, was ist.

Wir können also viele Dinge nicht kontrollieren. Wenigstens nicht im Moment. Die Kleidung war nunmal schon in den Kisten. Nichts was sich daran hätte ändern lassen. Wir können aber durchaus kontrollieren, ob wir die Situation annehmen, wie sie ist, und wie wir uns damit fühlen möchten. Wollen wir wirklich diesen Groll in uns verspüren und mit uns tragen, auch nachdem ein Streit längst vorüber ist? Oder wollen wir sagen: Was soll's – es ist, wie es ist. Gottseidank ist es nicht schlimmer. Oder im Fall von Mr. Right: gut, dass es passiert ist! (immer noch meine größte Hochachtung an dieser Stelle.) Er hat die hohe Kunst des Amor Fati nicht nur verstanden, er praktiziert sie auch.

Und überhaupt, was bliebe denn noch an Zeit zum Glücklichsein, würden wir uns den ganzen Tag über das Wetter, den Chef, die Glasscherben, das Öl, die Autofahrer, die Fußgänger, den Partner, das Buch oder sonst was beschweren? Genau: keine. Wenn wir das erkennen, sehen wir möglicherweise, dass wir gar keine Schlacht kämpfen müssen, die wir ohnehin nicht gewinnen können. Das wiederum spart sehr viel Energie für weitaus sinnvollere Dinge und – *zack* – schon sind wir sehr viel glücklicher.

Vielleicht wissen wir momentan noch nicht, wofür etwas gut ist. Es macht uns aber mit Sicherheit glücklicher, davon auszugehen, dass alles zum richtigen Zeitpunkt, am richtigen Ort und zu unserem Besten passiert. Es ist zumindest ein schöner, beruhigender Gedanke. Weil selbst wenn wir das nicht denken, blieben einige Dinge im Moment eben trotzdem genau so wie sie sind. Wäre es da nicht sinnvoller sie zu lieben, als mit vollster Anstrengung dagegen zu sein? Das ist eine rhetorische Frage.

Und seien wir mal ehrlich: Es könnte auch *immer* schlimmer sein. Die Glasflasche hätte uns am Kopf treffen, der böse Verkehrs-

23. AMOR FATI

teilnehmer direkt in unser Auto krachen und der Partner gar nicht mehr da sein können, zum Beispiel weil er ins Ausland versetzt worden ist. In letzterem Fall könnten wir uns entschließen, mit ihm zu gehen – und das wiederum könnte eine der besten Erfahrungen unseres Lebens werden. Ihr seht schon: Es könnte nicht nur schlimmer, sondern vielleicht sogar ein riesiges Glück sein, dass uns das alles gerade passiert. Da wäre es doch schade, wenn wir es nicht erkennen! Wir halten uns aber sehr oft für allwissende Wesen, die selbstverständlich ganz genau wissen, was das Beste für sie ist. Man könnte es auch ein wenig töricht nennen. Denn wissen wir wirklich genau, was jedes einzelne, kleine Puzzleteil für das große Bild bedeutet? Können wir mit absoluter Sicherheit sagen, dass daraus nicht die beste Erfahrung, die wertvollste Erkenntnis oder das schönste Ereignis unseres Lebens entsteht? Manchmal ergibt es durchaus Sinn, kurz in die Zukunft zu reisen und sich zu fragen, wie wichtig, unwichtig oder eventuell auch großartig die derzeitige Situation in fünf Jahren sein könnte. Im Fall der Ölflasche wäre das vermutlich ein: äh, welche Ölflasche? Im Fall des Problems: was war das schnell noch einmal für ein Problem damals?

Ganz genau. Der Blick in die Zukunft relativiert vieles und manchmal lässt er uns auch die Chance in der Situation erkennen.

Betrachten wir das Leben mal als Videospiel. Es geht doch im Grunde immer darum, das nächste Level zu erreichen. Kein Mensch fragt sich bei Videospielen, warum es Hindernisse gibt, denn sie sind selbstverständlich Teil des Spiels – und ebenso Teil unseres Lebens. Was wäre das für ein Spiel, in dem man nicht immer wieder mal gefordert wäre, weil irgendwelche Dinge im Weg stehen oder ein paar Gefahren um die Ecke lauern? Wo bliebe denn da die Entwicklung? Man könnte sich doch gar nicht mehr freuen, wenn man es eine Ebene weiter geschafft hat. Man würde

23. AMOR FATI

gemütlich auf Level 1 abhängen und rein gar nichts dazulernen. Im Leben geht es aber doch gerade darum, an den Herausforderungen zu wachsen und sich dabei über die eigene Weiterentwicklung zu freuen. Diese Beziehung ist gescheitert? Gratuliere, wieder was dazugelernt! Auf zum nächsten Level, wo wir selbst reifer und unsere Beziehungen erfüllter sind. Der unverhoffte Platzregen? Macht irgendwie Spaß, wenn man über die Pfützen oder auch mal mitten reinhüpft! Und die nächste rote Ampel? Endlich Zeit, mal durchzuatmen.

Bei Nintendo steht übrigens am Ende jedes Spiels: »Everything not saved will be lost.« Frei übersetzt heißt das: »Alles, was nicht gesichert wurde, geht verloren.« Lasst uns also sicherstellen, dass wir die Ausbeute, nämlich all unsere wertvollen Erfahrungen, mit ins nächste Level nehmen. Und dann weiter ins nächste. Übrigens schon in diesem Leben und nicht erst nach der Reinkarnation.

Wer so wie ich keine großen Erfahrungen mit Videospielen hat, kann auch jedes andere Spiel hernehmen. Wie wäre es beispielsweise, ganz »retro«, mit einem Brettspielklassiker wie »Mensch ärgere dich nicht«? Für alle, die es nicht kennen: Hier steht die ganze Weisheit schon im Titel. Man würfelt (die unkontrollierbare Komponente, auch gerne Schicksal oder Zufall genannt) und kommt entweder weiter und manchmal auch zurück zum Start, weil sich jemand böse dazwischendrängt. Nichts für schwache Nerven, das können wir schon mal verraten! Bei solchen Partien sind schon ganze Freundschaften oder Beziehungen zerbrochen, nur weil der Würfel falsch gefallen ist und der Zufall ganz schlechte Zahlen gebracht hat. Man könnte wutentbrannt den Raum verlassen und sich weigern, je wieder dieses Spiel zu spielen, weil das der böseste Würfel der Welt ist und alle anderen so viel mehr Glück haben als man selbst. Nichtsdestotrotz bisher wurden im deutschsprachigen Raum neunzig Millionen Exemplare dieses Spiels verkauft.

23. AMOR FATI

Es scheint doch um die Freude am Spiel zu gehen und nicht darum, immer zu gewinnen. Vielleicht ist es schon ein Gewinn, mit anderen zusammen zu sein und manchmal voranzukommen und manchmal eben auch nicht. Möglicherweise ist genau das der größte Spaß.

Mit dem Gedanken spielen: zu lieben was ohnehin ist.

DIE AMOR FATI
Checkliste

könnte funktionieren, ich bin aber noch nicht bereit dafür

Ich rolle genervt mit den Augen, auch wenn ich weiß, dass mich das nicht glücklich macht. Vielleicht finde ich aber im Augenrollen meine Freude.

ja   nein

☐ ☐ ☐ ☐   Kann ich es ändern?

☐ ☐ ☐ ☐   Ändert es sich, wenn ich mich ärgere?

☐ ☐ ☐ ☐   Was kann ich ändern?

_____

_____

☐ ☐ ☐ ☐   Ist es eventuell wie es ist?

☐ ☐ ☐ ☐   Wie denke ich vermutlich in 5 Jahren darüber? Wird es noch wichtig sein?

☐ ☐ ☐ ☐   Kann ich es lieben wie es ist und möglicherweise das Beste darin erkennen oder das Beste daraus machen?

☐ ☐ ☐ ☐   Könnte es sein, dass niemand recht hat, oder alle?

☐ ☐ ☐ ☐   Muss ich eventuell nicht immer alles verstehen?

☐ ☐ ☐ ☐   Möchte ich jemanden, den ich liebe wirklich ändern? Liebe ich dann nicht jemand anderen?

☐ ☐ ☐ ☐   Kann ich vielleicht etwas vom anderen lernen? Wenn ja, was?

———————————————

———————————————

☐ ☐ ☐ ☐   Probiere ich »was soll das?!« einfach mal mit »was soll's« zu ersetzen? (Achtung: Glücksgefahr)

☐ ☐ ☐ ☐   Möchte ich aufhören eine Schlacht zu kämpfen, die keiner gewinnen kann, weil sie zu viel Kraft kostet?

☐ ☐ ☐ ☐   Könnte ich dadurch Energie sparen und sie in wertvollere Dinge stecken? In welche?

———————————————

———————————————

24.
AUF DEM WEG IST EIN ZIEL

Nicht jeder möchte sein Leben mit einem Video- oder Brettspiel vergleichen und das ist okay. Wie wäre es mit einer Reise? Man bekäme bei der Geburt ein Ticket und würde sich dann ein Leben lang fragen: »Wohin geht's? Bin ich schon da? Warum dauert das so lange?« Gelegentlich auch: »Ich muss pinkeln.«

Grundsätzlich fällt mir auf (und nicht erst seit dem Film *Tatsächlich Liebe*), dass Menschen auf Flughäfen irgendwie glücklicher zu sein scheinen als an Bushaltestellen. Das mag daran liegen, dass sie gerade in der Ankunftshalle auf jemanden warten, der ihnen am Herzen liegt (da liegen sich dann alle kollektiv in den Armen), oder sie finden sich in der Abflughalle ein, weil sie gerade selbst dabei sind zu verreisen. In dem Fall ist der Stresslevel schon ein wenig höher, die Stimmung aber trotzdem noch gut. Schließlich ist man bald da, wo man unbedingt sein möchte. Generell sind Menschen dabei anscheinend lieber auf dem Weg in ein tropisches Land als auf dem täglichen Streifzug zur Arbeit. Abgesehen davon weiß man, dass in diesem fernen Land dann ja auch endlich die Sonne scheint. Hoffentlich. Und wehe, wenn nicht!

Auf Flughäfen herrscht außerdem eine gewisse gelassene Grundstimmung. Vor der Abreise gönnt man sich gerne mal ein Glas Rotwein, auch wenn es gerade erst acht Uhr morgens ist. Da

24. AUF DEM WEG IST EIN ZIEL

schaut einen auch niemand schräg von der Seite an, man prostet sich vielleicht sogar zu. Man stelle sich dasselbe Szenario in dem kleinen Kaffeehaus neben der Schule vor, wo man seine Tochter frühmorgens abgeliefert hat. Undenkbar!

Auf Flughäfen macht sich diese YOLO-Stimmung breit, die für ein paar Stunden nicht sonderlich viel Schaden anrichtet und durchaus amüsant sein kann. Es scheint, als fiele den Menschen der ganze Ballast von der Seele, weil sie auf dem Weg in den Urlaub sind. (Gut, vielleicht sind einige auch auf einem Businesstrip, aber trotzdem scheint Fliegen zu den beliebteren Transportmitteln zu zählen als ordinäres Busfahren (das würde auch das Klatschen erklären. Noch niemand hat das je im Bus beim Einfahren in die Station gemacht)). Könnte es sein, dass Menschen mit Baseball-Kappen und schlecht gemusterten Hawaiihemden auf dem Weg zu ihrer Urlaubsdestination mit einem Schlag glücklichere Menschen sind? Und das, obwohl sie gar nicht Baseball spielen und nicht einmal auf dem Weg nach Hawaii sind? Nicht unbedingt. Sehr gerne mischt sich auch Zorn in den Tomatensaft, der gerade ausgegangen ist, oder weil der Whiskey neuerdings nicht mehr gratis ist. Überhaupt scheinen reisende Menschen sehr oft das Gefühl zu haben, sie müssten verhungern oder verdursten. Und das bereits nach einer Stunde! Der Flug wird schnell zum inneren Survival-Training. Abgesehen davon bricht schon häufig vor dem Start ein Kampf beim Verstauen des Gepäcks aus, obwohl es sich mittlerweile herumgesprochen haben sollte, dass im Regelfall für jedes Gepäckstück ein Platz gesichert ist und man ihn nicht wie in der Schlacht bei Waterloo gewaltsam erkämpfen muss. Wir wissen schon aus der Geschichte Napoleons, dass das nicht gut ausging. Schon gar nicht mit Baseball-Kappe und Hawaiihemd. Das alleine ist nämlich schon schmerzhaft genug. Wie man sieht, der Glückszauber kann sehr rasch irgendwo nach Verlassen des Flughafens, zwischen der Gepäckkontrolle

24. AUF DEM WEG IST EIN ZIEL

und der darauffolgenden Busfahrt zum Flieger, spätestens aber *im* Flieger verloren gehen. Was unsere Ziele und Erwartungen an uns oder das Leben und die damit verbundenen Frustrationen angeht, können uns Reisende durchaus als Vorbild nützlich sein. Egal ob wir den Wunsch haben, öfter Laufen zu gehen, mehr Geld zu verdienen oder endlich den Hintern hochzukriegen, um uns unseren Lebenstraum zu erfüllen (der muss übrigens gar nicht riesig sein. Nicht jeder möchte den ganzen Tag in der Garage hocken, um der neue Steve Jobs zu werden. Solltet ihr das doch wollen, legt los, er hat auch erstmal mit einem Traum begonnen.). Vielleicht wollen wir Klavierstunden nehmen, einen Fotografiekurs machen, einen Spanischkurs belegen oder endlich mal nach Mexiko reisen. Wenn es keinen großen Lebenstraum gibt, dann reicht übrigens auch ein kleines Träumchen, wie »Wäre es nicht schön, wenn ich ein bisschen geduldiger wäre?« Auch diesen Traum kann man sich erfüllen.

Und da wären wir wieder bei der Geduld. Wir Menschen neigen dazu, die Tatsache zu verleugnen oder zumindest für ganz fürchterlich zu halten, dass wir nicht sofort, ohne Verzögerung und am liebsten noch in derselben Sekunde am Ziel angekommen sind. Genauso, wie wir aber auch nicht in zwölf Minuten Mexiko erreichen, brauchen manche Dinge eben einfach Zeit. Beim Klavierspielen müssen wir zuerst Noten lesen lernen, um Mozart oder Chopin so in die Tasten zu klopfen, dass keine Nachbarn augenblicklich ausziehen wollen oder sich in eine tiefe Depression stürzen. Wir fangen mit »Alle meine Entlein« und Fingerübungen an, bevor wir uns musikalisch zur Kleinen Nachtmusik vortasten. Es kann also dauern, bis man da ist, wo man sein möchte. Im Fall der Mexikoreise handelt es sich um einen Langstreckenflug, für den wir ein Ticket kaufen, Zeit einplanen und mit Geduld und Ausdauer die vorgegebene Reisezeit auf uns nehmen müssen, ohne uns ständig darüber zu beschweren, warum wir denn noch nicht da sind und wieso das alles so lange dauert.

24. AUF DEM WEG IST EIN ZIEL

Ich erinnere mich an meinen Flug nach Bali und kann gleich vorausschicken, dass es eine der mühsamsten Anreisen meiner gesamten bisherigen Reiselaufbahn war. Meine Freundin Lina, mit der ich die Reise antrat, war so tiefenentspannt, dass sie bereits im ersten fünfstündigen Teil der Hinreise und auch nach dem Umsteigen, auf dem darauffolgenden zehnstündigen Flug, jeweils vom Start bis zur Landung seelenruhig durchschlief. Ich für meinen Teil stellte mit beeindruckender Ausdauer meinen persönlichen Schlaflosigkeitsrekord auf und tat während der gesamten Flugzeit kein Auge zu. Das lag mitunter daran, dass sich vor uns zwei Russen ein Wetttrinken lieferten, als wäre es ihr letzter Tag auf Erden (in dem Fall im Himmel) und sie müssten ihn deshalb so trinkfest und lautstark feiern, dass man sich auch noch im nächsten Leben an sie erinnern würde. Dazu kam noch ein kleines Mädchen hinter mir, das gleich beim Start, an der vorgesehenen Tüte vorbei direkt in den Schoß seiner Mutter kotzte und sich dieser beißende Geruch die gesamte Flugzeit über in meine Nase bohrte. Ich wartete eigentlich nur darauf, dass sich auch die beiden Russen vor mir bald erleichtern würden, muss aber zugeben, sie hielten sich wacker. Nach einer weiteren Verzögerung bei der Ankunft, da meine Bankomatkarte nicht funktionierte und ich meine Bank selbstverständlich nicht erreichen konnte, weil es in Europa gerade mal drei Uhr morgens war, nahmen wir dann mit Linas Geld ein Taxi zum Hotel. Auf der Fahrt war ich es, die sich beinahe übergeben hätte, weil der Fahrer in einem Höllentempo von gefühlten zweihundert Stundenkilometern an Mopedfahrern und Fußgängern vorbeiraste, sodass mir nicht nur schwarz vor Augen wurde, sondern sich auch mein Magen bei jeder Bodenwelle von innen nach außen wölbte. Die Fahrt dauerte eineinhalb Stunden.

Mit der Anfahrt zum Flughafen, dem Zwischenstopp, beiden Flügen, den Aufenthalten in Ankunft- oder Abflughallen und die-

24. AUF DEM WEG IST EIN ZIEL

ser krönenden Taxifahrt waren wir insgesamt vierundzwanzig Stunden unterwegs. Ich hatte keine Sekunde geschlafen und fühlte mich, als hätte man mich ein paar Mal überfahren und danach an den Straßenrand geworfen. Als wir ankamen, regnete es außerdem in Strömen. Nicht etwa nur kurz, sondern drei ganze Tage lang durchgehend – während es in der Heimat dreißig Grad hatte und die Sonne tropengleich vom Himmel brannte.

Ich war also ans andere Ende der Welt gereist, um mich zu fragen, was ich dort eigentlich suchte. »Warum genau wollten wir noch mal hier sein?«, fragte ich Lina, während wir bei strömendem Regen knöcheltief durchs Wasser wateten. Ich interpretierte ihre Stille als geteilte Ratlosigkeit. Rückblickend ein klarer Fall von Amor Fati.

Am liebsten hätte ich mich damals augenblicklich nach Hause gebeamt. Geflogen wäre ich bestimmt nicht. Dazu hätte ich mich erst sechzehn Tage erholen müssen um den Mut aufzubringen eine solche Reise noch einmal anzutreten. Es mag euch jetzt vielleicht überraschen, aber das war eine der schönsten Reisen meines Lebens. Das sage ich übrigens (fast) von jeder Reise. Aber sie war es wirklich. Genau wie man nach einer schrecklichen Geburt all die Schmerzen vergisst, weil man sonst nie wieder Kinder bekäme. Am Ende wird man für all die Strapazen belohnt. Natürlich kann man diese mühsame Anreise jetzt nicht mit den fürchterlichen Schmerzen einer Geburt vergleichen, aber lasst euch gesagt sein, es war trotzdem schmerzhaft. Physisch und psychisch. Aber haben sich diese Strapazen gelohnt: Ja!

Ähnlich verhält es sich bei unseren Lebenszielen. Ich bin überzeugt davon, und Anna ist da ganz meiner Meinung, dass wir im Leben richtig viel erreichen können, möglicherweise sogar alles, was wir uns vorstellen können, wenn wir mehr an uns glauben und uns weniger im Weg stehen. Stellen wir uns also einfach mehr vor!

24. AUF DEM WEG IST EIN ZIEL

Auf meinen Vision-Boards kleben beispielsweise eine Reihe von Dingen, die es von meinem Kopf auf das Board und von da aus (oder eigentlich egal woher) direkt in mein Leben geschafft haben. So auch dieses Buch und meine Bali-Reise.

Warum sind Reisen meiner Meinung nach ein gutes Bild für unsere Ziele? Weil wir gedanklich öfter mal dahin reisen können, wo wir gerne wären. Das schafft nicht nur den Startschuss in der Vorstellung, sondern gibt uns auch die Möglichkeit auszuprobieren, wie es sich am Ziel anfühlen könnte. Von dort aus, also dem Ende, können wir dann wieder zurückgehen und sehen, was es heute braucht, um morgen einen Schritt näher am Ziel zu sein. Mit Sicherheit wird es Dinge auf dem Weg dorthin geben, die uns nicht gefallen, mit denen wir nicht gerechnet haben oder die wir als Hindernisse betrachten. Wichtig ist, dass wir dann nicht aufgeben, sondern ganz sicher sind, wie sich das Ziel anfühlt und dass wir ihm schon näher sind.

So wie ich auch nicht daran gezweifelt habe, dass ich mich während der mühsamen Reise nach Bali trotzdem auf dem richtigen Weg befand. Weder das kotzende Kind noch die zwei Russen oder die defekte Bankomatkarte haben mich umkehren lassen. Zugegebenermaßen wäre das auch schwierig gewesen, viele Tausend Kilometer in der Luft. Habe ich eine Sekunde daran gezweifelt in Bali anzukommen? Nein. Wäre ich am Flughafen in Denpasar (also bereits in Bali) zurückgeflogen, nur weil der Automat kein Geld ausspuckte und ich mir gesagt hätte: »Ach, das hat doch alles keinen Sinn. Ich schaffe es nicht. Wahrscheinlich soll es nicht sein!« Natürlich nicht. Ich hatte viel Zeit, Geld und Kraft investiert, um bis hierher zu kommen, und ich war knapp vor meinem Ziel, auch wenn es sich so gar nicht danach anfühlte.

Wir wissen auch bei anderen Zielen nicht, wie weit wir eigentlich schon sind und ob wir nicht vielleicht schon direkt davorste-

24. AUF DEM WEG IST EIN ZIEL

hen. Leider sagt uns niemand im Vorhinein die konkrete Reisedauer und auch nicht, wenn es Verspätung gibt. Der Schlüssel wäre in dem Fall zu vertrauen: sich selbst, dem Weg und auch dem Ziel, dass es sich schon irgendwo und irgendwann zeigen wird.

Einen schönen Satz finde ich in diesem Zusammenhang: »Dem Gehenden schiebt sich der Weg unter die Füße.« Er stammt von dem deutschen Schriftsteller Martin Walser, und ich möchte ihm aufgrund zahlreicher eigener Erfahrungen aus tiefstem Herzen zustimmen. Immer wenn ich ein inneres »Scheiß drauf, ich geh einfach los« ausgesprochen habe und losmarschiert bin, ist nämlich genau das passiert: Neue Wege und Möglichkeiten haben sich aufgetan. So war es auch damals, als ich meinen Job kündigte und mit folgenden Worten zum zuständigen Amt marschierte: »Ich möchte mich selbstständig machen. Welchen Gewerbeschein bekomme ich denn mit meiner Erfahrung? Aha, den? Okay, nehme ich.« Erst später habe ich konkretisiert, wohin meine weitere Reise gehen sollte. Aber die Eckpfeiler, wie es sich anfühlen würde, wo meine Stärken lagen und dass ich mich genau darauf konzentrieren wollte, hatte ich schon mal innerlich gesetzt. Ich bin losgegangen. Es gibt mit Sicherheit einige Menschen, die an dieser Stelle die Stirn wild in Falten legen und mit sehr ernster innerer Stimme erwidern: »Das ist ja schön und gut. Aber ich weiß gar nicht, wofür ich losgehen soll. Also worauf sollte ich mich konzentrieren? Ich habe keine besonderen Stärken.« Begrüßen wir ihn gemeinsam: den inneren Saboteur. Ich stelle ihn mir gerne hager, mit schwarzem Rollkragen und sehr ernster Miene vor, also ein bisschen wie einen Ticketkontrolleur in der U-Bahn, der einem den Puls auch dann nach oben schnellen lässt, wenn man eine Jahreskarte oder einen anderen gültigen Fahrschein besitzt und doch eigentlich gar nichts falsch gemacht hat. Dieser innere Saboteur, nennen wir ihn Egon. Noch besser vielleicht Egon Schielte, einfach weil er uns so streng über die Schulter schielt und wir dann immer das Gefühl haben, alles falsch zu machen, aber wir dann wenigstens lachen müssen, weil sein Name so bescheuert ist. Und eigentlich nicht nur sein Name. Er ist ja selbst ziemlich lächerlich, denn ganz ehrlich: Menschen, die rein gar nichts können? Das kann so nicht stimmen. Jeder kann etwas. Und manche sogar vieles oder manche Dinge besonders gut.

Einen Schritt zur Seite gehen, um sich nicht selbst im Weg zu stehen.

REISE NACH VERBLÖDISTAN

Gerade im heutigen Zeitalter des allumfassenden Internets ist es möglich, seine Idee, sei sie noch so absurd, eben mal der ganzen Welt vorzustellen. Auch dann, wenn die Welt gar nicht darauf gewartet hat. Das birgt auf der einen Seite große Chancen für geniale Ideen, bietet auf der anderen Seite leider aber auch eine Präsentationsfläche für Menschen, die einfach nur wahre Vermarktungskünstler sind (das wäre also dann ihre Stärke, auch legitim). Wenn man es clever anstellt, kann man zum Beispiel jeden Tag in die Kamera grinsen, dabei exakt gleich aussehen und trotzdem für jedes Foto dreitausend Kommentare wie »Oh mein Gott, du bist so schön!«, »Woher ist denn dein Kleid?«, »Die Bluse habe ich auch«, »Dein Lächeln ist bezaubernd« und »Wow«, gerne auch »Wow, wow, wow«, »Einfach nur Hammer« oder »Wahnsinn« und zusätzlich noch ein paar Werbeaufträge kassieren. Bei Letzterem stimmen wir zu. Wirklich Wahnsinn. Sind jetzt alle völlig irre geworden? Dreht sich denn wirklich alles um den neuen Lippenstift in nicht zu hell-, aber auch nicht zu dunkelrot oder wie unsichtbar unsere retuschierten Poren sind? Verblöden wir langsam, aber wenn wir so weiter machen, doch ziemlich sicher?

Man kann diesen ganzen Selfie- und Schönheitswahn auf Instagram verabscheuen. Aber man kann es auch wie Celeste Barber

25. REISE NACH VERBLÖDISTAN

machen: die verrücktesten Posen raussuchen und sie so nachstellen, dass die ganze Welt laut auflacht. Weil es nämlich doch relativ bescheuert ist und endlich jemand den Mut hat, uns das zu zeigen. In ihrem Fall so, dass wir gar nicht anders können, als innerlich zu applaudieren und schallend loszulachen. Was aus reinem Spaß an der Freude begonnen hat, ist mittlerweile zu ihrem Beruf geworden. Etwas aus voller Überzeugung und Begeisterung zu machen ist der beste Garant dafür, nicht nur authentisch, sondern auch sehr gut darin zu sein. Celeste Barber hat bereits selbst Werbe- und Modelaufträge bekannter Marken an Land gezogen, und das nicht weil sie perfekt aussieht, sondern weil sie der Welt zeigt, dass wir nicht perfekt sein müssen, vielleicht auch nicht sein wollen. Damit ist sie selbst zu einer Ikone geworden ist. Gut gemacht!

Solltet ihr keinen Gefallen daran finden, provokante Werbesujets nachzustellen, oder euch der Bloggerszene entsprechend wöchentlich halbnackt in den schneeweißen Sand auf den Fiji-Inseln zu werfen (das muss man sich auch erst mal leisten können), können wir das verstehen. Wenn ihr auch nicht das dreihundertmilliardste Make-up-Tutorial über den perfekten Schwung der linken Augenbraue auf Youtube hochladen wollt und außerdem findet, es mangele euch an Erfahrung und Können (ganz vielen Influencern übrigens auch), dann gibt es zahlreiche andere Möglichkeiten, um erfolgreich zu sein. Das Netz glänzt nur so vor skurrilen Produkten wie Warnwesten für Hühner (ja, gibt es und sie sind pink!), Bananenschneidern, Raumspray, das nach Hühnersuppe duftet (Hühner sind offensichtlich ein Erfolgsgarant), Notfallschnurrbärte zum Aufkleben und man kann sogar – mein persönlicher Favorit – eine Packung »Nichts« für 9,11 Euro im Internet anbieten. Ihr seht: Alles ist möglich! Also, sagt mir nicht, ihr könntet nichts, denn sogar damit lässt sich Geld verdienen!

Man muss dazu nicht einmal der oder die Beste in seiner Kategorie sein. Oft sind es nämlich einfach nur die, die am lautesten schreien und damit am erfolgreichsten sind. Das finde ich persönlich schade, weil die Lautesten oftmals gar nicht die Großartigsten sind, sondern eben nur jene, die am aufdringlichsten brüllen und man daher nicht an ihnen vorbeikommt.

Dann gibt es noch jene, die still und heimlich die genialsten Dinge schaffen und keinen daran teilhaben lassen. Im Grunde glauben sie nicht so recht an sich. Sie zeigen sich deshalb auch nicht gerne. Ebenfalls sehr schade. Hier hat Egon Schielte gewonnen – und was bringt es? Nichts als diesen doofen Blick, den man sich selbst über die Schulter wirft. Es gibt aber auch Menschen, die das, was sie tun, so gerne und aus voller Leidenschaft tun, dass sie damit sich und anderen Freude bereiten, die einzigartig und noch dazu ansteckend ist. Wir fühlen uns in ihrer Gegenwart einfach gut, weil sie mit einem solchen Selbstverständnis für sich und ihr Werk einstehen, dass wir nicht anders können, als ebenfalls Gefallen daran zu finden. Sie berühren uns. Das, was sie tun, berührt uns. Anna und ich sprechen hier gerne von »erweiterter Liebe«. Diese Menschen lieben das, was sie tun, so sehr, dass ihre Liebe sich in dem, was sie schaffen, Ausdruck verleiht, andere inspiriert und erfüllt. Und das geht mit allem, was wir tun, solange wir im Flow sind – laut Psychologe und Glücksforscher Mihály Csíkszentmihályi der Zustand, der uns am tiefsten erfüllt. Durch das komplette Aufgehen in einer Tätigkeit, kann man in eine Art Schaffensrausch verfallen, der so intensiv ist, dass sich ein Gefühl von purem Glück einstellt und zum erlebten mentalen Zustand wird. Was er zunächst bei Chirurgen und Extremsportlern beobachtete, funktioniert (zum Glück) nicht nur mit Skalpell in der Hand oder beim Marathonlauf, sondern auch in anderen Bereichen.

Wenn wir uns einer Tätigkeit völlig hingeben, erreichen wir einen glückseligen Zustand, in dem alles fließt und der deshalb

25. REISE NACH VERBLÖDISTAN

als glücklich empfunden wird. Dabei verlieren wir jegliches Zeitgefühl und sind ganz im Hier und Jetzt. Wir grübeln nicht, vergessen all unsere Sorgen, widmen unsere gesamte Aufmerksamkeit dieser einen Tätigkeit und verschmelzen förmlich mit ihr. Wir benötigen nicht einmal Anerkennung oder Lob von außen. Das, was wir tun, empfinden wir als Belohnung genug. Der Psychologe Siegbart A. Warwitz beobachtete diesen Zustand empirisch bei verschiedenen Menschengruppen in unterschiedlichen Altersstufen. Wenig überraschend, sind es Kinder, die sich am leichtesten in den Flowzustand begeben können. Sie werden eins mit dem Spiel und versinken in ihre ganz eigene Welt, in der sie nichts in der Außenwelt daran hindern kann, völlig darin aufzugehen.

Leider verlernen wir diese besondere Hingabe oft im Laufe der Zeit. Das heißt aber nicht, dass wir uns nicht wieder daran zurückerinnern können. Wir alle waren mal Kinder und ziemlich begeistert. Also, erinnern wir uns, was uns damals Begeisterung verschafft und so richtig Freude bereitet hat. Das heißt übrigens nicht unbedingt, dass wir gleich Astronautin werden oder ein Raumschiff bauen müssen. Es ist auch nicht notwendig, sich selbstständig zu machen oder die Arbeitsstelle zu wechseln, um in den Flow zu kommen oder seinen Flow zum Beruf zu machen. Das können auch einfache Hobbys oder Aktivitäten sein wie Gitarre spielen, durch die Wohnung tanzen, lauthals singen und die Nachbarn damit nerven, etwas basteln, malen, nähen, Fußball spielen, gärtnern, stricken, im Wald laufen oder vierzig Minuten aus dem Fenster starren. Die Flowmöglickeiten sind quasi unendlich. Alles was wir tun müssen ist etwas zu finden, was wir gerne tun. Und es tun! Hier kommen wir wieder zu meiner Freundin Carla und ihrer Aufforderung kleiner zu denken! Nicht alles muss gleich im Weltimperium enden. Alles, was uns Flow und Freude bringt, macht uns glücklich. Ziemlich einfach, oder?

Wenn sich »NICHTS«
für 9,11 Euro
verkaufen lässt,
*kann ich vielleicht
mehr als ich denke.*

26.

HERZLICH WILLKOMMEN IM FALSCHEN FILM

Ich halte das Leben für einen geilen Streifen in Blockbuster-Qualität. Als ich das Anna erzählte, sah sie mich irritiert an und meinte: »Das ist doch kein Genre!« Ja gut, vielleicht ist es das nicht. Aber es beschreibt ziemlich gut, wie ich das Leben betrachte. Ich halte es nämlich für durchaus spannend, manchmal auch zum Fürchten, dann wieder romantisch, öfter mal wild, überaus fantastisch, streckenweise sonderbar, vorwiegend wundervoll und zwischendurch auch einfach nur zum Lachen. Manchmal weil es lustig und manchmal ein wenig lächerlich ist. Ein Blockbuster hat meiner Meinung nach von allem ein bisschen. Laut Wikipedia lässt er sich am ehesten mit »Publikumsrenner« übersetzen, wird aber auch als »Kassenschlager«, »Bestseller« oder »Dauerbrenner« bezeichnet. Das kommt doch ziemlich nah heran an das, was wir das Leben nennen. Vielleicht haltet ihr euer Leben aber für nicht aufregend oder erfolgreich genug, um es als Blockbuster zu beschreiben. Dann frage ich euch: Warum nicht? Wer bestimmt denn, ob es spannend, faszinierend, fesselnd, ergreifend und vor allem gelungen und erfolgsgekrönt ist? Kein anderer als wir selbst! Niemand anderer muss es übrigens auch leben. Eure Meinung ist also die einzige, die zählt.

26. HERZLICH WILLKOMMEN IM FALSCHEN FILM

Für alle, die sich ab und zu fragen, was denn da schon wieder auf dem Programm steht und warum sie im falschen Film leben, empfehlen wir den Sender zu wechseln, das Drehbuch umzuschreiben oder der Regisseur des eigenen Lebens zu werden. Wir bestimmen, welchen Filter wir wählen und für welches Genre wir uns entscheiden. Oft ist es nur ein kleiner Schritt vom Märchen ins Drama, vom Melodram zum epischen Liebesfilm oder vom Horrorstreifen zur schwarzen Komödie. Ob wir selbst der Hauptdarsteller sind oder nur eine mickrige Nebenrolle besetzen, ob wir trotz aller Gefahren auf die Katastrophe zu laufen, kreischend ins Drama verfallen oder uns entspannt im Feelgood-Movie von einem Glücksmoment zum nächsten manövrieren, hängt allein von uns ab. Vor allem davon, wie wir das Leben betrachten und unsere Entscheidungen treffen. Sobald wir nämlich Verantwortung für unsere Taten übernehmen und aus dem Drama aussteigen, wechselt es sich relativ einfach in einen anderen, einen besseren Film.

Mein bester Freund Lukas ist sich da ganz sicher.

Als ich mich nach der Trennung von T. in meiner alten Wohnung ganz ohne Bett, dafür mit einer Reihe Kisten wiederfand, rief ich ihn an: »Es ist aus. Jetzt hocke ich da mit jeder Menge Kisten. Ich weiß gar nicht, wo ich sie alle hinpacken soll. Du musst nämlich wissen, es sind sehr viele Kisten. Mein Leben befindet sich jetzt eventuell darin. Vielleicht kann ich es deshalb nicht spüren. Ist es in den Kisten? Finde ich es dort wieder?«

»Du brauchst einfach ein bisschen Ordnung«, antwortete Lukas ruhig.

»Ordnung. Aha. Wo soll ich nur hin mit dem Chaos?«

»In Schränke?«

»Ach so. Ich hab nicht mal ein Bett«, schluchzte ich laut.

»Dann brauchst du ein Bett«, sagte er trocken, wie immer auf den Punkt und als ob ich das nicht wüsste.

26. HERZLICH WILLKOMMEN IM FALSCHEN FILM

Das alles sagte sich so leicht aus der Schweiz, dem Land der unbegrenzten Neutralität. Dorthin war mein bester Freund ausgewandert, und in diesem Moment nahm ich ihm das irgendwie übel. Wie konnte er mich nur in all dem Chaos, mit all den Kisten, zurücklassen? Es war nicht ganz fair, das gebe ich zu. Schließlich konnte er ja nicht ahnen, dass ich plötzlich mit Sack und Pack auf der Schwelle zu einem neuen Leben stehen würde, obwohl ich doch nur in mein altes zurückwollte. Ich hatte das Gefühl, ich brauchte ihn jetzt mehr denn je.

Am nächsten Tag stand er vor meiner Tür. Ich hatte ihn nicht mal darum gebeten. Doch da war er. Mit seinem großen schwedischen SUV war er aus der Schweiz nach Wien gefahren, um mein Fels in der Trennungsbrandung zu sein. »Lass uns zu dem großen schwedischen Möbelhaus fahren und ein Bett und einen Schrank kaufen«, meinte er. »Es kommt übrigens alles in Ordnung«, fügte er hinzu.

Plötzlich machte so eine Trennung kurz vor dem Wochenende doch noch richtig Sinn. Stellt euch vor, es wäre sonntags passiert. Da hat ja nichts offen!

Ich hatte die Nacht zuvor auf einer Yogamatte auf dem Fußboden übernachtet, gefühlte acht Minuten geschlafen und spürte Stellen meines Körpers, von denen ich vorher noch nicht mal wusste, dass ich sie überhaupt besaß. Es war, als würde die ganze Anspannung plötzlich abfallen und direkt in einen erleichternden Heulkrampf münden. Eine Mischung aus unfassbarer Rührung, tiefer Dankbarkeit und unendlicher Müdigkeit heftete sich schwer an meine Beine, während ich Lukas um den Hals fiel. Ich hing wie ein zentnerschwerer Betonsack an ihm und für einen kurzen Moment sah es aus, als würde ich dort einschlafen. Schließlich war ich sehr müde. Auch ganz generell, vom Leben.

Lukas mag es übrigens ganz und gar nicht, umarmt zu werden. Er verfällt dabei jedes Mal in eine Starre, als hätte man ihn

26. HERZLICH WILLKOMMEN IM FALSCHEN FILM

in eine Wachsform gegossen und direkt in Madame Toussauds Kabinett aufgestellt. Ich ignoriere das immer. Ich finde, da muss er durch. Schließlich kennt er mich bereits seit dem ersten Tag meiner Geburt und offiziell beschwert hat er sich auch noch nie. Ich betrachte es als stilles Einverständnis. Niemals habe ich ihn fester umarmt als an diesem Tag.

Danach saß ich mit ihm in seinem viel zu großen, in diesem Fall aber sehr praktischen Auto, um darin Möbel zu verstauen, die ich noch nicht besaß. Die Größe des Gefährts und die dementsprechende Höhe ermöglichte eine ganz neue Perspektive. Ganz anders als in meinem klitzekleinen Auto, wo man wie bei einem Go-Cart förmlich auf der Straße sitzt.

Es schüttete in Strömen. Der Himmel breitete sich in einer Dramatik vor uns aus, als wollte er meinem Innersten Ausdruck verleihen. Es fühlte sich alles andere als erhaben an. Ich sprach kein Wort, dafür heulte ich die ganze Fahrt zum Möbelhaus durch. Ich fragte mich, wie viel Tränenflüssigkeit so ein doch eher winziger Tränensack eigentlich produzieren konnte. Ich fand das bemerkenswert und trotzdem nicht schön. Lukas schwieg.

Jetzt weiß man, dass schwedische Möbelhäuser sehr viel besser zu ertragen sind, wenn man gerade in der ersten Verliebtheitsphase steckt, frisch zusammenziehen möchte und alle Möbel automatisch schön sind, weil man diese Brille aufhat, die alles romantisch beleuchtet. Für manch andere Menschen ist es eher eine innere Zerreißprobe, ein sehr mutiger Beziehungstest oder einfach nur nervig. Man schlendert durch Gänge mit komplett eingerichteten Badezimmern und vierundvierzig verschiedenen Duschvorhangvarianten, steht plötzlich in wildfremden Küchen, bei denen jemand vergessen hat, die Schubladen zu schließen, und man sich ganz leicht ein Messer schnappen und einen Apfel in Spalten aufschneiden könnte. Was man natürlich nicht tut. Weil wer tut das auch.

26. HERZLICH WILLKOMMEN IM FALSCHEN FILM

In diesem übergroßen, künstlichen Wohnhaus ist es also wirklich idyllisch, zugleich aber ein wenig befremdlich, vor allem aber weit von alldem entfernt, wonach einem der Sinn nach einer Trennung steht. Gerade in diesen heimeligen Küchen sieht es so aus, als würden sich hier gleich ein paar übermotivierte Liebespaare die Kochschürzen umhängen, sich eine der Rührschüsseln *Allehanda* schnappen und am Keramikkochfeld *Barmhärtig* ein paar fluffige Pfannkuchen in Herzform herausbraten. Dann würden sie noch ein kleines, aber feines Zuckersieb aus dem Sortiment *Libbeszaubba* hinzu nehmen, den Zucker mit einem Hauch Zimt vermengen und darüber stäuben, einfach weil sie so »süß« wären.

Ich fand, die Dunstabzugshaube *Turbulens* hätte ruhig ein paar turtelnde Paare einsaugen können. Man sollte Händchenhalten und verliebte Blicke in Möbelhäusern verbieten. Aus Respekt vor frisch getrennten Menschen. Es scheint mir auch in der Retroperspektive angebracht, da all diese verzweifelten Menschen, die sich ganz dringend neu einrichten müssen, diesen Anblick nur schwer ertragen können und auch nicht verdient haben. Als wir zu den Betten kamen und vor dem Modell *Gutvik* standen, hatte sich mein Leben im Handumdrehen zu seiner eigenen Parodie entwickelt.

»Das ist doch *Kagge*«, sagte ich und lachte nicht.

Lukas lachte ebenfalls nicht. Er sagte immer noch nichts.

»Ich weiß genau, was du sagen willst«, schoss es aus meinem Mund.

»Du denkst sicher: Komm schon, jammer hier nicht rum! Wechsel mal den Sender. Ich sehe das! Ich sehe es an der Art, wie du mich ansiehst! Aber, wohin denn, frag ich dich. Oder mich! Oder irgendjemanden hier in diesem Möbelhaus! Wohin denn nur?! Vom *Dschungelcamp* in die *Höhle des Löwen*? Von *Aktenzeichen XY ungelöst* zum *Bachelor*? Was wäre denn das richtige Format?« Ich rief etwas zu laut dafür, dass wir uns gerade in der *Kusselig*

26. HERZLICH WILLKOMMEN IM FALSCHEN FILM

Bettwäscheabteilung einfanden. Außerdem überforderte mich die Frage, wie man als Single die Anzahl der Kissen, Decken und Bezüge bestimmt. Eine für mich ungeklärte Problematik. Legt man nur ein einziges, mickriges Kissen und eine sehr einsame Decke auf ein viel zu großes Doppelbett und erinnert sich damit jeden Tag selbst daran, dass man sehr, sehr alleine ist? Schließlich kauft man doch als erwachsener Mensch ein Doppelbett. Ein Einzelbett, fand ich, wäre ja so, als läge man sich direkt zurück in sein Kinderzimmer. Kauft man allerdings zwei Polster und zwei Decken, wie macht man das dann? Liegt man dann immer nur auf einem Polster mit einer Decke und die anderen beiden liegen nutzlos daneben? Tut man dann einfach so, als läge da jemand, wäscht die Überzüge aber immer nur von der einen Hälfte des Bettes, weil die anderen unbenutzt sind? Unzählige Fragen irrten mit mir durch die Gänge dieses Einrichtungslabyrinths. Lukas ließ mich reden und kommentierte das nicht weiter. Stattdessen warf er zwei Kissen, Decken und Überzüge, die ich schon mal in der Hand gehabt hatte, pragmatisch in den übergroßen Einkaufswagen. Es schien der Tag der großen Wägen zu sein.

»Komm«, sagte er knapp und ging weiter.

»Na toll«, beschwerte ich mich. »Mein Leben bricht auseinander und du tust so, als gäbe es einen Plan. Wer bist du genau? Batman? Ist das hier Gotham City? Bin ich Robin? Das ist doch alles verrückt! Ich sag dir, wie es sich anfühlt. Es fühlt sich nämlich nicht nach Batman an, sondern vielmehr wie *Stirb langsam* Teil eins bis sieben. Keine Ahnung, wie viele Teile es da gibt. Es sind auf jeden Fall zu viele.«

Lukas wusste, dass es nicht der richtige Zeitpunkt war, mir zu erklären, dass ich im falschen Film war und wie ich in ein anderes Genre wechseln sollte. Wir hatten schließlich noch ein Bett und einen Schrank aufzubauen und wussten, dass wir dafür beide gänzlich untalentiert waren. Es gab also Prioritäten.

26. HERZLICH WILLKOMMEN IM FALSCHEN FILM

Einige Monate danach setzten wir unser Gespräch zu dem Thema fort.

»Ich glaube, die Trennung von T. ist das Beste, was mir je passiert ist«, meinte ich.

»Ach ...?«, sagte er. Der Sarkasmus in seiner Stimme war unüberhörbar und auch ein wenig lästig.

»Ja, ja«, warf ich seinem Ego diesen Brocken Sarkasmus vor die Füße, damit es sich nicht noch ins Unendliche aufplusterte.

»Du tust immer so, als würdest du alleine nicht existieren«, antwortete er. »Als hätte man dir beide Arme, Beine und das Gehirn gleich mit amputiert, sobald es zu einer Trennung kommt.«

»Genauso fühlt es sich auch an«, erwiderte ich. Ich wusste, dass er Recht hatte. Aber es fühlte sich ein ganzes Stück schwieriger an, es aus seinem Mund zu hören.

»Wäre dein Leben ein Film, würde man sich ständig an den Kopf fassen. Es wäre einer dieser Filme, bei denen man unaufhörlich schreit: ›Halt! Nein! Warum macht sie das?!‹«

»Was meinst du?«, fragte ich nach, obwohl ich ziemlich sicher wusste, was er meinte.

»Stell dir vor, du bist die Hauptdarstellerin. Jetzt haben es Titelrollen so an sich, dass es sich dabei um wirklich faszinierende Persönlichkeiten handelt. Kannst du mir folgen?«

»Ich weiß nicht ...«

»Probier es«, fuhr er fort. »Jetzt wissen wir beide, dass du das über dich selbst nie sagen würdest.« Es schien, als wüsste er ganz genau, worauf er hinauswollte. Wenigstens einer von uns beiden.

»Du tust immer so, als wärst du das alles nicht. Und das ist eigenartig. Alle anderen sehen diese bemerkenswerte, intelligente, wundervolle Hauptdarstellerin in der Rolle ihres Lebens, die unentwegt total eigenartige Entscheidungen trifft, was ihr Privatleben anbelangt. Da ist zum Beispiel dieser Typ. Behaupten wir mal, es wäre T. Dann steht sie vor der Entscheidung: Soll ich bleiben und nach links abbiegen oder mich gegen ihn entscheiden und einfach geradeaus weitergehen? Jeder weiß die richtige Antwort. *Jeder!* Und was machst du? Du biegst links ab! Die Menge schreit auf! Raunen im Saal. Menschen greifen sich an den Kopf und beschweren sich: ›Was für ein mieser Film. Das ist doch total unrealistisch! Das würde sie niemals tun!‹ Aber *du* lässt dich nicht beirren. Du sorgst dafür, dass der Film ein echter Flop wird. Und alles nur, weil du das mit der glücklichen Wendung noch nicht verstanden hast.«

»Aber jeder Film hat einen Spannungsbogen«, warf ich ein.

»Einen Spannungsbogen, ja … aber das hieße, dass es spannend wäre. Was *du* machst, ist aber nicht spannend! Es ist fürchterlich langweilig und vorhersehbar. Du entscheidest dich gegen dich, aber *für* einen Typen, der es normalerweise nicht mal als Statist in einen unterdurchschnittlich besetzten Low-Budget-Streifen geschafft hätte. Dann lässt du ihn auch noch die Hauptrolle übernehmen, bis er dich am Ende komplett aus der Szene kickt. Das ist das Gegenteil von spannend! Als Zuseher dieses Films muss ich dir sagen: Dieser Film regt mich auf! Die Regisseurin hat versagt! Ein totaler Flop. Das Drehbuch gehört dringend umgeschrieben.«

Ich musste lachen, obwohl es eigentlich sehr traurig war. Aber Lukas hatte recht. Irgendwo war ich massiv falsch abgebogen und hatte tatsächlich vergessen, dass das *mein* Film, mein ganz persönliches Meisterwerk war und dass es verdammt noch mal Zeit war, endlich das Genre zu wechseln.

Ist es also möglich, von der Tragödie in die Komödie oder in die Liebesgeschichte zu wechseln? Natürlich ist es das und man kann es lernen. Das habe ich dann auch. Dabei hilft es, die Situation und vor allem sich selbst in einem anderen Licht zu sehen und den Spot auf sich zu richten. Endlich mal die wundervolle

26. HERZLICH WILLKOMMEN IM FALSCHEN FILM

Hauptdarstellerin zu sehen, die unsere Freunde und unsere Familie so mühelos in uns erkennen, aber wir selbst so oft vergessen. Am besten wechseln wir auch gleich den Titelsong von Adele zu Beyoncé. Nehmen wir das Drama einfach raus. Das Leben muss kein unaufhörlicher Action-Streifen sein, in dem wir immerzu kämpfen und uns fürchterlich anstrengen müssen. Führen wir keinen Kriegsfilm, schon gar nicht mit uns selbst.

> *Allehanda Kagge geht auch vorbei.*

WIE SCHREIBE ICH
mein eigenes Drehbuch?

Hier ist eine gute und eine schlechte Nachricht. Die gute: Du hast dein Drehbuch selbst in der Hand. Die schlechte: Du hast dein Drehbuch selbst in der Hand. Die allerbeste: Jetzt weißt du es und kannst es ändern.

Möglicherweise handelt es sich momentan eher um ein Drama, eine flache Komödie, streckenweise sogar um eine Tragödie und irgendwas mit Mystery aber weniger um den geilen Scheiß vom Glücklichsein? Macht nichts. Jetzt, wo du weißt, dass es dein Drehbuch ist, kannst du es ändern.

Es ist dein Film, also übernimm die Hauptrolle.

- Würdest du diesen Film selbst sehen wollen? Wenn nicht, ändere ihn! Schreib das Drehbuch um.

- Wenn es gerade nicht so (oder kagge) läuft: Genre wechseln. Das Drama rausnehmen. Du bist nur ein paar Kameraeinstellungen vom Horrorfilm zum Feelgood Movie entfernt.

Wir wiederholen: es ist dein Film! Du kannst auch die Rollen neu besetzen.

- Worauf richtest du deine Linse? Kann es auch mal ein neuer Filter sein?

- Erhöhe den Spannungsbogen und scheiß drauf, was andere denken (Weil haben wir es schon erwähnt? Es ist dein Film!)

- Für die glückliche Wendung einfach mal wenden.

- Der Sound ist öd? Ändere die Filmmusik.

- Vergib dir öfter mal selbst einen Oskar dafür, wie weit du schon gekommen bist.

- Das Leben ist kein Kriegsfilm. Du musst nicht ständig kämpfen. Schon gar nicht gegen dich selbst.

Vergiss nicht, dass alle in unterschiedlichen Filmen und Kinosälen sitzen. Oft sind die Streifen auch völlig anders synchronisiert. Wenn du jemanden verstehen möchtest (oder verstanden werden willst) frag nach, welcher Film beim anderen läuft und erzähl von deinem. Holt euch Popcorn. Das hilft zum besseren Verständnis.

Der Schlüssel zum Glück steckt von *innen.*

27. GIBT ES DIE REALITÄT WIRKLICH?

Wie erleben wir also unsere Welt da draußen? Passiert das alles wirklich oder nehmen wir das Erlebte nur so wahr, wie wir es wahrhaben *wollen*? Haben wir vielleicht unsere eigene 3D-Brille auf und sehen gar nicht, was tatsächlich passiert, sondern nur das, was wir sehen können?

> *Wir sehen die Dinge nicht wie sie sind, sondern wie wir sind.*
> *Talmud*

Wir sind also nicht die Ersten, die sich mit der Realitätsfrage beschäftigen. Eine sehr spannende, wie wir finden, die auch gleich ein paar weitere aufwirft. Können wir nämlich tatsächlich behaupten, dass all das, was uns wirklich erscheint, die ganze Wahrheit ist? Und – sollte es nur ein Teil davon sein – haben wir dann vielleicht die Möglichkeit alles zu verändern? Haben wir womöglich die Chance unser Drehbuch neu zu schreiben und den Film unseres Lebens zu korrigieren? Vielleicht sogar völlig neu zu drehen? Was sich in unserem Leben, also vor unseren eigenen Augen zuträgt, nehmen wir tatsächlich nur zu zehn Prozent mit unseren

27. GIBT ES DIE REALITÄT WIRKLICH?

Augen und zu neunzig Prozent über unser Gehirn wahr. Was wir sehen, ist also subjektiv und wird von übernommenen Werten, unserer Erziehung und den dadurch entstandenen Überzeugungen geprägt. Durch einen Filter unserer Annahmen sehen wir nur das, was wir sehen wollen und für wahr und wichtig halten. Es handelt sich dabei um selektive Wahrnehmung.

In unserem Podcast »*gusch, baby*« haben Anna und ich eine Folge zu diesem Thema aufgenommen und nur so gestaunt. Selten haben wir so viel Feedback bekommen, wie auf diese Episode! Aber im Grunde gar nicht so verwunderlich, wenn man bedenkt, dass wir gar nicht die ganze Wahrheit erleben, sondern nur einen Teil davon.

Ich habe mir beispielsweise vor Jahren ein neues Auto gekauft. Mittlerweile ist es gar nicht mehr so neu, aber ich liebe es nach wie vor sehr. Es ist ein kleiner, cremefarbener Flitzer mit schwarzen Streifen, was ihn irgendwie zu einem Sportwagen machen soll, der er gar nicht ist. Klingt komisch? Vielleicht. Ich liebe ihn trotzdem. Damit ihr alle auch ein Bild dazu vor Augen habt, verrate ich euch, um welche Marke es sich handelt, ohne dass es sich dabei um bezahlte Werbung handelt. Es ist wichtig, das in der heutigen Zeit zu erwähnen, damit man nicht gleich verklagt wird. Und das, obwohl es hier eigentlich nur um das Bild in der Geschichte geht, das hierfür eben notwendig ist. Es ist ein Mini. (Falls uns Mini jetzt eine sehr große Summe Geld für diese doch sehr positive Geschichte überweisen möchte, schreibt uns gerne. Achtung, Scherz! Falls uns Mini immer noch Geld überweisen möchte, ist es immer noch ein Scherz, wir schicken aber trotzdem gerne unsere Kontodaten.)

Ich habe mir also vor geraumer Zeit diesen cremefarbenen Mini mit sehr sportlichen Streifen gekauft. Kurz bevor ich mich dazu entschied, passierte etwas: Auf beinahe wundersame Art und Weise sah ich plötzlich unzählige Minis auf der Straße, die meisten

27. GIBT ES DIE REALITÄT WIRKLICH?

davon mit genau diesen Sportstreifen. Sie präsentierten sich geradezu aufdringlich, in den verschiedensten Farben, unterschiedlichen Streifen, Größen, Modellen und Ausführungen vor mir. Es war beinahe so, als wären sie aus den entlegensten Seitengassen direkt zu mir abgebogen und als gäbe es kaum andere Gefährte als Minis auf dieser Welt. Sogar Anna, die selbst gar kein Auto besitzt, entdeckte unzählige cremefarbene Minis auf der Straße, seit sie mein Auto kannte.

Als die Podcast-Folge veröffentlicht wurde, schrieben uns jede Menge HörerInnen, dass sie plötzlich auch nur noch cremefarbene Minis auf der Straße sähen, eine davon sogar mitten in New York.

Jetzt ist es natürlich nicht so, dass von dem Moment an, als wir über Minis sprachen, mehr davon produziert wurden und wir deshalb alle mehr von ihrer Sorte sahen. Vielmehr ist es so, dass unser Gehirn aufgrund der Information darauf fokussiert war und wie in einem Suchspiel die Umgebung nach diesen Objekten durchforstete und auch anzeigte. Wir empfanden daraufhin – ganz subjektiv natürlich –, die Welt sei voller Minis. Natürlich funktioniert das nicht nur für kleine, fahrbare Untersätze, sondern mit fast allem im Leben. Wir alle kennen doch die Aufforderung, auf gar keinen Fall an einen rosa Elefanten zu denken. Woran denken wir sofort? Genau! An nichts anderes als an den rosa Elefanten. Wir haben auch das im Podcast erwähnt und unsere HörerInnen aufgefordert, uns Bilder von rosa Elefanten zu senden, sollte jemand einen sehen. Ihr könnt euch nicht vorstellen (oder eben doch), wie viele Bilder wir erhalten haben! Es schien, als habe es eine Invasion gegeben, die Europa in das Südafrika der rosa Elefanten verwandelt hatte. Eine Hörerin hatte einen im Vorzimmer stehen (wer sich jetzt wundert: es war kein echter, sondern Kunst), eine andere entdeckte ihn auf einer Dose in ihrer Küche, eine weitere auf einem Handtuch, das mitten in Barcelona am Fenster zum Trocknen hing, und sogar

27. GIBT ES DIE REALITÄT WIRKLICH?

Anna fand einen auf meiner Strandtasche, wo er immer schon gewesen war, ich ihn aber vorher nie bewusst wahrgenommen hatte. Wir können jetzt nicht alle Beispiele aufzählen, sonst müssten wir das Buch *Der geile Scheiß vom rosa Elefanten* nennen, aber ich kann euch sagen, es war überwältigend.

Warum Anna und ganz viele unserer HörerInnen übrigens Zahlen mit Farben verknüpfen und welche zueinandergehören, könnt ihr ebenfalls in dieser Podcast-Folge nachhören. Tatsache ist, Anna steht damit nicht alleine da. Das menschliche Gehirn kann ganz viele und auch sehr verrückte Dinge. Es ist uns zum Beispiel auch möglich, einer bestimmten Uhrzeit einen speziellen Stellenwert zu geben und ab diesem Zeitpunkt jeden Tag exakt um dieselbe Uhrzeit auf die Uhr zu sehen. In meinem Fall ist das 11:11 Uhr und wirklich, fast jeden Tag sehe ich genau um diese Zeit auf den Bildschirm meines Handys und wundere mich schon lange nicht mehr.

Dasselbe funktioniert übrigens auch mit jeder Uhrzeit, zu der wir, für die Mutigen unter uns, auch ganz ohne Wecker aufwachen wollen. Nicht nur einmal habe ich mir den Wecker gestellt und bin nur wenige Sekunden bevor er anfing zu läuten aufgewacht. Anna wiederum wacht nachts nur zu exakt vollen Stunden auf. Es ist dann immer 2:00 Uhr, 3:00 Uhr oder 4:00 Uhr, aber niemals 3:12 Uhr oder 4:13 Uhr.**

Nach dieser Folge zum Thema selektiver Wahrnehmung war jedenfalls klar, *alles* ist möglich, und es ging nicht nur Anna und mir so, sondern ganz vielen anderen Menschen auch. Sie alle haben uns geschrieben und so viele Menschen können nicht irren. Haben wir also alle übernatürliche Kräfte? Möglicherweise. Für

---

** Schreibt uns doch, wenn es euch genauso geht – gerne auch auf Instagram unter *guschbaby*.

27. GIBT ES DIE REALITÄT WIRKLICH?

noch möglicher halten wir aber, dass unser Gehirn zu sehr viel mehr fähig ist, als wir denken, und vor allem auch mehr erfasst, als uns bewusst ist. Selektive Wahrnehmung ist Fluch und Segen zugleich. Ein gutes Beispiel dafür sind die bereits erwähnten Opferlandbürger. Es kann doch kein Zufall sein, dass Opferlandbürgern in ihrer Wahrnehmung immer das Schlimmste passiert. Sie haben sich und ihr Gehirn erfolgreich in den Opfermodus programmiert – und schon wird es Realität: Sie erleben ihre Welt als Opfer. Nichts scheint schlimmer zu sein als das Leben eines Opferlandbürgers. Aber würde ein heilloser Optimist denselben schlimmen Film erleben oder geschähen ihm nur die besten Dinge? Erleben also zwei Menschen in exakt derselben Situation vollkommen unterschiedliche Realitäten? Ja. Und ist es möglich, vom Opferbürger zum Optimisten zu werden und sich seine Realität neu zu erschaffen? Nicht ohne Mühe, aber ja, auch das ist möglich. Das sind doch gute Neuigkeiten!

28.
DA HAB ICH DOCH DIE WAHL, NUSS

Der Neurowissenschaftler Dr. Joe Dispenza schildert in seinen bemerkenswerten Vorträgen, wie er aufgrund eines persönlichen, einschneidenden Erlebnisses mehr darüber erfahren wollte, wozu das menschliche Gehirn fähig ist. Bei einem Fahrradunfall wurde seine Wirbelsäule schwer verletzt und verschiedene Fachärzte prognostizierten ihm eine lebenslange Querschnittslähmung, sollte er sich nicht einer Operation unterziehen, die mit starken gesundheitlichen Folgen, nämlich erheblicher körperlicher Einschränkung, verbunden wäre. Sie rieten ihm eindringlich dazu. Er entschied sich jedoch dagegen, trainierte sein Gehirn über mehrere Wochen und schaffte es, wie er berichtet, mithilfe mentaler Umprogrammierung, seinen Körper so zu verändern, dass er sein Leben wieder ohne gesundheitliche Einschränkungen fortsetzen kann.

Wir wollen uns nicht mit dem umstrittenen Thema der Spontanheilung oder der Selbstheilungskraft des menschlichen Körpers aus dem Fenster lehnen. Dazu kann man durchaus unterschiedliche Auffassungen haben und das darf auch so sein. Als er es sich danach aber zur Aufgabe machte, das Potenzial des menschlichen Gehirns zu erforschen, und sich zu diesem Zweck mit einigen Studien zu diesem Thema auseinandersetzte, brachte er unserer Meinung nach einige interessante Beiträge dazu hervor. Er beschäftigte sich

28 . DA HAB ICH DOCH DIE WAHL, NUSS

intensiv damit, wie wir das Potenzial unseres Gehirns nutzen, ungewünschte Gewohnheiten hinter uns lassen, alte mentale Strukturen verändern und durch neue ersetzen können. Dispenza studierte Biochemie an der Rutgers University und machte am Evergreen State College in Olympia seinen Bachelor of Science mit Schwerpunkt Neurowissenschaften. Seine postgraduierten Fortbildungen umfassen die Bereiche Neurologie, Neurophysiologie, Gehirnfunktion und -chemie, Zellbiologie, Gedächtnisbildung sowie Altern und Langlebigkeit. Seine Aussagen werden durchaus auch kritisch betrachtet, und auch das ist völlig in Ordnung. Wir wollen euch seine Theorien trotzdem nicht vorenthalten, da sie einige bekannte Themen auf spannende Weise beleuchten und interessante Lösungsansätze bieten.

Grundsätzlich empfiehlt es sich, ein paar Aspekte des eigenen Lebens zu beleuchten, *bevor* man, wie Joe Dispenza, kopfüber mit dem Schädel auf den harten Asphalt aufprallt und es plötzlich allumfassend infrage stellt. Warum fangen wir aber häufig erst dann an, Dinge grundlegend zu verändern, wenn uns die absolute Katastrophe passiert ist? Kurz vor zwölf sind wir dann hellwach und bereit, alles anders zu machen. Aus purer Angst, keine Chance mehr dazu zu haben, und meistens nur so lange, bis sich die Lage wieder beruhigt hat, wir aus irgendeinem glücklichen Grund doch ungeschoren davonkommen, sich der Alltag wieder einschleicht und wir doch alles beim Alten belassen. Nicht so Joe Dispenza. Wir könnten versuchen, von jemandem zu lernen, der die Katastrophe bereits hinter sich hat, und sie uns gleich selbst ersparen, damit es nicht zu spät ist, bevor wir überhaupt begonnen haben.

Zwischen sechzig- und siebzigtausend Gedanken wälzen wir pro Tag in unserem Kopf. Neunzig Prozent davon sind dieselben wie am Tag davor. Gehen wir davon aus, dass Dispenzas Annahme »Wir sind, was wir denken« stimmt, dann spielen unsere Gedanken eine große Rolle dabei, wie wir die Welt da draußen erleben und wer wir denken zu sein. Wiederholen wir Tag für Tag dieselben Gedanken, treffen wir immer wieder dieselben Entscheidungen. Diese wiederum führen zu den gleichen Verhaltensweisen und letztlich zu den gleichen Emotionen.

Solltet ihr jetzt denken: »Ha! Mein Leben ist noch geiler als der geilste Scheiß! Ich bin der glücklichste Mensch dieses Planeten – nein, des ganzen Universums! Alles läuft wie am Schnürchen, manchmal scheiße ich Regenbögen, so licht und bunt, dass andere ihre Shades aufsetzen müssen, um nicht geblendet zu werden. Ich brauche absolut keinen dieser Glitzerfilter, ich strahle nämlich aus jeder Pore meines überglücklichen Daseins und dufte dabei nach frisch gepflückten Pfingstrosen. Immer!« Dann gratulieren wir von Herzen. Ihr könnt also schon absurd glücklich zum nächsten Kapitel weiterblättern. Es liegen keine zu verändernden Tatbestände vor.

Solltet ihr euch jedoch hin und wieder die Frage stellen, ob ihr nicht doch das ein oder andere tun könntet, um euer Leben etwas positiver zu gestalten, es aber letztlich doch nicht tut, dann fühlt euch nicht alleine. Es geht nämlich fast allen so. Wir leben tagtäglich routiniert in unserem Trott und geben uns damit zufrieden, nicht ganz zufrieden zu sein.

Aber es geht auch anders! Wenn wir anfangen, zumindest einen Teil unserer Gedanken (also der neunzig Prozent des Vortags) zu verändern, ändern sich damit auch unsere Entscheidungen, unsere Verhaltensweisen und nicht zuletzt unsere Gefühle. Wir bilden neue neuronale Muster (das wäre doch mal ein sinnvoller Trend für die Fashionweek!) und werden zufriedener, erfolgreicher, glücklicher und gesünder. Ein Trend, den man schon mal mitmachen kann.

Es scheint plausibel zu sein, dass es nicht förderlich ist, sein Leben so weiterzuleben, wie man es die letzten zwanzig, dreißig, vierzig oder gefühlte tausend Jahre gelebt hat, und sich zu wundern, warum sich rein gar nichts ändert. Es könnte laut Dr. Joe Dispenza daran liegen, dass wir ständig dieselben Gedanken denken (»Dieser furchtbare Fahrer vor uns«), dieselben Entscheidungen treffen (wir hupen wild drauflos und schimpfen noch lauter als die Hupe) und dann dieselben Emotionen durchleben (mit hoher Wahrscheinlichkeit eher das Gegenteil von gut gelaunt und rundum zufrieden). Dann fragen wir uns, warum all das immer *uns* passiert und das Leben so schrecklich unfair zu uns ist. Wir biegen wieder mal kurz vor dem Fitnesscenter ab, weil wir nach so einem Tag ganz sicher nicht trainieren können, hocken uns vor die Glotze, starren in den Bildschirm und genehmigen uns eine Tüte Chips, weil es ohnehin schon egal ist. Was soll man aus so einem Tag denn noch machen? Gar nichts. Den Plan, die glücklichste Person des Universums zu werden, verschieben wir müde auf morgen. Morgen ist übrigens der Tag, an dem wir schlecht gelaunt aus dem Bett steigen, uns über die Bauchschmerzen von der zweiten Packung Chips ärgern und auch darüber, dass es mal wieder viel zu früh ist. Wir starten mit neunzig Prozent des Vortags in den neuen. Bis uns ein dreister Fahrer, diesmal von links, die Vorfahrt nimmt, und wir uns schon wieder ganz fürchterlich darüber ärgern müssen, dass … Tja, den Rest kennen wir. Nach diesem Muster können schon mal gut und gerne zwanzig Jahre verlaufen.

Beobachten wir doch mal diese neunzig Prozent in unserem Kopf, da oben in der rosa Walnuss direkt hinter unseren Augen. Danke übrigens Anna für dieses Bild an dieser Stelle. Ich kann jetzt nie wieder Walnüsse essen (und ihr jetzt vielleicht auch nicht, dabei sind sie sehr gesund). Wundern wir uns nicht, wenn sich alles immer und immer wiederholt und sich rein gar nichts ändert. Das liegt schlicht und einfach daran, dass wir selbst nichts ändern. Fangen wir also an etwas zu ändern! Und das geht so.

28. DA HAB ICH DOCH DIE WAHL, NUSS

Beginnen wir damit, unseren Gedanken aufmerksam zuzuhören. Achtung, das kann ganz schön mühsam sein. Oft hören wir gleich wieder damit auf, weil wir so viel Müll denken – vor allem über uns selbst. Als wäre unser Kopf eine riesige Mülhalde giftiger Gedanken. Das aber wäre genau der richtige Zeitpunkt, noch genauer zuzuhören, Stopp zu rufen und den Sondermüll zu entsorgen! Diese negativen Dämpfe steigen uns sonst weiter zu Kopf und wir glauben den ganzen Mist auch noch! Fangen wir an in Frage zu stellen, ob auf dieser Mülldeponie tatsächlich etwas Schönes wächst. Stellen wir Fragen!

Zum Beispiel: »Fährt der Autofahrer vor mir wirklich schneller, wenn ich ihn von meinem Lenkrad aus über die schalldichte Scheibe anbrülle, er mich also gar nicht hört? Fühlt sich das nach wohlig warmem Glücksgefühl oder doch mehr nach innerem Tsunami an? Bringt mich das im Leben weiter? Wie war das noch mal mit diesem Amor Fati?

Und dann noch: »Wie spreche ich eigentlich mit mir selbst, wenn ich wieder mal wütend auf mich und die Welt bin? Würde ich so mit einer Freundin sprechen? Was würde ich ihr raten?«

Und weiter: »Tut es mir gut, meine Zeit und Energie Menschen zu schenken, die sich mit ihrer Negativität fröhlich über meinem Haupt übergeben? Fühle ich mich wohl damit?«

Lautet die Antwort auf die Fragen, ob uns etwas guttut oder weiterbringt, »Nein«, treffen wir ab sofort eine andere Wahl. Einfach weil wir es können! Also, lassen wir dem wütenden Fahrer großzügig die Vorfahrt und schenken ihm die zehn Sekunden. Lächeln wir dabei. Fühlen wir uns besser und biegen in letzter Minute doch noch zum Fitnessstudio ab. Schalten wir den Fernseher aus, verzichten auf das *Dschungelcamp* und verabreden wir uns mit unserer besten Freundin. Erzählen wir ihr davon, dass wir jetzt andere Entscheidungen treffen und bringen wir sie auf gute

28. DA HAB ICH DOCH DIE WAHL, NUSS

Ideen. Stehen wir am nächsten Morgen auf und probieren diesen Grüntee, der seit Monaten einsam im Regal steht. Lächeln wir uns im Spiegel zu, bevor wir das Haus verlassen, stolpern über die unterste Stufe – und ärgern uns. Fragen wir uns aber noch im selben Moment: »Tut mir das gut? Bringt mich das weiter?« Freuen wir uns, dass unsere Knöchel scheinbar wahre Superknöchel sind, weil sie so viel aushalten und rein gar nichts passiert ist! Lächeln wir noch einmal. Freuen wir uns, dass starke Knochen durchaus von Vorteil sein können und fangen wir damit an, sie zu lieben. Wie diesen Tag. Den Regen. Das innere Lächeln. Dass wir am Leben sind (na gut, dramatisch banal, aber trotzdem sehr wahr). Winken wir den nächsten Drängler freundlich in die Spur, sodass auch sein Tag durch uns eine glückliche Wendung nehmen kann. Gute Gefühle sind ansteckend. Schlechte übrigens auch. Ratet mal, was besser ist! Entscheiden wir uns doch beim nächsten Dilemma einfach mal, uns selbst die Vorfahrt in der Glücksstraße zu geben. Wann immer diese komischen Dinge passieren, die wir gar nicht so mögen (und ja, sie werden immer noch passieren), holen wir uns doch mal im Raum des Ärgers ab und werfen uns diese Wahl-Nuss zu. Entscheiden wir uns um. Rufen wir allen negativen Menschen (eventuell auch uns!) und Ereignissen in Zukunft aus tiefstem Herzen und voller Inbrunst zu: »Da hab ich doch die Wahl, Nuss!« (Anmerkung: Es kann von Vorteil sein, das innerlich zu tun. Es reicht, wenn wir es selbst wissen.)

DIE WAHL-NUSS LISTE

Neue Gedanken → neue Entscheidungen → neue Verhaltensweisen → neue Gefühle → neue Ereignisse

Da hab ich doch die Wahl, Nuss!

- Wenn wir sind was wir denken. Was möchte ich über mich denken? Was über andere?
- Könnte es sein, dass sich schlechte Gefühle schlecht anfühlen?

Heute probier ich mal keine neue Jeans, sondern neue Gedanken.

- Wäre ich eine Freundin. Was würde ich ihr raten?
- Hören wir unseren Gedanken mal aufmerksam zu. Sind die freundlich? Was kann weg? Welchen Mist kann ich entsorgen?
- Bringt mich der ganze Ärger weiter? Wenn ja wohin? Ist das da, wo ich sein will?
- Worauf möchte ich meine Aufmerksamkeit richten? Wo will ich denn eigentlich hin?
- Wenn ich etwas anderes möchte, sollte ich eventuell mal was anders machen?
- Was traue ich mir zu? Warum nicht einfach mal ganz viel?

29.

VÖGEL DESSELBEN GEFIEDERS

Es heißt, Vögel desselben Gefieders fliegen im selben Schwarm. Das trifft vor allem auf jene Vögel zu, die wir unsere Freunde nennen. Ich stelle immer wieder fest, dass meine Freunde einen sehr ähnlichen Vogel wie ich haben. In Wien sagt man auch »Hieb« dazu, das mag ich. Genauso wie den Hieb meiner Freunde. Klar, weil er meinem eben sehr ähnlich ist, und so geht es vermutlich auch vielen anderen Menschen. Wir nennen unseren Vogel dann liebevoll Humor, damit sich alle besser fühlen.

Jedenfalls zieht es uns zu Menschen, die ähnlich ticken wie wir. Da fühlen wir uns aufgehoben und irgendwie verstanden, und gemeinsam ziehen wir weiter, im selben Schwarm.

Seitdem ich diesen Spruch gehört habe, denke ich immer an meine Freunde, wenn ich einen Schwarm Vögel am Himmel sehe. Da haben wir uns ganz ohne Anstrengung gefunden, fliegen Seite an Seite, kreisen in ein paar Loopings durch die Lüfte und ziehen gemeinsam Richtung Süden, wenn es zu kalt wird. Ich fordere übrigens alle meine Freunde und -innen an dieser Stelle auf, öfter mal mit mir Richtung Süden zu ziehen. Ich halte das für eine gute Sache. Man sollte meiner Meinung nach nämlich insgesamt mehr Zeit in sonnigen Gefilden, am besten auch am Meer verbringen. Das steigert das Glücksgefühl, auch durch das fröhliche Vitamin D, das unsere Gemüter erhellt. Vögel haben das verstanden, deshalb fliegen sie dahin. Es

29. VÖGEL DESSELBEN GEFIEDERS

sieht so einfach aus, wenn sie da am Himmel schweben, dabei muss es in Wahrheit doch recht anstrengend sein, sich den ganzen Tag in der Luft zu halten und zu fliegen was das Zeug hält. Ihr seht schon, es gibt tatsächlich sehr viele Parallelen zu unserem Leben. Ist es da nicht beruhigend, wenn man nicht alleine auf der Reise ist? Freunde sind ein wahres Geschenk. Das trifft allerdings nicht auf jeden Menschen zu, dem wir begegnen, und aus diversen Gründen freunden wir uns auch nicht gleich mit jedem an. Das wäre auch sehr anstrengend, wie sollte man denn dann mit allen Kontakt halten? So viel Zeit hat niemand. Vielleicht will man es auch gar nicht, weil eben nicht alle Vögel im selben Schwarm fliegen. Trotzdem begegnen wir jeden Tag neuen Menschen. Sie treten auf verschiedenste Arten in unser Leben und nicht jeder fühlt sich dabei wie ein Geschenk an. Gerade wenn es uns nicht gefällt, bringt es uns weiter, weil wir daran wachsen können. Zum Kotzen! Aber wer hat denn behauptet, dass nur schöne Menschen und Erfahrungen gut und richtig sind? Mit »schön« meinen wir hier übrigens innerlich. Äußerliche Schönheit wird ohnehin völlig überbewertet. Man ist ja deshalb kein besserer Mensch. Wenn abgelaufene Wurst in einer schönen bunten Verpackung steckt, bleibt sie nämlich immer noch abgelaufene Wurst. Wissen wir und tappen trotzdem immer wieder in die Falle.

 Ich habe mal einen Mann getroffen, der meinte, er habe sich schon des Öfteren die Frage gestellt, wie die Welt aussähe, wenn wir alle optisch exakt gleich auf die Welt kämen und je nach unseren Taten entweder schöner oder hässlicher würden. Ich halte das für einen brillanten Gedanken, der ein paar Fragen aufwirft: Wäre die Welt dann schöner oder hässlicher? Würden wir aufhören, andere zu verherrlichen, und würden alle versuchen, bessere Menschen zu werden? Wäre Mutter Theresa dann aufgrund ihrer Herzenstaten als strahlende Schönheit engelsgleich über den Laufsteg gewalkt und hätte sich über milliardenschwere Werbeveträge so einiges an Spendengelder

29. VÖGEL DESSELBEN GEFIEDERS

dazuverdient? Das wäre natürlich nicht das Ziel und sie hätte das bestimmt nicht gewollt, aber ihr wisst, was ich meine. War sie nicht innerlich ohnehin der schönste Mensch? Wenn wir sie an ihren Taten messen, war sie mit Sicherheit eine der schönsten Frauen der Geschichte. Aber nein, was machen wir? Wir schicken Heidi Klum ins Rennen und lassen sie beurteilen, ob junge Mädchen dem optischen Ideal entsprechen oder nicht. Ihr ahnt wahrscheinlich schon, worauf ich gerne wieder hinauswill: Menschen sind komisch.

Wenn wir also das nächste Mal einen anderen Menschen für überdurchschnittlich schön befinden und uns dabei unterdurchschnittlich gut fühlen, fragen wir uns doch mal, was wir an dieser Person möglicherweise glorifizieren und warum wir gerne selbst auch so wären. Denn wer bestimmt eigentlich, was schön ist? Und stimmt das dann auch? Sind wir auf diesem Planeten gelandet, um schön auszusehen oder um einen Unterschied zu machen? Sind wir hier, um andere zu beeindrucken?

Wir sind vermutlich hier, um etwas zu bewirken und um etwas zu lernen. Was das ist, gilt es herauszufinden – und dazu haben wir ein Leben lang Zeit. Mit großer Wahrscheinlichkeit ist es nicht das nächste Video darüber, ob wir den Naturhaarpinsel nun gegen oder in die Wuchsrichtung unsere Augenbrauenhaare streichen oder uns doch eher für Microblading entscheiden sollen. Vermutlich auch nicht, wie wir uns mit Indianerkriegsbemalung ganz neue Konturen ins Gesicht schmieren, um endlich ganz anders auszusehen, als wir aussehen. Ziemlich sicher ist das nicht der Sinn.

Auch wenn es schwierig ist, objektiv zu beurteilen, was nun eine gute Tat ist und was eine schlechte, ist es doch sehr viel sinnvoller, einen Menschen aufgrund seines Verhaltens schön zu finden und nicht wegen seiner vorteilhaften genetischen Grundausstattung. Warum neigen wir dazu, andere aufgrund ihrer Optik für besonders zu halten, als wäre ihr Aussehen eine Leistung? Macht

29. VÖGEL DESSELBEN GEFIEDERS

es sie zu besseren Menschen? Im Grunde können wir nichts dafür, wie wir aussehen. Meistens jedenfalls. (Alle, die sich dafür unter das ein oder mehrere Messer gelegt haben, mal ausgenommen. Sie haben eventuell ganz andere Probleme, über die sie sich Gedanken machen können.) Es ist also weder gut noch schlecht, vor allem aber kein Grund, stolz darauf zu sein. Es gibt auch keinen Anlass, andere für ihr Aussehen zu vergöttern.

Versteht mich nicht falsch, auch ich bin natürlich schon in diese Falle getappt, aber lasst uns das doch einfach mal gemeinsam infrage stellen.

Irgendwie lassen wir uns gerne von schönen Dingen blenden, wie beispielsweise vom Morgentau, Diskokugeln oder dem Funkeln smaragdgrüner Augen von jemanden, der uns sonst vielleicht gar nicht guttut. In Wahrheit findet jeder etwas anderes attraktiv und das ist auch gut so.

Am wichtigsten ist es, sich selbst so schön wie möglich zu finden, und zwar ganz genau so, wie wir sind. Ein guter Mensch zu sein ist dem eigenen Glück ebenfalls zuträglich. Man kann damit beginnen, seinen ganz persönlichen Beitrag in der Welt zu leisten und damit etwas zu bewirken. Dazu muss man gar nicht all seine Sachen zusammenpacken und als Greenpeace-Aktivist zur Rettung der Wale nach Alaska ziehen (sollte man das wollen, ist es natürlich eine gute Sache). Es fängt schon viel früher und auch sehr viel näher an, nämlich genau da, wo wir gerade sind. Wir können zum Beispiel dem ersten Menschen, der uns morgens auf der Straße begegnet, ein Lächeln schenken, liebevoll zu uns und anderen sein, den Korb statt Plastiktüten zum Einkaufen nehmen, den heimischen Bauernhof unterstützen, statt das Spritzobst aus Spanien zu kaufen, die fünfseitige E-Mail nicht ausdrucken, weil sie ohnehin digital gespeichert ist, oder dem alten Herren über die Straße helfen und mit allem was wir tun, sagen oder sind, etwas Positives bewirken.

29. VÖGEL DESSELBEN GEFIEDERS

Es gibt übrigens sehr viel geeignetere Menschen als uns, die sich mit Achtsamkeit und Nachhaltigkeit beschäftigen und sie anderen näher bringen. Am besten sind unserer Meinung nach jene, die nicht mit erhobenem Zeigefinger in der Gegend herumlaufen, sondern aufklären, mit gutem Beispiel vorangehen und niemanden verurteilen, der vielleicht noch nicht ganz so weit ist. Auch das hat mit Schönheit zu tun. Wir halten es außerdem für den besseren Weg, da jeder nur in seinem eigenen Tempo gehen kann. Und das ist okay. Viel wichtiger ist es, überhaupt loszugehen. Selten brauchen wir die perfekten Augenbrauen oder viereinhalb Kilo Make-up dazu. Weil wir, wenn wir der Melodie unseres Herzens folgen (das klingt nach einer Til-Schweiger-Verfilmung, aber die berühren bekanntlich ja auch) immer auf dem richtigen Weg sind. Eine hilfreiche Frage, die man sich selbst stellen kann, ist: »Wäre ich gerne mit mir selbst befreundet? Würde ich mit mir im selben Schwarm fliegen wollen?« Das Aussehen ist dabei vermutlich im Ranking sehr weit unten angesiedelt. Es kümmert Vögel ja auch nicht, wer nun das glänzendere Gefieder hat. Da geht es mehr um die Wellenlänge, in dem Fall also um den gleichen Flügelschlag.

Genau wie Vögel, sind Freundschaften auch ein guter Maßstab in Liebesdingen, bevor wir noch in Versuchung geraten uns von Äußerlichkeiten in die Irre leiten lassen. Ja gut, diese rehbraunen Kulleraugen sind schon entzückend. Aber womit punktet er oder sie denn sonst noch so? »Wäre das ein Mensch, mit dem ich gerne befreundet wäre?« Es klingt so banal, aber haben wir uns nicht schon alle mal auf die äußerlichen Attribute unseres Gegenübers konzentriert und innere Faktoren rigoros ausgeblendet. Anna und ich haben. Das passiert. Da konzentriert man sich eben auf Oberflächliches und vergisst die eigentliche Frage, nämlich: »Tut mir dieser Mensch gut? Wie fühlt es sich an?«

29. VÖGEL DESSELBEN GEFIEDERS

Klammern wir uns also nicht an ein paar Plastikstrohhalme und hoffen, dass wir sie noch zu etwas Schönem upcyclen können. Stellen wir uns lieber die »Vögelfrage«, die (wir können die schmutzigen Gedanken in euren Köpfen sehen!) trotz der naheliegenden Bezeichnung rein gar nichts mit dem Austausch von Körperflüssigkeiten zu tun hat. Sie lautet: »Fliegen wir im selben Schwarm?« Wenn nicht, handelt es sich um einen anderen Schwarm. (Ein nettes Wortspiel übrigens, wem es noch nicht aufgefallen ist. Bei dem es dann auch bleibt. Also dem Schwarm, nicht dem Wortspiel.)

In Liebesdingen fangen wir manchmal damit an, ein Rechteck in ein Dreieck pressen zu wollen, und reden uns ein, dass sich irgendwann bestimmt noch etwas ändert. Warum sollte es das? Und vor allem, warum geben wir Menschen so viel Aufmerksamkeit und Gewicht in unserem Leben, wenn sie es ihrerseits nicht tun?

Betrachten wir doch Menschen auch mal in Liebesdingen so wie in dem gefiederten Beispiel: Macht es Freude, mit ihnen zu fliegen, oder sind wir die meiste Zeit ganz alleine in der Luft? Fliegen wir gemeinsam in dieselbe Richtung oder biegt einer immer irgendwo ab? Es ist wie bei unseren gefiederten Freunden auch. Wenn es gut ist, ist es einfach: Wir fliegen im selben Schwarm, weil wir das wollen. Wir überlegen nicht hin und her oder entscheiden uns ständig um. Wir tauchen auch nicht ab oder zweifeln an der Richtung. Wir fliegen Seite an Seite, in ähnlichem Tempo. Wir halten denselben Kurs, aus dem guten Gefühl und purer Freude daran. Das heißt nicht, dass es nicht ab und zu auch Turbulenzen gibt, aber wir ziehen in dieselbe Richtung.

Was für Freundschaften gilt, ist also durchaus auch eine gute Basis für Beziehungen jeglicher Art. Auch der mit uns selbst. Breiten wir unsere Flügel aus und schwingen uns in die Lüfte des Lebens. Genießen wir es, genau der Vogel zu sein, der wir sind!

30.
NULL IST WENIG

Letztens erzählte mir Carla, dass sie zusammen mit ihrem Sohn in der Badewanne gesessen hatte und er plötzlich meinte: »Mama, du gefällst mir *null*.« Als sie mir das erzählte, musste ich schallend lachen. Null ist natürlich wenig. Es war vor allem auch deshalb so lustig, weil Carla eine wunderschöne Frau ist (im Inneren wie auch im Äußeren) und eine großartige Mutter noch dazu. Jetzt wissen wir natürlich, dass Kinder sehr ehrlich, aber eben nicht immer auch besonders einfühlsam sind. Es kann viele Gründe geben, warum ihr Sohn in dem Augenblick etwas so ganz und gar nicht gut an seiner Mama gefallen hat. Vielleicht fand er, dass der eine Wassertropfen schief von ihrem Schlüsselbein hing, oder sie hätte den Dinosaurier-Waschlappen, den sie in ihrer linken Hand hielt, einfach sehr viel eleganter halten können. Wie auch immer, wir wissen, dass sie für ihn mit Sicherheit die wundervollste und wahrscheinlich schönste Frau der Welt sein und vermutlich auch bleiben wird – bis andere Frauen in sein Leben treten, die er eventuell noch schöner findet. Hoffen wir es zumindest mal, auch wenn Carla das entschieden von sich weist.

Was wir auf jeden Fall wissen, ist, dass er seine Mutter über alles liebt, auch wenn sie ihm in diesem Moment nun mal *null* gefiel. Zweifelte sie deshalb an seiner Liebe? Liebte sie ihn oder sich deshalb weniger? Natürlich nicht. Es war eine Momentaufnahme, ein kurzer Gedanke, vielleicht auch einfach ein Spaß oder reine

30. NULL IST WENIG

Provokation. Im Grunde war es egal. Er liebte sie, die Hülle zählte dabei nicht und umgekehrt ist es natürlich genauso.

Wir können viel von Kindern lernen. Vielleicht nicht unbedingt von der Brutalität ihrer Aussagen, wenn es um ihre Wahrnehmung geht, die sich im nächsten Moment schon wieder ändern kann. Von der Natürlichkeit, die Dinge zu betrachten, aber in jedem Fall. Ja, vielleicht gefiel seine Mama ihm gerade nicht. Mögliche Gründe dafür gibt es viele. Aber eines war klar, schon im nächsten Moment würde es keine Wichtigkeit mehr haben, weil es eben auch einfach nicht wichtig *ist*. Kinder, die genügend Liebe erfahren, nehmen ihren Körper meistens als das, was er ist. Er ist okay und richtig, genau wie sie auch. Ja klar, vielleicht finden sie ab und zu mal etwas komisch daran. Aber sie grübeln meistens nicht lange darüber nach. Sie stellen sich nicht allumfassend infrage. Genau das sollten wir ihnen nachmachen.

Carla rief mich ein paar Tage später wieder an. »Heute habe ich den Kleinen aus dem Kindergarten abgeholt und zum Fußballtraining gebracht. Während ich ihm seine Tormannhandschuhe anziehe, sieht er mich mit seinen leuchtend blauen Augen an, legt seine rechte Hand auf meine Wange und sagt: ›Mama, du bist *sooo* schön!‹«

»Hast du daran gezweifelt?«, fragte ich.

»Nein«, antwortete sie. »Danach schnappte er sich den Ball und lief los. Weg war er. Fußball war wichtiger.«

»Auch schön«, meinte ich.

Schön, was Kinder schaffen! Die Frage ist, schaffen wir es auch? Können wir uns genau so annehmen, wie wir sind? Kann uns auch mal etwas *null* an uns gefallen – und im nächsten Moment finden wir uns wunderschön? Denken wir darüber nach, warum wir genau so, wie wir sind, richtig sind. Suchen wir nach Aspekten, die uns als Person ausmachen. Lassen wir niemanden bestimmen, wie wir uns

30. NULL IST WENIG

fühlen sollen. Keiner steckt in unserer Haut, nur wir selbst! Wenn Glücklichsein unter die Haut gehen soll, dann ist es an der Zeit.

Als eine Podcast-Hörerin uns über Instagram anschrieb, beschlossen wir kurzerhand, eine Folge über ein zwar bereits inflationär behandeltes, aber trotzdem wichtiges Thema zu machen: unseren Körper und die Gefühle, die damit einhergehen. Die Verbindung zu unserem Körper ist wahrscheinlich eine der wichtigsten überhaupt. Dass es sich nicht immer um eine Liebesbeziehung handelt, war uns aus eigener Erfahrung bekannt. Es wurde uns aber einmal mehr bewusst, wie wichtig dieses Thema gerade in der vermeintlichen Hochglanzzeit der retuschierten Social-Media-Welt geworden ist. Wie alle eure Nachrichten, hat auch diese unser Herz berührt. Gleichzeitig hat sie uns aber auch genau da getroffen und zum Nachdenken gebracht. Es war nicht zu überlesen, dass sich junge Frauen offensichtlich sehr viele Gedanken oder auch Sorgen darüber machen, dass ihr Körper Auswirkung auf eine zukünftige oder ihre derzeitige Beziehung haben könnte. Auch wir wussten, wovon die Hörerin sprach, natürlich kennen wir zerstörerische Selbstkritik. Deshalb entschieden wir uns das Thema in seiner nacktesten und ehrlichsten Form aufzugreifen, um uns und allen Frauen da draußen näher zu bringen, dass sie nicht alleine damit sind. In einer Welt, die uns viel zu oft vorgaukelt, perfekt zu sein, und wir deswegen annehmen, es selbst ebenfalls sein zu müssen, wollten wir mit unserem Podcast daran erinnern, dass es »perfekt« gar nicht gibt. Weder wir, noch die Welt und auch niemand anderer da draußen ist es. Oder eben doch. Unperfekt perfekt. Und somit genau richtig. Für unsere HörerInnen lassen wir immer wieder gerne unseren inneren Bikini fallen und legen den Gefühlsstriptease hin. Wir erzählen, mit welchen Dämonen wir kämpfen, wann wir an uns zweifeln und nicht weiterwissen und dass all das vollkommen okay ist.

30. NULL IST WENIG

Als ich Anna fragte, ob sie sich schön fände, blieb es still. Sie brachte keinen Ton heraus. Nicht ein Wort. Ich fragte nach, wie ich diese Stille interpretieren sollte, und sie meinte: »Es kommt darauf an.«

»Worauf denn?«, hakte ich nach.

Anna erzählte weiter, davon, dass sie sich an manchen Tagen wirklich schön fände, manchmal sogar »wunderschön«. Das beeindruckte mich. »Ein guter Anfang – und was für ein Vorbild«, dachte ich. »Das sei aber nicht immer so«, stellte Anna kurz darauf klar. Muss es auch nicht. Es geht vielmehr darum, alles zu akzeptieren. Eben auch die Tage, an denen wir uns nicht mit der Haarbürste als Mikro ein Ständchen vor dem Spiegel singen und unsere Sexyness im großen Stil zelebrieren. Obwohl wir das ruhig öfter machen sollten. Es ist ein guter Weg, sich selbst als den (vielleicht noch unentdeckten) Star seines Lebens zu feiern!

»Ist es wichtig, sich selbst schön zu finden?«, fragte ich Anna weiter.

»Es ist wichtig, sich selbst zu akzeptieren, genau so wie man ist«, meinte sie. Wissen wir. Aber das, was wir überall lesen, sagt sich einfach. Es zu leben ist viel schwieriger.

Worum geht es beim Thema Schönheit? Was ist denn schön und wer beurteilt das überhaupt? Bringt es uns weiter, ein Leben lang gegen unser genetisches Paket zu kämpfen? Ich schaue mir zum Beispiel gerne Frauen an, und das obwohl ich mich sexuell ausschließlich zu Männern hingezogen fühle. Die sehe ich mir natürlich auch gerne an. Warum zweifeln aber insbesondere Frauen immer wieder an ihrer Schönheit, wenn sie doch durch ihre Weiblichkeit, Anmut, Sanftheit, ihr Einfühlungsvermögen und der in all dem enthaltenen Stärke so viel Schönheit ausstrahlen?

Und wie ist das bei uns selbst? Manchmal findet man sich vielleicht schön, schaut sich gerne in den Spiegel, manchmal weniger

30. NULL IST WENIG

und manchmal denkt man gar nicht darüber nach. Das sind meiner Meinung nach die besten Phasen: die Momente, in denen wir in unserer Mitte ruhen und mit uns und der Welt im Reinen sind. Die Momente, in denen Äußerlichkeiten in den Hintergrund treten. Genau wie bei Kindern, die, wenn sie sich in der Sandkiste die Schaufel reichen, ganz sicher nicht überlegen, ob ihre Haare gut sitzen, die Nase zu groß oder die Beine auch lang genug sind. Es geht um die Schaufel, den Sand und die Burg, die daraus entsteht. Der Körper ist einfach nur hilfreich dabei. Die Augen, um das Wesentliche zu sehen (die Schaufel und den Sand), die Hände, um nach der Gussform zu greifen, sie aufzufüllen und die Burg an ein paar Stellen nachzuformen, und die Beine, um sich dafür in den Schneidersitz zu begeben, weil das gerade die angenehmste Sitzvariante ist. Und während sich Kinder völlig dem Moment hingeben, immer wieder aufstehen und sich ab und zu auf ihren (dazu sehr hilfreichen) Po fallen lassen, um die Burg mal aus der Ferne zu betrachten, wischen sie sich stolz eine Strähne aus dem Gesicht und lächeln ihrem Gegenüber zu, weil sie sich freuen, gemeinsam etwas erreicht zu haben. Niemand braucht dazu kleine Poren, lange Beine oder zarte Knöchel. Was zählt, ist, gemeinsam Spaß zu haben, sich gegenseitig zu unterstützen, großartige Türme zu bauen und eine gute Zeit zu haben!

Wir erleben das später, wenn wir nicht mehr in den Kinderschuhen stecken, immer wenn wir einen Menschen treffen, den wir lieben. Das muss nicht ausschließlich der Partner sein, sondern kann auch ein guter Freund, eine Freundin, unsere Eltern, der Bruder, die Schwester, die Nichte, der Neffe, also einfach ein Herzensmensch sein. Wann immer wir wirklich in Verbindung mit anderen Menschen sind, blicken wir hinter alle Äußerlichkeiten direkt ins Herz. Wir sehen dann nicht mehr mit den Augen, wir sprechen von Herz zu Herz und nehmen den anderen über alle

30. NULL IST WENIG

Oberflächlichkeiten hinaus wahr. All das, was diesen Menschen ausmacht und uns berührt. Sein großes Herz, die Wärme, das Vertrauen, die liebevolle Präsenz – wir treten in Kontakt mit etwas viel Schönerem, als alles, was diese Person rein äußerlich zu bieten hat.

Wir kennen das auch aus Beziehungen. Natürlich sehen wir am Anfang, ob uns jemand gefällt, und mit recht hoher Wahrscheinlichkeit gefällt uns jemand auch optisch, wenn wir eine Beziehung mit diesem Menschen eingehen. Irgendwann aber rückt alles Äußerliche in den Hintergrund und wir nehmen den Menschen mit allem wahr, was sich hinter seiner Hülle verbirgt. Eine solche Verbindung zu jemandem zu haben ist viel tiefer, ehrlicher und stärker, als es rein körperliches Gefallen je sein kann. Sie ist schöner als jedes Ideal und echter als jede Bewunderung.

Das funktioniert übrigens nicht nur bei Herzensmenschen, sondern auch bei Fremden. Wenn wir es schaffen, unseren Blick zu öffnen und anderen wahrhaft zu begegnen, dann begegnen wir einander auf einer ganz anderen Ebene. Einer Ebene, die der Reinheit von Kindern entspricht, die mit dem Herzen sehen und fühlen, mit wem sie Zeit verbringen wollen. Wenn wir uns auf echte Verbindung mit anderen einlassen, nehmen wir sie automatisch ganz anders wahr. Menschen, die mit sich und der Welt sehr unzufrieden sind, sind plötzlich gar nicht mehr schön und verlieren ihren Glanz, und solche, die optisch keinem »Ideal« entsprechen, aber von innen strahlen, sind mit einem Mal wunderschön.

»Findest *du* dich schön?«, fragte Anna mich. Was daraufhin passierte, überraschte mich selbst. Ich lachte los. Dieses unsichere, hilflose Lachen brach aus mir heraus und gab mir selbst die Antwort: Die Frage überforderte mich. Ich fühlte mich überfordert und ertappt zugleich. Ich überlegte.

»Ja, es gibt Tage, an denen ich ganz gerne mal in den Spiegel schaue«, sagte ich und bemerkte, wie schade das eigentlich war.

30. NULL IST WENIG

»Eigentlich sollte man sich doch jeden Tag vor den Spiegel stellen und einfach nur Danke sagen.« Warum können wir das nicht? Warum sagen wir uns nicht jeden Tag: »Danke, dass ich gesund und am Leben bin, Freude haben und lachen darf, diesen Körper besitze und er mir all das ermöglicht!« Es geht doch gar nicht darum, ob unser Körper irgendeiner Norm entsprechend schön ist. Vielleicht ist er schön, einfach weil er *ist*. Weil wir durch ihn all das sehen, erleben und fühlen können, was uns glücklich macht. Oder auch manchmal unglücklich. Vielleicht sind die Tränen, die Lachkrämpfe, die Freude, die Liebe, der Mut, der Zorn, die Scham, die Zweifel, der Glaube, das Vertrauen – all die Gefühle, die wir wahrnehmen, die uns weiterbringen und uns wachsen lassen, das Schönste an unserem Körper.

»Unser Körper hat eine gute Aufgabe«, meinte ich.

»Uns durchs Leben zu tragen«, antwortete Anna.

Ganz genau. Und das alleine macht ihn schön.

Wenn wir anfangen, unser Aussehen *zu* wichtig nehmen, stellen wir es wahrscheinlich auch gleichzeitig infrage. Kein Mensch, der mit sich im Reinen ist, muss täglich ein Selfie von sich posten, um sich und der Welt zu beweisen, wie schön er ist. Warum vergleichen wir uns trotzdem immer wieder mit anderen auf Social-Media-Kanälen? Wir tun uns nichts Gutes damit, die Posen aus dem perspektivisch schönsten Winkel anderer Menschen zu bewundern und uns gleichzeitig schlecht dabei zu fühlen, weil wir, oh Wunder, ganz anders aussehen. Natürlich tun wir das, und das ist auch gut so! Aber worum geht es denn? Wollen wir andere mit einem Foto beeindrucken, oder uns von anderen beeindrucken lassen? Sind wir nicht viel eher auf dieser Welt, um etwas zu bewirken, also einen echten Impact zu schaffen?

Der größte Impact, den wir schaffen können, ist es doch, wenn sich andere Menschen gut fühlen, wenn wir wirklich liebevoll mit

30. NULL IST WENIG

uns und anderen sind. Dann entsteht daraus etwas Wirkliches. Etwas wirklich Schönes. Und selten haben wir dabei einen Bikini an oder zeigen uns hunderte Male aus derselben Perspektive. Das perfekte Selfie wird nicht unsere Besonderheit zeigen, sondern vielmehr, dass wir die Bestätigung brauchen, als etwas Besonderes gesehen zu werden.

Perfektion ist nicht erstrebenswert, schon gar nicht im Zeitalter von Bildbearbeitungsprogrammen. Machen wir uns lieber auf die Suche nach unseren Wundern, den wundervollen Punkten, die wir vielleicht gar nicht als Wunder betrachten, die uns aber zu einem machen. Warum es durchaus sinnvoll ist, sich auf die Suche nach den eigenen Besonderheiten zu machen, beweist eine Geschichte, die Anna etwas später erzählte.

Zuerst aber versuchten wir die Frage zu klären, die unsere Hörerin uns gestellt hatte: Wie wirkt sich unser Körper auf eine Beziehung aus?

»Ich finde, es ist kein Geheimnis, wenn ich verrate, dass ich keine 90-60-90-Figur habe«, meinte Anna.

»Und es ist mir auch noch nie in den Sinn gekommen, dass ich eine haben sollte. Auch nicht für Mr. Right.« Mr. Right hat übrigens noch nie etwas an Annas Körper bemängelt oder kritisiert. Anna ist sich sicher, er wäre dann auch nicht Mr. Right, sondern Mr. Wrong. Auch ich möchte niemanden, der mich auf mein Aussehen reduziert oder eine Beziehung mit mir eingeht, weil er mich in erster Linie optisch gut findet. Wenn das die Basis ist, auf der wir aufbauen, halte ich es für die falsche Beziehung. Die Zeit vergeht, die Hülle verändert sich – und was dann? So viele von uns wünschen sich, ihr Leben mit jemandem zu verbringen. Aber während wir das perfekte Kleid, den weißen Spitzenschleier oder die pastellfarbenen Einladungskarten auf Pinterest suchen, sollten wir uns fragen: Werden wir beide in zwanzig, dreißig oder vierzig

30. NULL IST WENIG

Jahren immer noch am selben Strang ziehen, uns weiterentwickeln, gemeinsam lachen, eine gute Zeit miteinander haben und uns im Herzen des anderen zu Hause fühlen? Es wird nicht um die Badehosen- oder Bikinifigur gehen, so viel steht fest. Vielleicht ist unser Körper auch nicht immer so funktionsfähig, wie wir uns das wünschen. Verlässt uns der Partner dann oder geht es wirklich um uns als Person? Dramatische Stille.

Anna fragte mich, ob schon mal ein Partner etwas an mir und meinem Körper kritisiert habe – und leider musste ich bejahen. Wie (fast) immer, habe ich auch damals etwas gelernt, vor allem über mich und meine Werte. Einer meiner Ex-Freunde sagte mal zu mir: »Also Schaaatz, aufpassen mit der Mimik, das macht Falten!«

Ich fand es eine eigenartige Feststellung. Denn ja, ich habe eine stark ausgeprägte Mimik. Das war mir vorher noch gar nicht so bewusst, ist aber die Wahrheit. Man könnte ihn also für einen guten Beobachter halten. »Damit musst du aufhören, du wirst irgendwann Falten bekommen!«, fügte er noch hinzu. Er kräuselte dabei die Stirn, was irgendwie grotesk war, da er die Wahrscheinlichkeit erhöhte, in näherer Zukunft selbst Falten zu bekommen.

»Und?!«, meinte ich etwas irritiert. Ich kann allerdings nicht behaupten, dass es mich kalt ließ. »Worum geht es denn hier?«, fragte ich mich unweigerlich. Doch nicht um mich als Person oder darum, gemeinsam glücklich zu sein.

Dass ihm diese »Gefahr« so wichtig war, wurde letztlich tatsächlich zum Problem. Er meinte also, ich würde irgendwann Falten bekommen. Spoiler: Erstens habe ich schon welche und zweitens ist das der Lauf der Dinge. Zu Beginn einer Beziehung fühlt man sich vielleicht noch geschmeichelt, dass die Optik ein Entscheidungskriterium war. Aber irgendwann wird es zum Druck. Wenn man nämlich weiterdenkt und tatsächlich ein Leben miteinander verbringen möchte, lässt sich die eigene Mimik nun mal

30. NULL IST WENIG

schwer verändern (zumindest wollte ich es nicht). Also, wer jetzt überlegt, seine Mimik für jemand anderen zu verändern oder wie Hollywood in »Die Mumie« einfach ganz einzustellen, der sollte es besser sein lassen. Man sollte sich insgesamt weniger von seinen Kilos oder Falten trennen, sondern eher von den Menschen, die sie kritisieren. Ganz ehrlich, wollen wir uns wirklich ständig infrage stellen? Ich sage nur: Amor Fati.

Vielleicht kommt der Wunsch nach jugendlichem Aussehen in fortschreitendem Alter weniger von einem Bild, wie wir aussehen wollen, sondern mehr von dem eigentlichen Wunsch, sich wieder so zu fühlen wie damals. Die Lebendigkeit, die Frische und die Energie, aber auch der Traum, noch alles vor sich zu haben. Es sind dieser unbändige Tatendrang junger Menschen und ihre Überzeugung, die Welt stünde ihnen offen, die uns daran erinnern, all das selbst mal besessen zu haben. Wann haben wir sie denn an den Haken gehängt? Wir sollten uns lieber diesen Mut und diese Begeisterung zurückerobern und uns über unsere Entwicklung freuen. Wir vergessen manchmal, dass wir uns mit den Jahren nicht nur optisch verändern, sondern auch innerlich weiterentwickeln, was sehr viel Schönes mit sich bringt. Wenn wir zu diesem gereiften Menschen werden, gehört demnach auch eine gereifte Optik dazu. Vielleicht werden wir ruhiger, gelassener und manchmal auch ein bisschen klüger.

So verändern sich mit der Zeit der Körper und der Geist, aber auch die Seele darf wachsen.

Als ich letztens mit meiner Familie bei Kaffee und Kuchen im Garten saß, kam die Unterhaltung plötzlich genau auf dieses Thema. Wir diskutierten die Idealisierung eines Schönheitsideals und welche Gefühle sie bei uns Frauen auslöste. Warum wir auf dieses Thema kamen, kann ich nicht mehr sagen. Am Kuchen hat es nicht gelegen, er war köstlich. Vermutlich an den Medienberichten, die

30. NULL IST WENIG

nicht mal mehr Männern wie meinem Vater verborgen bleiben, die sich eher für den Wirtschaftsteil und Aktienkurse als das neue Körpergefühl oder implantierte Wangenknochen und Kollagen-Aufspritzungen interessieren. Wie auch? Tagtäglich sehen wir Bilder von reifen Frauen, die sich wie Benjamin Button spiegelverkehrt zurück in ihre Zwanziger entwickeln (oder es zumindest versuchen). Optisch versteht sich.

Ich meinte, dass es als Frau gar nicht einfach sei, diese Bilder an sich abprallen zu lassen, und meine Schwägerin stimmte mir zu. Ich werde den Blick unserer Väter nie vergessen. Eine Mischung aus Verständnislosigkeit und Verwunderung machte sich in ihren fragenden Gesichtern breit. »Aber warum?!« fragte mein Vater sichtlich irritiert. »Schönheit hat doch nichts mit dem Alter zu tun!« Das klingt vielleicht wie eine leere Floskel, ein flacher Kalenderspruch oder die dumpfe Headline eines starken Frauenmagazins, das uns einfach nur ein wenig beruhigen möchte. Aber was er dann sagte, während er meiner Mutter einen kurzen Blick von der Seite zuwarf, ließ keinen Zweifel.

»Für mich ist sie immer noch die schönste Frau der Welt.« So kitschig das auch klingen mag, es war echt. Man sah es in seinen Augen. Er meinte es ernst und das sollten wir auch.

Ist es nicht das schönste Ziel, mit einem Menschen gemeinsam alt, oder zumindest älter zu werden, das Leben zu zelebrieren und gemeinsam zu wachsen? Das beinhaltet auch, den Körper und seine Veränderungen zu umarmen.

Wie wirken sich also unserer Meinung nach Dehnungsstreifen, das Körpergefühl und unsere Optik auf eine Beziehung aus? Wir behaupten: Wenn es eine gute Beziehung ist, gar nicht. Das Wichtigste ist, sich gut mit sich zu fühlen und sich genau so anzunehmen, wie man ist. Auch mit den Aspekten, die wir nicht so gut finden. Es wird vermutlich immer Dinge geben, die wir nicht

30. NULL IST WENIG

unbedingt bejubeln. Ziel ist es aber, auch sie zu umarmen und sich mit dem ganzen Paket zu lieben. Fakt ist: Andere Menschen können uns hundertmal sagen, wie schön sie uns finden. Wenn wir es selbst nicht sehen, werden wir ihnen nicht glauben. Also, schauen wir genauer hin! »Gibt es etwas an deinem Körper, das du wahnsinnig schön findest?«, wollte Anna von mir wissen.

Und wieder musste ich lachen. Da war sie wieder, meine Unsicherheit. Ich kriegte mich wieder ein und dachte nach. »Ja, mittlerweile ein paar Dinge.« Ich übte mich ja schon eine Weile darin, dankbar zu sein für mich und meinen Körper.

Meine Partner haben übrigens meistens ganz andere Dinge an mir gut gefunden als ich selbst. Eine schöne Sache. Nur sollten wir uns nicht abhängig davon machen. Weder von Komplimenten noch den Dingen, die andere vielleicht nicht an uns mögen. Schönheit liegt immer im Auge des Betrachters, also lasst uns selbst der liebevollste Betrachter unserer selbst sein.

Anna erzählte davon, dass sie ihre Hände sehr mochte. Das führte uns zu ihrer Geschichte mit den Wundern, die so schön und inspirierend ist, dass wir unzählige Nachrichten dazu erhielten.

Du bist mein
wunder Punkt.

Du bist mein
Wunder, Punkt.

31.
DER ROTE PUNKT

Als sechsjähriges Mädchen entdeckte Anna einen roten Punkt auf ihrer Hand. Es war ein sehr kleiner Punkt in der Beuge zwischen ihrem Daumen und Zeigefinger. Er hat sie ihr ganzes, junges Leben lang begleitet. Aus ominösen Gründen ist dieser Punkt später irgendwann verschwunden. Heute vermisst sie ihn sogar manchmal.

Damals allerdings fiel ihr der Punkt unangenehm auf. Er beschäftigte sie. Sie war ein geliebtes Kind, es war also nicht so, als würde sie sich und ihren Körper infrage stellen. Aber dieser Punkt kam ihr doch seltsam vor. »Warum ist er da?«, fragte sie sich. Was hatte er zu bedeuten und wie wäre das Leben wohl ohne diesen roten Punkt? Er war ihr einfach nicht geheuer. Annas Eltern bekamen ihre Unsicherheit damals mit und sagten daraufhin zu ihr: »Anna, schau, dieser Punkt macht dich zu etwas Besonderem! Stell dir vor, wir würden dich verlieren und du wärst in einem Meer voller Kinder, die alle so aussehen wie du, wir würden dich dann vielleicht nicht erkennen! Aber mit diesem Punkt wissen wir genau, dass du *du* bist.«

Es ist für mich eine der schönsten Geschichten überhaupt. Sie zeigt uns, dass unser Glück oft nur in der Betrachtungsweise liegt. Vielleicht sind es genau die Dinge, die uns gar nicht gefallen. Der eine mag seine Nase nicht, die andere findet ihre Augen zu klein, die Hüften zu breit, die Narbe zu hässlich. Vielleicht

31. DER ROTE PUNKT

sind aber genau sie die Wunder, die uns zu dem Menschen machen, der wir sind: einzigartig und unverwechselbar. Anna war mit ihrem roten Punkt damals nicht zufrieden. Sie war verunsichert und hätte gerne gewusst, wie das Leben ohne diesen roten Punkt gewesen wäre. Heute weiß sie es und sie vermisst ihn sogar.

Wir hatten damals unsere Hörer aufgefordert, uns zu schreiben, was ihr »roter Punkt« sei und ob sie es geschafft hätten, ihn zu umarmen. Was dann passierte, war unglaublich berührend. Ich habe jetzt noch Gänsehaut, wenn ich daran denke: Unfassbar viele Menschen schrieben uns, sie hätten ihn gefunden und würden anfangen, ihn zu lieben.

Also, macht euch auf die Suche nach eurem »roten Punkt«: etwas, was euch wirklich zu etwas Besonderem macht. Und behauptet nicht, ihr hättet keinen! Ihr habt etwas ganz Besonderes und wahrscheinlich nicht nur eine Sache, sondern ganz viele. Vielleicht dachtet ihr auch schon mal, ihr wärt nicht richtig oder *etwas* wäre nicht richtig – genau wie Anna bei ihrem roten Punkt. Vielleicht habt ihr Warum-Fragen wie Konfetti um euch geworfen. Die Antwort ist: Ihr seid richtig! Genau so, wie ihr seid. Findet euren roten Punkt und fangt an, ihn zu umarmen. Erkennt ihn als euer Wunder. An diesem besonderen Punkt erkennt ihr und jeder da draußen, dass ihr ihr seid, das macht euch einzigartig. Fangt an ihn zu lieben, sie zu lieben (vielleicht sind es ganz viele) und vor allem euch zu lieben, mit allem, was euch ausmacht.

All unsere roten Punkte, ob an den Stellen unseres Körpers oder unseres Lebens: Sie alle erzählen eine Geschichte. Unsere Geschichte. Umarmen wir sie. Fangen wir an, unsere Wunder zu sehen. Beginnen wir damit, glücklich zu sein.

HALLO WUNDER! *Meine Punkte.*

```
Du bist mein wunder Punkt.
Du bist mein Wunder, Punkt.
```

Was ist dein Wunder? Dein roter Punkt. Sind es ganz viele? Vielleicht dachtest du bisher immer, warum? Warum nur, hab ich diesen Punkt? Wie konnte das passieren? Wie geht der weg? Jetzt weißt du, er gehört zu dir. Er macht dich zu dem Menschen, der du bist. Zu etwas ganz Besonderem. Einzigartig und vollkommen. Mach dich auf die Suche. Finde sie. Deine roten Punkte. Fang an sie zu umarmen. Zu lieben. Jeden einzelnen davon. Und dich.

Hallo Wunder! Meine Punkte:

_____
_____
_____
_____
_____
_____
_____
_____
_____
_____

32.
MARGARINEN-TSUNAMI

Wir lesen es überall: Bei Kummer jeglicher Art soll man seinen angespannten inneren Mittelfinger in entspannter äußerlicher Haltung in Richtung Himmel oder auch vor sämtliche Nasen strecken, die einem das Leben erschweren und der Welt ein frivoles und gleichzeitig gelöstes »Scheiß drauf« entgegenbringen. Man wäre dann frei, was vermutlich nahe an glücklich herankommt oder zumindest eine gute Voraussetzung dafür ist. Wir möchten dem bedingt zustimmen. Bedingt deshalb, weil die grundsätzlich eher negative Assoziation »Scheiß drauf« zwar durchaus Sinn ergibt und ab und zu auch sehr befreiend sein kann. Allerdings liegt uns, wie der Titel dieses Buchs schon sagt, der geile Scheiß vom Glücklichsein sehr viel näher als die Empfehlung, auf Dinge oder Menschen zu scheißen.

Was wollen wir damit sagen? »Scheiß drauf« hat seine Berechtigung. Natürlich heißt es nicht, dass uns alles und jeder scheißegal sein soll. Es heißt vielmehr, sich weniger zu überlegen, was andere über einen denken, mehr an sich und seine Entscheidungen zu glauben und konsequent den Weg zu gehen, den man selbst für richtig hält. Die Scheiß-drauf-Lösung beinhaltet auch, alle Meinungen konsequent und rigoros zu löschen, die uns kritisch ins Ohr säuseln, ob wir wirklich sicher seien, dass wir das Richtige tun. Sie

32. MARGARINEN-TSUNAMI

dient auch dazu, all jene Stimmen im Keim zu ersticken, die sich darüber mokieren, dass wir sind, wie wir sind, tun, was wir tun, oder sagen, was wir sagen. Und ja, manchmal wissen wir es nicht, aber dann ist es eben unsere Entscheidung, die falsche Entscheidung zu treffen und daraus zu lernen – und das geht verdammt noch mal niemanden etwas an. »Scheiß drauf« ist also ein durchaus legitimes Motto, um sich der Macht des Urteils anderer zu entziehen. Sie hilft uns außerdem, für uns einzustehen und die völlig unnötige Angst vor Ablehnung wie ein Paar löchrige Socken aus unserem Leben zu werfen. Wenn uns jemand ablehnen möchte, dann wird er es tun, ganz egal, ob wir Angst davor haben oder nicht. Angst ist also ungefähr so hilfreich, als würde man sich selbst ein Loch ins Knie schießen, weil man sich nicht das Bein brechen möchte.

Warum haben wir überhaupt so ein starkes Bedürfnis, von allen anderen gemocht zu werden? Werfen wir nur erneut einen kleinen Blick auf die wunderbare Welt der (nein, nicht der Amélie) Asymmetrie, also der völlig verzerrten Social-Media-Blase. In der Seifenoper der Neuzeit kämpfen Menschen in den buntesten Farben um das nächste Like, als ginge es ums Überleben. Vielleicht tut es das auch. Die britische Therapeutin Marisa Peer erklärt den Ursprung des stark ausgeprägten Wunsches, gemocht zu werden, damit, dass wir mit zwei Antrieben auf die Welt kommen. Einerseits dem Bedürfnis nach Verbindungen mit anderen Menschen und andererseits der Angst ihrer Ablehnung. Ganz schön verzwickt. Da sitzen wir also von Anfang an in der Falle. Dabei vergessen wir, dass wir nicht von allen Menschen geliebt werden müssen und auch gar nicht können. Man denke nur an all die Menschen, die schon Schwierigkeiten haben, sich selbst zu mögen, geschweige denn, sich zu lieben. Wie soll man denn von ihnen erwarten, dass die einen anderen mögen, von lieben erst gar nicht zu reden. Es sind genau jene Menschen, die lieber alles und

32. MARGARINEN-TSUNAMI

jeden kollektiv ablehnen und ganz fürchterlich finden, aus tiefster Angst, selbst nicht zu genügen. Sie lehnen grundsätzlich erst einmal alles und jeden ab, um anderen zuvorzukommen. Ihre größte Angst ist es nämlich, selbst abgelehnt zu werden.

Nehmen wir diese Frau Mitte fünfzig, die einen unschuldigen Lehrling im Supermarkt anbrüllt, weil ihre Lieblingsmargarine vergriffen ist. Es liegen ungefähr acht verschiedene andere Margarinensorten im Regal, die ihrer Lieblingssorte zum Verwechseln ähnlich sind und sicher auch ähnlich schmecken. Aber es ist eben nicht dieselbe! Das macht die Frau so wütend, dass sie nicht nur dem jungen Lehrbuben hysterisch kreischend mitteilt, in diesem Supermarkt mit Sicherheit nie wieder einzukaufen (was ihm übrigens relativ egal ist), sondern auch noch den Filialleiter holen lässt, um in die Tiefe des Margarinen-Unglücks einzutauchen und ihn gleich mitzureißen. Da bewirft sie ihn verbal mit grundsätzlich recht faden(scheinigen) Argumenten, warum er auf ganzer Linie versagt habe und nicht nur seinen Job, sondern am besten auch gleich sein gesamtes Leben infrage stellen sollte. Eine Mitarbeiterin der Milchabteilung sucht währenddessen aufgeregt im Lager nach der fehlenden Margarine, während sich an der Kasse eine überdurchschnittlich lange Schlange bildet, weil die restlichen Angestellten ebenfalls mit dem Pflanzenfett-Dilemma beschäftigt sind.

Hier haben aufgrund des vermeintlichen katastrophalen Super-GAUs einer fehlenden Margarinesorte gleich mehrere Menschen einen schlechten Tag. Der Lehrling noch am allerwenigsten, weil er ohnehin nicht hier sein möchte und ihn sowohl die Margarine als auch die frustrierte Frau so kalt lässt wie das Kühlregal. Dem Filialleiter schon eher, da er bereits in der Früh die Nachricht erhalten hat, dass ganze fünfundzwanzig Marken nicht lieferbar sind und er den sich anbahnenden Wahnsinn schon morgens geahnt hat, was sich, ganz nach der selbsterfüllenden Prophezeiung, nun ja auch

32. MARGARINEN-TSUNAMI

bestätigt. Die Mitarbeiterin, die ins Lager gegangen ist statt an die Kasse muss sich anschließend von ihrer Kollegin beschimpfen lassen, weil diese mit fünfunddreißig wütenden Kunden an der Kasse alleine war und somit ebenfalls am Rande eines Nervenzusammenbruchs steht. Und das alles nur wegen dieses Margarinen-Tsunamis, der ohne Frühwarnsystem von der wütenden Frau auf vierzig weitere Menschen überschwappt und von dort aus Wellen schlägt.

War das Absicht? Natürlich nicht. Ist es trotzdem passiert? Ja. Wüsste man, dass die Frau vor exakt einem Jahr von ihrem Ehemann verlassen wurde, der ihr beim Frühstück offenbarte, sich ganz klischeehaft in seine fünfzehn Jahre jüngere Sekretärin verliebt zu haben, und daraufhin noch vor dem Vier-Minuten-Ei das gemeinsame Haus verließ und nie mehr wiederkam – man würde ihren Ausraster dennoch nicht gut finden, aber immerhin besser verstehen. Und wüsste man zudem, dass ihr damals ihre Dreikornsaatsemmel mit der Butterseite nach unten auf den Boden fiel, sie daraufhin die Butter vom Boden wischte und in einem Tränenmeer zusammenbrach, wäre gewiss nachvollziehbar, dass sie sich daraufhin schwor, diese grauenhafte Butter für immer aus ihrem Leben zu verbannen. Nach ein paar Monaten entdeckte sie dann diese eine Margarine, etwa zur selben Zeit, als sie sich langsam erholte und ihr Leben wieder Sinn zu ergeben schien. Natürlich nicht wegen der Margarine, sondern weil sie anfing, sich wieder um sich selbst zu kümmern, um ihren Cholesterinspiegel und um ihr Leben, das sie sträflich vernachlässigt hatte, und sie es endlich wieder genoss, nachdem ihr Mann das Haus verlassen hatte. Man wüsste, dass diese Margarine symbolisch für etwas stand, das sehr viel mehr war als das Fett, das andere abbekamen, weil ihr die Butter im Regal so bitterböse ins Auge stach.

Ist es nicht oft so, dass die Tragödie, die sich vor und manchmal auch in uns abspielt, eine Vorgeschichte hat? Wahrscheinlich. Entscheidend ist, wie wir darauf reagieren.

Wer loslässt
hat beide Hände frei.

33.
AHA IST EIN ERLEBNIS

Empfiehlt sich die Scheiß-drauf-Lösung tatsächlich? Manchmal dient sie unserer Motivation. Immer wenn wir denken, etwas nicht zu schaffen, weil ein anderer es uns nicht zutraut, und sich leise Selbstzweifel ankündigen, kann ein »Scheiß drauf, natürlich schaff ich das!« sehr dynamisch und durchaus ermutigend sein. Will man jedoch mehr in die Richtung vom geilen Scheiß vom Glücklichsein wandern, raten wir zu einer ganz neuen Alternative und die nennt sich kurz, knackig und sehr effektiv: »Aha.«

In diesen drei Buchstaben verbirgt sich ein unaufdringliches und doch sehr zuverlässiges Kraftpaket mit ausgeprägter Langzeitwirkung. Auf einer Skala von »Ist mir egal« bis »Scheiß drauf« befindet sich das Aha nämlich direkt in der ausgeglichenen Mitte. Dabei muss man zuerst unterscheiden, was eine »Scheiß-drauf«- und was eine Aha-Situation ist. Der Frau mit dem Margarinendefizit würden wir aufgrund der starken Emotion, die beim Anblick der Butter im Regal in ihr aufkeimte, eher zu einem gepflegten »Scheiß drauf« raten, das sie sich eigentlich schon vor geraumer Zeit hätte selbst zurufen sollen. Ziemlich zeitnah, nachdem sie ihr Mann verlassen hatte. Dann hätte sie ihr Leben schneller wieder in die Hand nehmen und in ein Alles-wird-gut-vielleicht-sogar-noch-besser-Genre und damit in den Film ihres Lebens wechseln

33. AHA IST EIN ERLEBNIS

können. Sie hätte diese Chance wahrnehmen und damit sehr viel glücklicher werden können. Irgendwo im Kühlregal zwischen der verlorenen Margarine und der verhassten Butter scheint sie diese aber verpasst zu haben. Schade eigentlich.

Allen anderen in dieser Geschichte raten wir jedoch eher zu einem neutralen und gleichzeitig sehr befreienden »Aha«. Das Zauberhafte und wahrlich Magische an einem gekonnten Aha ist seine akzeptierende und dennoch vollkommen emotionsfreie Wirkung. Ein Aha wertet nicht, es akzeptiert und zieht weiter. Im besten Fall wir auch, nämlich direkt in den Modus des Loslassens. Wie bereits im Amor-Fati-Beispiel erwähnt, ist Aha eine sehr beruhigende Möglichkeit, sich dem eigenen oder auch dem Drama seiner Mitmenschen zu entziehen, weil man die Situation ohnehin nicht ändern kann. Was bringt es also, auf den Drama-Zug aufzuspringen? Das Risiko, direkt auf die Gleise zu fallen, unter die Räder zu kommen und im Eiltempo von einem ganzen Wagon schlechter Gefühlen überrollt zu werden, ist einfach zu groß. Ein einfaches Aha erspart uns das alles.

Ein Aha ermöglicht es uns übrigens auch, nichts mehr persönlich zu nehmen. Warum auch? Was hat denn die Buttergeschichte der verlassenen Ehefrau mit dem Filialleiter oder der Kassiererin zu tun und warum sollten sie das persönlich nehmen? Viel eher raten wir beiden, ein wertfreies Aha auszusprechen, sämtliche Sinnesorgane, die Aggressionen der Umwelt absorbieren können, in den entspannten Ruhemodus zu fahren und innerlich wie äußerlich weiterzuziehen. Es hilft der Frau nämlich überhaupt nicht, wenn beide mit in das Margarinen-Drama einsteigen. Eine Massenhysterie löst das zugrunde liegende Problem der Frau ja nicht. Wir dürfen es also jedem selbst überlassen, seinen Problemen eigenverantwortlich auf den Grund zu gehen. Oft geschieht das nicht, aber auch das ist okay. Es ist nicht unsere Aufgabe, uns

33. AHA IST EIN ERLEBNIS

fortwährend die Baywatch-Boje zu schnappen, in knappem Badegewand ins offene Meer zu hechten, Ertrinkende an Land zu ziehen und erste Hilfe zu leisten. (Wir meinen das selbstverständlich im übertragenen Sinne. Sollte das tatsächlich passieren, empfehlen wir natürlich zu helfen.) Am Festland des Lebens schlüpfen wir aber in der permanenten und mitunter sehr undankbaren Retterrolle nur allzu oft ins Opferkostüm und setzen uns damit den Opferhut auf. Es ist nämlich sehr wahrscheinlich, dass die zu rettende Person sehr empört darüber ist, einen Rettungsdienst erhalten zu haben, nach dem sie nie gerufen hat. Das wäre in etwa so, als würde man eine wildfremde Person im Supermarkt Mund zu Mund beatmen, obwohl sie eigentlich nur vor dem Kühlregal steht und sich über fehlende Margarine beschwert. Natürlich ist auch das wieder im übertragenen Sinne zu verstehen. Wir empfehlen also weder die eigenen Lippen ungefragt auf die anderer Menschen zu pressen noch den psychologischen Ursprung des entstandenen Dramas zu erkunden. Auch deshalb, weil wir eben *keine* Therapeuten sind. Man darf das ruhig Experten überlassen.

Ein befreiendes Aha an der richtigen Stelle (im Fall des Margarinendilemmas also an jener Stelle, als die Dame anfängt zu brüllen) ermöglicht es, sich aus der Verstrickung des bevorstehenden oder bereits stattfindenden Dramas zu lösen. Das eigene Drama findet somit erst gar nicht statt. »Aha, sie schreit.« Eine objektive Feststellung. Wir akzeptieren die Lage, aber es kümmert uns nicht weiter. Wenn uns die emotionale Entgleisung anderer (vor allem fremder) Menschen nämlich zu sehr kümmert, endet das häufig in Kummer und wir werden selbst zur Kummernummer.

Mit der konsequenten Vergabe effektiver Ahas entfernen wir uns vom Kummer hin zum geilen Scheiß.

Ein Aha gibt uns mehr Zeit und Energie, um uns mit den Menschen oder Dingen zu beschäftigen, die uns wirklich am Herzen

33. AHA IST EIN ERLEBNIS

liegen. Aha heißt nämlich nicht, dass uns alles egal ist. Natürlich nicht! Nur sollte es einen grundlegenden Unterschied in der Vergabe der emotionalen Aha- oder Betroffenheitspunkte geben. Es empfiehlt sich zu unterscheiden, ob uns gerade eine wildfremde Frau im Supermarkt beschimpft oder eine enge Freundin um Hilfe bittet.

Das Problem ist: Wenn wir all den emotionalen Müll, der uns den ganzen Tag oder unser Leben lang zugespielt wird, in unser Herz aufnehmen, bleibt am Ende nicht mehr viel Platz für die Menschen, die sich ihren Platz darin wirklich verdient haben. In erster Linie auch für uns selbst. Da kann so ein Herz schon mal überflutet werden von Negativität, die da gar nicht hingehört. Lassen wir sie also bei den Leuten, die sie uns zuwerfen, und verweigern die Annahme. Wer sagt denn, dass wir all die Bälle, die ständig in unsere Richtung fliegen, fangen müssen? Vielleicht gehen wir einfach einen Schritt zur Seite, beobachten sie dabei, wie sie durch die Luft jagen und im Sturzflug am Boden aufprallen. Schenken wir ihnen ein Aha. Nehmen wir sie nicht persönlich. Natürlich kann es mal passieren, dass wir versehentlich einen dieser Bälle fangen. Dann dürfen wir uns auch selbst ein liebevolles Aha gönnen, ihn wieder loslassen, und schon haben wir wieder beide Hände frei. Es ist nämlich sehr anstrengend, all diese Bälle zu halten oder in der Luft zu jonglieren und dabei in Balance zu bleiben. Aha ist außerdem ganz urteilsfrei. Es bewertet nicht. Weder den Ball noch den Werfer oder das Ziel. Aha ist losgelöst von allem, was der Ball ist oder sein möchte. Ob er ein schwerer Medizinball, ein kleiner Tennisball, Basketball oder ein leichter, aufblasbarer Wasserball ist – er ist nicht unserer. Er gehört uns nicht. Urteilen wir also nicht über ihn. Er wird seine Geschichte haben, so wie die Frau, die nicht auf die Butterseite fallen möchte. Vielleicht ist ihr Zorn über die fehlende Margarine ihr Weg in die Versöhnung

33. AHA IST EIN ERLEBNIS

mit ihrem Leben. Es ist aber nicht unsere Aufgabe, ihn ihr abzunehmen. Auch nicht den Zorn. Dafür müsste sie aufhören, ihn anderen um die Ohren zu werfen, sondern ihn akzeptieren als ihren ganz eigenen Ball und ihn dann irgendwann loslassen, neben sich auf den Boden legen und weitergehen.

Gehen wir also lieber unseren eigenen Weg. Öffnen wir uns für neue Möglichkeiten. Nehmen wir einfach mal die andere Richtung oder wagen zumindest einen Blick dahin. Finden wir diese roten Punkte, werfen mit Ahas um uns, gestatten uns die Wahl-Nuss und vertrauen darauf, dass Amor Fati uns weiterbringt. Jeder Tag hat die Chance, der Beste unseres Lebens zu sein. Hören wir also auf, das Glück zu suchen. Finden wir es da, wo wir gerade stehen. Im Hier und Jetzt.

Ich möchte dieses Buch mit einem Wunder beenden. Mit euch. Wir bekommen so herzergreifende, glückliche Nachrichten von so wundervollen Menschen, dass ich gerne mit einer davon abschließen möchte. Danke, dass es euch gibt und dass ihr den Weg mit uns geht. Das macht uns glücklich!

»Ihr Lieben,
wie unwahrscheinlich ist es eigentlich, dass jemand unerwartet an die Tür klopft und dann passiert etwas Wunderbares (ok es passiert ganz selten). So war es mit euch, ihr habt angeklopft, ich hab nachgeschaut und seit diesem Tag, ist einiges anders. Ich habe mittlerweile einige Podcasts von euch durch und möchte daher auf keinen Einzelnen eingehen, da sie alle einen OK- Effekt haben.

Nur soviel, ich hab mich erkannt, musste lachen, den Kopf schütteln und zum Schluss ein großes »Aha« dransetzen. Ich habe im Drama gelebt, in Traumwelten, Luftschlössern, immer gehofft der Frosch wird zum Prinzen, zum Helden und dabei nicht gesehen, dass ich zur Wonder Woman geworden bin, weiteres Drama produziert, bis die

33. AHA IST EIN ERLEBNIS

Energie aus war und Verzweiflung sich ausbreitete. Immer noch blind für meine Bedürfnisse und dass nur ich sie erfüllen kann. Es hat sehr lange gedauert, bis ich es langsam, sehr langsam, begriff, dass nur ich es ändern kann, besser spät als nie. Auf jeden Fall und alle Fälle, finde ich euch so herzerfrischend, fühle mich verstanden und Humor kann lebensrettend sein. Ein Satz ist hängen geblieben, » ist es das wert«?, ein schöner kluger Gedanke vom Großvater glaube ich. Ja, ist es das wert? Ich werde mich das jetzt öfter fragen, ist es das wert, dich jetzt aufzuregen, ist es das wert, dir jetzt darüber Gedanken zu machen, ist es das wert deine kostbare Zeit mit schlechter Laune zu verbringen? Und es ist so wunderbar, wie ihr mir (vielen anderen ja auch) klar macht, erkenne deinen Wert, sei es dir wert. Ihr solltet das Prädikat wertvoll bekommen, denn eure heilsame Art mit den Themen umzugehen, die uns alle betreffen ist wertvoll. Ich mag eure Stimmen, euren Humor, euren Dialekt, lerne wunderbare neue Wörter, ihr passt einfach wie Arsch auf Eimer.

In diesem Sinne, hoffe ich auf noch ganz viele Podcastfolgen, amüsier mich königlich und fühle mich mit euch verbunden, wie ein unsichtbares Band.

Ist wohl doch was dran, wenn man sagt, alles ist miteinander verbunden und wenn du Liebe aussendest, kommt sie wieder irgendwo zu dir zurück.«

ÜBER DIE AUTORIN

Andrea Weidlich ist in Wien geboren. Sie arbeitet als Autorin, Texterin und Designerin im Bereich Lifestyle und Kommunikation. Mit ihren weiteren SPIEGEL-Bestsellern *Liebesgedöns*, *Wie du Menschen loswirst, die dir nicht guttun, ohne sie umzubringen* und *Wo ein Fuck it, da ein Weg* begeisterte sie bereits zahlreiche Leserinnen und Leser. Gemeinsam mit Anna Maria Rubas führt sie den Erfolgs-Podcast *gusch, baby*.

Auf ihrem Instagram-Account *guschbaby* teilen sie in Worten, Bildern und Geschichten, was sie und ihre Hörer*innen bewegt und glücklich macht.

Ihr Podcast *gusch, baby* ist kostenlos zu hören auf Spotify, iTunes, Deezer und überall, wo es Podcasts gibt.

www.guschbaby.com

288 Seiten
Preis 17,00 € [D] 17,50 € [A]
ISBN 978-3-7474-0490-4

Andrea Weidlich
Wo ein Fuck it, da ein Weg
Wie plötzlich alles möglich wird, wenn du aufhörst, es allen recht zu machen

Wer bist du ohne die Erwartung anderer?

Immer wieder versuchen wir, es allen recht zu machen, und legen viel zu viel Wert auf die Erwartung anderer, die sehr viel mehr Meinung als Ahnung davon haben, wer wir wirklich sind. Aber wissen wir das selbst noch so genau? Als sich neun Menschen für ein Wochenende auf den Weg in die geheimnisvollen Tiefen des Waldes machen, wollen sie Antworten finden auf die Fragen: *Wer bist du? Wer möchtest du sein? Und was würdest du tun, wenn alles möglich wäre?* Schon bald zeigt sich ihnen, wie die Kraft des Fuck it etwas in ihnen verändert und plötzlich alles möglich wird.

Ein Buch über die Magie der Möglichkeiten, die sich beim Lesen zwischen den Zeilen entblättern, sobald wir beginnen, ganz wir selbst zu sein.

304 Seiten
Preis 17,00 € [D] 17,50 € [A]
ISBN 978-3-7474-0344-0

Andrea Weidlich
Wie du Menschen loswirst, die dir nicht guttun, ohne sie umzubringen
Über die Kunst des Loslassens von toxischen Menschen und Selbstzweifeln

Wer möchte nicht manchmal narzisstische Vorgesetzte, ungesunde Freundschaften, die belastende Partnerschaft, eine Ex-Beziehung, nervenaufreibende Familienmitglieder oder – ganz generell – all jene loswerden, die uns nicht zu schätzen wissen? Am besten, ohne jemanden umzubringen, weil das schlecht fürs Karma wäre. Spannend, mit Tiefgang und schwarzem Humor führt Andrea Weidlich uns an einen mystischen See, wo eine Freundesgruppe ein Experiment wagt: Was passiert, wenn sie sich von toxischen Menschen befreien, und wie beseitigen sie die Leichen, die im eigenen Keller schlummern? Dieses Buch zeigt, wie wir durch Loslassen und den richtigen Umgang mit Schatten und Energievampiren zu mehr Leichtigkeit gelangen und endlich das Leben führen, das wir uns wirklich wünschen.

256 Seiten
Preis 16,99 € [D] 17,50 € [A]
ISBN 978-3-7474-0226-9

Andrea Weidlich
Liebesgedöns
Der geile Scheiß vom
Suchen und Finden

Vom geilen Scheiß vom Glücklichsein zum Glück in der Liebe!

Wir alle wünschen uns Glück in der Liebe und dass sie bleibt. Aber wie? Drei Singles, drei Paare und ein Therapeut verbringen zusammen ein Wochenende auf engstem Raum. Jede ihrer Geschichten berührt uns da, wo unsere eigene beginnt, und liefert Antworten auf die Frage: Was ist das Geheimnis der Liebe? Dieses Buch entführt uns auf eine innere Reise, auf der wir uns wie in einem Spiegel immer wieder selbst erkennen.

Ein faszinierender Rundumblick auf die Liebe, der ins Herz trifft, laut auflachen lässt und Stück für Stück entschlüsselt, wie man die glückliche Wendung herbeiführt.

256 Seiten
Preis 6,99 € [D] 17,50 € [A]
ISBN 978-3-7474-0191-0

Andrea Weidlich
Der geile Scheiß vom Glücklichsein – Mein Buch. Mein Leben

Wie du aufhörst, dir selbst im Weg zu stehen, und anfängst, endlich glücklich zu sein

Die Fortsetzung zum Spiegel-Bestseller »Der geile Scheiß vom Glücklichsein«

Stell dir für einen Moment vor, wie großartig dein Leben wäre, wenn du aufhören würdest, dich selbst zu sabotieren, und anfängst, endlich das Leben zu führen, das du dir wirklich wünschst! Wenn du beginnst, diesen beharrlichen Fuß aus der Tür zu nehmen, mit dem du den ganzen Glücksverkehr blockierst, weil du bisher tief drinnen dachtest, es stünde dir nicht zu. Aber das tut es! Du hast das größte Glück verdient, und es liegt nur eine Entscheidung von dir entfernt. Finde heraus, was du wirklich willst, fange an, deine Träume zu leben und erkenne: Du musst es nicht allen recht machen. Das hier ist dein Leben und du verdienst es, glücklich zu sein.